船舶电气工艺设计与施工

◎主　编　郑　恳
◎副主编　赵　群　李佳宇
◎参　编　管　旭　冯海侠　方丽华
◎主　审　史鸿屿

北京理工大学出版社
BEIJING INSTITUTE OF TECHNOLOGY PRESS

内 容 简 介

　　本书是根据船舶工业最新造船工艺标准和现代区域造船模式,结合高等职业教育人才培养目标及教学特点,按照项目导向、任务驱动教学模式编写的。全书内容包括船舶电气设计与建造概述、电气铁舾装件施工作业、船用电缆敷设、船舶电气设备的安装、船舶电气设备接线施工、系统完整性检查、船舶电气系泊试验、船舶电气航行试验等方面的知识。

　　本书既可作为高等职业院校船舶电气类专业的教材,也可作为从事船舶电气建造工作人员的参考资料。

图书在版编目(CIP)数据

　　船舶电气工艺设计与施工 / 郑恳主编 . —北京:北京理工大学出版社,2014.9 (2024.1 重印)

　　ISBN 978 - 7 - 5640 - 9113 - 2

　　Ⅰ.①船… Ⅱ.①郑… Ⅲ.①船用电气设备 – 工艺设计 ②船用电气设备 – 设备安装 – 工程施工 Ⅳ.①U665

　　中国版本图书馆 CIP 数据核字(2014)第 075739 号

出版发行 / 北京理工大学出版社有限责任公司
社　　址 / 北京市海淀区中关村南大街 5 号
邮　　编 / 100081
电　　话 / (010)68914775(总编室)
　　　　　　82562903(教材售后服务热线)
　　　　　　68948351(其他图书服务热线)
网　　址 / http://www.bitpress.com.cn
经　　销 / 全国各地新华书店
印　　刷 / 北京虎彩文化传播有限公司
开　　本 / 787 毫米 × 1092 毫米　1/16
印　　张 / 18.5　　　　　　　　　　　　　　　责任编辑 / 陈莉华
字　　数 / 434 千字　　　　　　　　　　　　　文案编辑 / 张慧峰
版　　次 / 2024 年 1 月第 1 版第 7 次印刷　　　责任校对 / 周瑞红
定　　价 / 56.00 元　　　　　　　　　　　　　责任印制 / 李志强

前　言

　　"船舶电气工艺设计与施工"是高等职业教育船舶电气技术专业的一门重要专业课程，它的宗旨是为船舶行业的电气建造工作培养工艺人才和施工人才。

　　在本教材的编写过程中，编者结合我国现行造船行业的新动态和新工艺流程，本着实用性、实时性、易读性、多层面性的原则，对所参考的有关船舶电气建造的原理、规范、工艺、检验等方面的内容进行了精心的提炼和加工，并以船舶建造的实际顺序为主线来组织本书的各知识模块。

　　全书共分为八个项目，主要阐述了船舶电气设计与建造概述、电气铁舾装件施工作业、船用电缆敷设、船舶电气设备的安装、船舶电气设备接线施工、系统完整性检查、船舶电气系泊试验、船舶电气航行试验等方面的工艺要求和工艺方法。

　　本书的项目一由渤海船舶职业学院李佳宇编写，项目二由渤海船舶职业学院管旭编写，项目三及附录由渤海船舶职业学院赵群编写，项目五由渤海船舶职业学院冯海侠编写，项目四、项目六、项目七由渤海船舶职业学院郑恳编写，项目八由渤船重工方丽华编写。同时，在教材的编写过程中，也得到了渤船重工电装分厂史鸿屿、曹东、刘长涛、李志东等同志的大力支持和帮助，在此表示诚挚的感谢。

　　由于编者水平有限，经验不足，书中难免会存在一些缺点和不足，诚挚希望广大读者批评指正。

编　者

目录

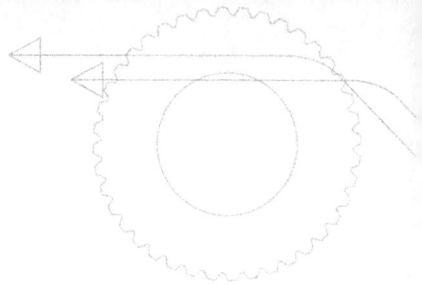

目 录 >>>

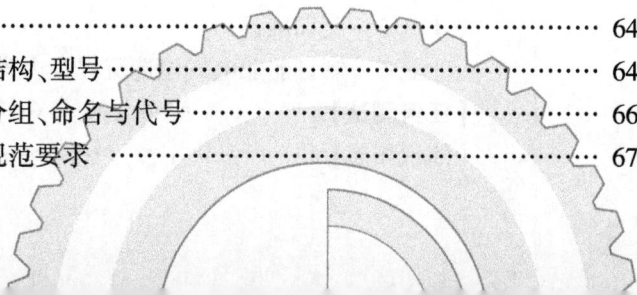

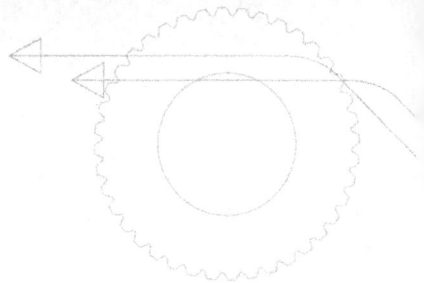

目 录 >>>

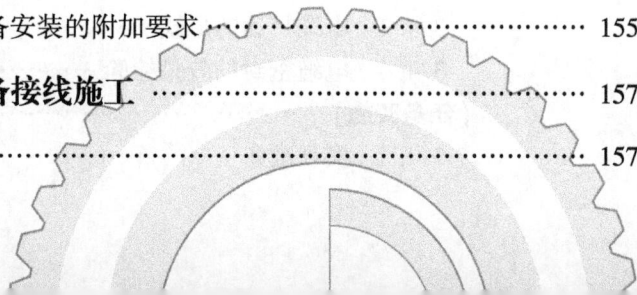

目 录 >>>

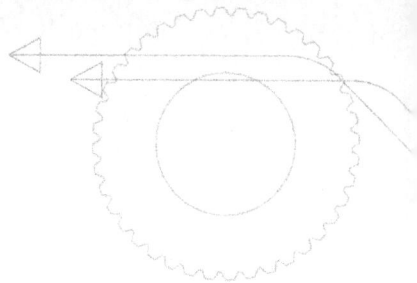

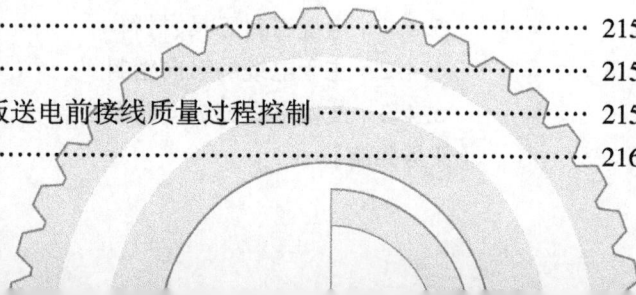

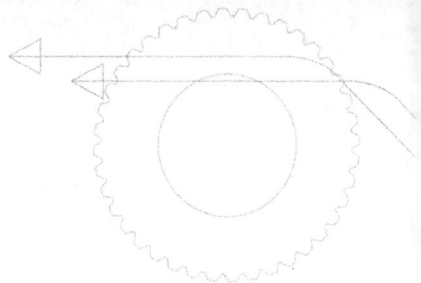

目 录 》》》

项目一　船舶电气设计与建造概述

【任务描述】

船舶电装设计基本业务分为基本设计（包括初步设计和详细设计）和生产设计两部分。基本设计主要包括电气系统图、布置图、详细布置图、负荷计算、电气材料清单、主干电缆走向、接线图、航海/系泊试验大纲等；生产设计主要包括设计完成开孔图、电缆敷设和电气设备安装图、制作和安装托盘表等。

船舶电气建造概述主要介绍船舶电气系统的组成，船舶配电系统线制，对船舶电气的相关规定，船舶电气建造的流程和内容等。

【项目目标】

① 掌握船舶电气部分生产设计内容。
② 掌握电缆表册及托盘管理表的编制内容和方法。
③ 了解船舶电气建造相关知识。

【教学任务】

① 编制船舶电气部分初步设计任务书。
② 编制船舶电气托盘管理表。
③ 制订船舶电气建造施工流程。

任务一　电气部分生产设计概述

【知识链接】

1.1.1　主要业务现状

1. 电装设计基本业务

① 编制技术规格书，设计计划制订（图纸，工程，业务量及特殊业务的步骤等）及管理。

② 编制订货清单。

③ 每个系统与2家以上制造厂签订技术协议。

④ 制造厂认可图纸核对及退审意见回复工作。

⑤ 送审设计及转化设计图纸的发放。

⑥ 船东及船级社图纸退审意见处理。

⑦ 生产意见处理（现场确认，协议等）。

⑧ 标准化作业（标准，惯例，手册，核查清单）。

⑨ 电算教育（TRIBON，CAD，P/C）及职业教育。

⑩ 参加海上试航（确认性能及做成试运行报告）。

⑪ 整理完工图向船东交流。

⑫ 设计图纸外租业务管理。

⑬ 其他业务（教育，会议，计划书编制等）。

2. 基本设计

① 电气系统图（动力，照明，导航，内部通信，自动控制，火灾报警系统等）。

② 布置图。

③ 详细布置图（驾驶室，天线）。

④ 负荷计算。

⑤ 电气材料清单。

⑥ 供应品清单。

⑦ 主干电缆走向。

⑧ 接线图。

⑨ 航海及系泊试验大纲。

⑩ 维修手册。

⑪ 备品备件清单。

⑫ 随机备品清单。

3. 生产设计

① 设计完成开孔图。

② 设计完成电缆敷设及电气设备安装图。

③ 设计完成电缆托架及电气设备基座制作图。

④ 设计完成制作及安装托盘表。

⑤ 测量电缆长度。

⑥ 编制生产设计规则（如无特殊要求，见先进船舶设计惯例 ASDP）。

1.1.2 工作流程

电装设计工作流程如图 1 - 1 - 1 所示。

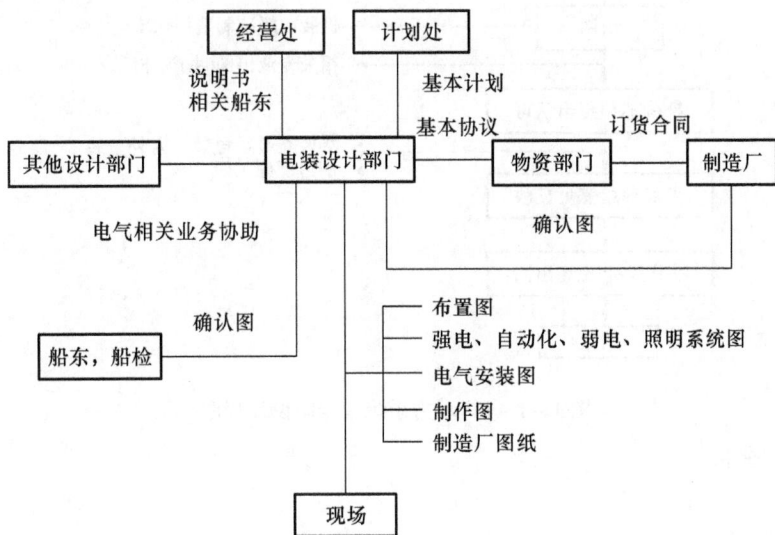

图 1 - 1 - 1 电装设计工作流程

1.1.3 设计程序

1. 动力系统单线图

（1）设计基准

① 技术规格书及相关规范规则。

② 参照电力负荷计算书。

③ 参照电气配电示意图。

（2）校对

参照核对清单。

（3）设计程序

设计程序如图 1 - 1 - 2 所示。

2. 电气设备布置图

（1）设计基础

① 技术规格书及有关规范规则。

② 参照系统图。

③ 相关专业布置图。

```
            ┌──────┐
            │ 开始 │
            └──────┘
               │
   ┌───────────────────────┐        ┌─ 总布置图
   │ 建造说明书及规范        │◀───────┤─ 类似船资料
   │ 相关资料及图纸核对      │        └─ 电装设计基准(Ⅰ、Ⅱ、Ⅲ)
   └───────────────────────┘
               │
   ┌───────────────────────┐
   │ 主要设备生产厂及型号选定 │◀───── 机装、电装、内外舾装设备订货
   └───────────────────────┘
               │
   ┌───────────────────────┐
   │ 单线图,负荷计算补充      │
   │ 自动控制、货油等系统      │◀───── 基本设计数据
   │ 报警清单补充            │
   └───────────────────────┘
               │
        ┌──────────┐
        │   出图   │◀───── 机装,船装制造厂认图
        └──────────┘
               │     └───── 相关专业出图(生产,外厂)
   ┌───────────────────────┐
   │ 船东/船检提出认可        │
   └───────────────────────┘        ┌─ 接收机装、电装、内外舾装
               │              ◀─────┤  制造厂施工图
   ┌───────────────────────┐        └─
   │ 船东/船检意见反映        │
   └───────────────────────┘
               │
   ┌───────────────────────┐
   │ 生产设计/现场出图        │
   └───────────────────────┘
               │
        ┌──────────┐
        │   结束   │
        └──────────┘
```

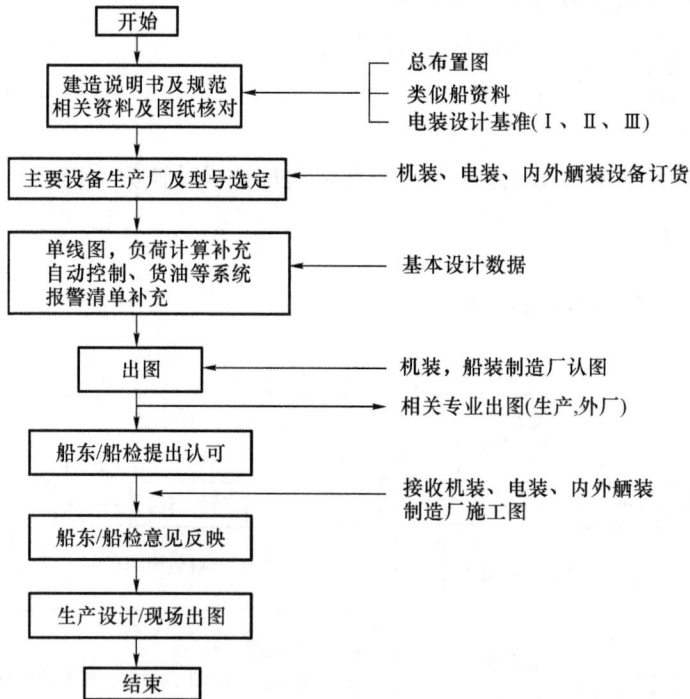

图 1-1-2　动力系统单线图设计程序

④ 制造厂图纸。

（2）校对

参照核对清单。

（3）设计程序

设计程序如图 1-1-3 所示。

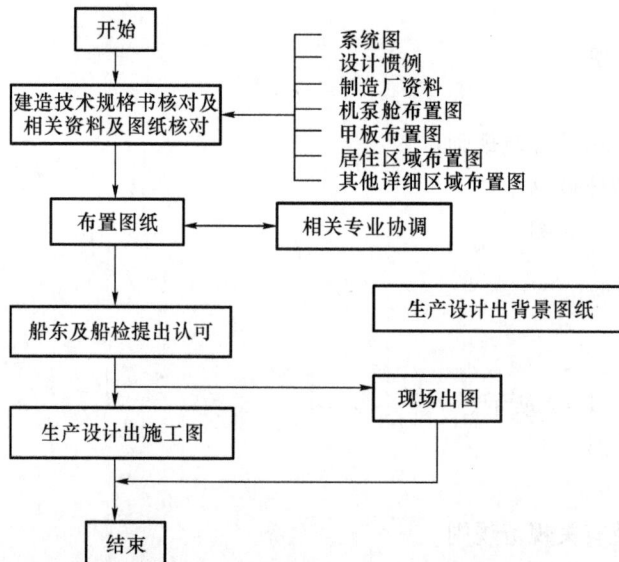

```
            ┌──────┐
            │ 开始 │
            └──────┘
               │                    ┌─ 系统图
                                     ├─ 设计惯例
   ┌───────────────────────┐        ├─ 制造厂资料
   │ 建造技术规格书核对及      │◀───────┤─ 机泵舱布置图
   │ 相关资料及图纸核对        │        ├─ 甲板布置图
   └───────────────────────┘        ├─ 居住区域布置图
               │                    └─ 其他详细区域布置图
        ┌──────────┐        ┌──────────────┐
        │ 布置图纸 │◀──────▶│ 相关专业协调  │
        └──────────┘        └──────────────┘
               │
                            ┌──────────────────┐
                            │ 生产设计出背景图纸 │
   ┌───────────────────────┐└──────────────────┘
   │ 船东及船检提出认可        │
   └───────────────────────┘        ┌──────────┐
               │              ──────▶│ 现场出图 │
   ┌───────────────────────┐        └──────────┘
   │ 生产设计出施工图         │             │
   └───────────────────────┘◀────────────┘
               │
        ┌──────────┐
        │   结束   │
        └──────────┘
```

图 1-1-3　电气设备布置图设计程序

3. 生产设计图纸

（1）设计基准

① 技术规格书及相关规范规则。

② 参照布置图。

③ 参照系统图。

④ 参照先进船舶设计惯例（ASDP）。

（2）校对

参照核对清单。

（3）设计程序

设计程序如图 1-1-4 所示。

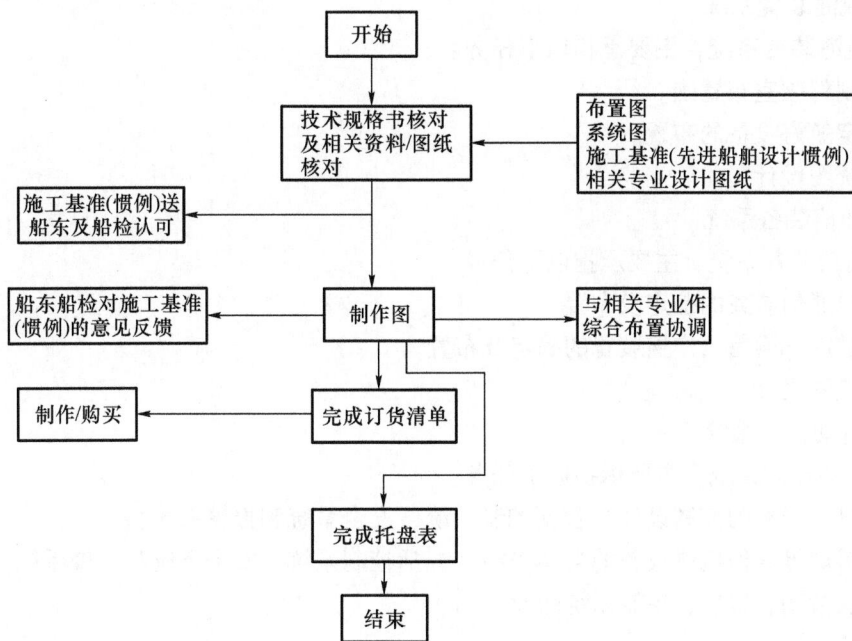

图 1-1-4　生产设计图纸设计流程

1.1.4　电装设计业务

1. 主要业务

担当船舶内所有电气设备的系统设计及设备的布置工作。

（1）电力系统

对于电力系统，主要承担以下任务：

① 决定船舶供电系统的电压、频率和配电系统。

② 选择电源装置，如发电机容量和台数的选择、应急发电机容量的选择、电力和照明变压器容量的选择和蓄电池容量的选择等。

③ 设计配电装置，如主配电板、应急配电板和蓄电池充放电板的结构设计和配电开关的选择。

④ 船舶设计电力网，如供电系统和全船配电系统的设计、电力设备的布置和电缆的选择等。

⑤ 船舶电力系统的保护设计，如发电机保护、电力和照明变压器保护、电动机保护和系统保护协调等。

（2）照明系统

对于照明系统，主要承担以下任务：

① 船舶照明分类（室内照明、室外照明、探照灯和投光灯及航行信号灯）及系统设计（正常照明系统、应急照明系统及航行信号灯系统）。

② 根据照度计算，在选定了照明灯具的型号和确定了照明灯具的功率、数量的基础上，则可绘制照明布置图。

（3）航海装置系统

对于航海装置系统，主要承担以下任务：

① 绘制驾驶室布置图。

② 确定航海设备的布置。

③ 系统图设计。

（4）通信装备系统

对于通信装备系统，主要承担以下任务：

① 无线通信装备的确定及布置。

② 船舶内部通信、广播装置的确定及布置。

③ 系统图设计。

（5）自动控制系统

对于自动控制系统，主要承担以下任务：

① 主机、辅机的控制设计（包括控制系统、安全系统和报警系统）。

② 辅锅炉等其他机电设备的自动控制（包括控制系统、安全系统和报警系统）。

③ 机舱检测、报警、控制系统的设计。

④ 系统图设计。

2. 船舶动力系统设计

（1）概要

船舶动力系统包括船舶电力系统、电力拖动系统和电力推进系统。船舶电力系统是由电源装置、配电装置和负载按照一定方式连接的整体，是船上电能产生、传输、分配和消耗等全部装置和网络的总称。电力拖动系统用电占船舶电网的 70% ~ 90%，电力拖动系统的技术性能、经济性及运行管理和维护修理这三方面的因素应尽可能地做到有机结合。电力推进系统可按原动机类型、电流种类和装置功能来进行分类。正确和全面地认识电力推进的优缺点，对于确定推进装置的方案是十分重要的。

（2）动力系统的构成要素

① 发电机。

通过发电机发电可提供给船舶内的各种机器电能，发电机种类主要如下：

a. 涡轮增压发电机：利用从主机排出气体的热量或锅炉产生的蒸汽来带动发电机发电的发电机。

　　b. 柴油发电机：运转柴油机发电的发电机。

　　c. 轴带发电机：安装在主机的轴上，利用主机轴旋转产生的能量带动发电机发电的发电机。

　　d. 应急发电机：当 a ~ c 类发电机在正常运转中发生异常时，紧急采用的发电机。

　　② 配电板。

　　配电板控制发电机所提供的电能，合理分配给各个需用电设备，其种类和构造如下：

　　主配电板：

　　a. 发电机屏：主要包括发电机励磁控制、发电机并车控制、测量仪表、保护装置、连锁、报警以及指示回路等，其目的是连续地提供电能。

　　b. 440 V 屏：船舶内各种设备中，除通过组合启动屏供电的设备外，其余大部分需要440 V 电的设备由此屏供电。

　　c. 组合启动屏：船舶内各种设备中，船舶的运转及安全所必要的重要的辅助设备由此屏供电，并可以在此处进行控制。

　　d. 220 V 或 110 V 屏：发电机所产生的电压，通过变压器转换为 220 V 或 110 V，并供给船舶内各种照明器具及航海通信设备所必需电能的电源。

　　应急配电板：

　　当主发电机正常运转时，通过主配电板，传递电能到此配电板，并在主发电机发生异常时，应急发电机运转，仅供给连接到应急配电板的负荷电源。

　　a. 发电机屏。

　　b. 440 V 屏。

　　c. 220 V 或 110 V 屏。

　　③ 启动器。

　　组合启动器：为方便在一个地方控制船舶运转最必要的设备，将对它们的控制操作集合在一起（在主配电板上），在此处控制这些与船舶的运转有直接关系的泵，这些设备大部分都是由同样容量的两台泵构成，即使一个泵出现异常，另一个泵也可以运转，每种泵都从发电机屏的左侧与右侧，连接到左侧和右侧的组合启动屏上。

　　单独的启动器：为了更安全、更方便地控制各个泵，防止直接操作主开关带来的危险，对除组合启动器内所包括的泵以外的泵进行单独的控制。

　　本地组合启动器板：本地组合启动器是按照区域，或按系统划分而集中设置的，其目的是减少现场的工作量和节约材料，现今普遍应用于各种船舶。

　　④ 分电板。

　　不能把所有负荷从主配电板的 440 V 屏分配，因此，在主配电板的各个负荷之间，考虑负荷所处的位置及控制的便利性进行设置，一般地，每艘船设置 8 ~ 10 个分电板，从主配电板分配到此处，再由此分电板分配到各个负荷。分电板的种类主要包括：动力分电板、照明分电板、内部通信分电板等。

　　⑤ 变压器。

　　变压器把发电机发出的 440 V 电压转换成 220 V 或 110 V 供给相应的设备，其种类有以下两种。

　　a. 主变压器：将主发电机发出电能的电压转换成 220 V 或 110 V。

　　b. 应急变压器：将应急发电机发出电能的电压转换成 220 V 或 110 V。

⑥ 岸电箱。

岸电箱是维修船舶或进坞时，陆路的电源提供给船舶内的连接装置。

3. 弱电设备

（1）航海设备（导航设备）

航海设备是船舶航行所必要的基本装备，按照船舶的种类或制造厂的样式不同，所表现和设置的基准也不同，装备本身以高度的电子技术制作，因此无法详细地知道内部结构及启动原理。下面，仅对各个装备的用途及构成进行简单的说明。

① 自动操舵仪。

自动操舵仪是自动保持船舶在预定航线上稳定航行的设备。自动操舵有两种工况，一种是自动稳定航向；另一种是改变航向。

构成及说明：

a. 液压泵单元：自动舵系统的一部分，布置在舵机室，是液压泵的油压发生装置。

b. 反馈单元：为跟踪控制提供舵角信号的装置，把舵角的信号传达给自动舵的发生装置。

c. 操舵站：实际操作舵角的设备，大概设置在驾驶室中心处。

② 电罗经。

为了弥补磁罗经受航海地域周围的磁性体影响而产生误差的不足，电罗经利用陀螺仪的原理，设定正北方向，始终指向北的装置，在船上能连续、自动地提供船舶航行信号，并能随时向所需设备和系统提供航向信息。

构成及说明：

a. 主罗经：主罗经应尽量安装在驾驶室或海图室或船舶摇摆中心附近舱室，避免由于船舶在恶劣气候环境中产生较大摇摆使罗经出现放大误差。

b. 罗经：根据用途不同，罗经有很多种形态，但分罗经内有马达，依据主罗经的信号运行，设置在驾驶室、桥楼两翼、舵机室；航海设备有雷达、卫星导航等设备，是为了在此范围内表示方位。

③ 磁罗经。

磁罗经是利用地球磁场测量方位的装置，设置在驾驶室顶部中心线上，分为反射镜型和非反射镜型，反射镜设置在从驾驶室的自动舵操舵站能看清的驾驶室天棚处。在布置上应该考虑的事项是，为避免指示方位的磁性受到影响，必须满足各种规范，特别是要考虑罗经周围具有不变的磁性和无线通信设备的天线位置等。

④ 测深仪。

测深仪是以回声式探测船舶下方水深和水中障碍物（如沉船、暗礁或浅滩等），并把探测结果记录或显示出来，从而避免船舶搁浅、触礁等事故的发生。

构成及说明：

a. 记录仪：指打印机上记录水深的仪器，能与海图对照，设置在驾驶室的海图区。

b. 指示器：指显示水深用的数字或模拟指示的仪表。

c. 换能器：指收发回声脉冲信号的装置，安装在测深仪围井内，安装要求严格。

⑤ 计程仪。

计程仪在航海中是用作测定船舶航行速度和船舶累计航程的仪器，并将船舶航速、航程的信息传输给所需要的设备和部门进行数据处理和显示、记录。计程仪分为电磁计程仪和多普勒计程仪两种。

⑥ 舵角指示器。

舵角指示器是指远距离指示舵角的仪器，其构成要素分为发送器和指示器，设置在桥楼两翼、驾驶室中心，按照船东要求不同，其他场所也可添加设置。

⑦ 雷达。

导航雷达用来探测水上目标的方向和距离，它不受气候影响，可以全天候引导船舶进出港口、码头和在海上安全航行。导航雷达最大作用距离主要取决于雷达脉冲的传播天线，如雷达天线高度、目标大小、形状及反射天线等。

构成及说明：

a. 显示器单元：指从雷达扫描器探知的内容，原封不动地显示出来，一般统称为雷达。

b. 扫描装置：由回转收发电波的扫描器和扫描器的电机构成。

c. 收发器装置：收发电波的装置，大概放置在驾驶室或电气设备间。

d. 转换开关单元：指 2 台扫描器相互交换连接在 2 台雷达的装置。

e. S 波段：指利用 10 cm 的波长的雷达。

f. X 波段：指利用 3 cm 的波长的雷达。

⑧ 气象传真接收机。

气象传真接收机是指从航海区域的气象局接收信息，并把气象图打印在记录仪的打印机上的装置。

⑨ 汽笛。

汽笛是警笛发生装置。

⑩ 台卡导航接收系统。

台卡导航接收系统是从台卡站接收电波，测量方位的装置。

⑪ 欧米加接收机。

另有欧米加区域，其工作原理与台卡接收机相似。

⑫ 劳兰接收机。

劳兰接收机与欧米加接收机的用途及原理相似。

⑬ 卫星导航装置（NNSS：（美）海军卫星导航系统）。

卫星导航装置是接收通信卫星的电波，测量方位的装置。

⑭ 风向风速仪。

⑮ 综合导航装置。

（2）船舶通信装置

船舶的通信装置分为船内及船外通信装置，有线通信与无线通信装置。

① 有线通信装置。

a. 自动电话：用于各舱室之间的日常工作和事务的通信联络，多采用程控电话交换机，用微处理器控制，可提供多种电话服务，如遥控广播、强行占线、叫醒和有线电话与无线电话组网通信等，使无线电话呼叫有线电话如同有线电话互相呼叫一样简单。

b. 声力电话：是航行指挥电话，用于航行驾驶和操纵各工作部门之间进行指挥和通信联络，HS 型船用声力电话系统可分为选通型和直通型两种。

c. 共电式电话：是航行指挥电话，用于航行驾驶和操纵各工作部门之间进行指挥和通信联络，ZFC－1系列共电式指挥电话属于双限制人工电话，其供电电源为DC 24 V蓄电池。

d. 船用有线对讲机：用于船舶操纵部门之间的指挥通信用。

e. 船用广播：用于指挥、通信、对外喊话和娱乐活动。

f. 紧急呼叫系统：在船舶内使任意场所可呼叫轮机员或船员的系统。

g. 共用天线系统：用于接收岸上的无线电和电视广播信号，并分配至船上的居住舱室、公共场所。

② 无线通信装置。

a. 主无线电设备：主要用于与其他船舶或陆路交换信息，其构成要素如下：

1）主、辅发送器。

2）主、辅接收器。

3）自动键盘：指SOS及此船舶的呼叫信号自动发射的装置，主要是遇难时使用的设备。

4）自动报警接收机：接收从对方船发出的遇难信号的装备。

5）蓄电池和充放电板。

6）天线。

b. V. H. F甚高频无线电话：一般由天线、收发信机、手持送受话器、喇叭和数字选择性呼叫值班接收机组成。该设备主要用于船舶进出港、靠离码头、勤务通信和近距离的通信联络，还用于A1海区的遇险报警呼叫。

c. 卫星通信系统：具有通信容量大、传输速率高、可靠性好、抗干扰性能强等优点，并能实现快速、不间断的保密通信和数据传输，已成为远距离通信的主要手段。

4. 船内控制系统设计

(1) 主机遥控系统

主机遥控系统是使船舶得到推动力的原动机，分为柴油机、蒸汽机等。但从目前来看，几乎所有船舶都设置柴油机，以实施主机的遥控（即驾驶员直接从驾驶室对主机的转速进行控制）及安全功能（自动降速，安全停车）。

(2) 辅机控制系统

辅机控制系统是指发电机、辅锅炉等使船舶运行的各种辅助机器的控制系统，其主要辅助机器类的功能如下：

① 发电机。

船舶航行时，为给必要的辅助动力装置、照明装置及其他装置提供必要的电力的原动机，通常设置2~3台发电机。

② 辅锅炉。

辅锅炉是燃油滑油加热和货油加热及舱室的取暖、炊事、洗浴时所必要（蒸汽）的发生装置。

③ 舵机。

舵机船舶的舵向的变更及维持、移动舵叶的装置，设置在船艉，依照驾驶室的自动舵的命令信号进行操作。

④ 净油机。

净油机为净化提供给各种主、辅助机器类的油，并利用离心力解除掺杂在油内的不纯物质的装置。

⑤ 燃油黏度控制系统。

为维持燃烧柴油机所必要的燃油黏度，通过调整燃油的温度进而控制燃油黏度的系统。

⑥ 焚烧炉。

焚烧炉是指消除从船内各种机器处所产生的废品、废油等的装置。

⑦ 油水分离机。

油水分离机是指分离掺杂在污水里的水与油，把水排到舷外的装置。

⑧ 造水机。

造水机是制作船舶内使用的淡水的装置。

⑨ 污水处理装置。

污水处理装置是对船舶内所产生的生活废水或粪料进行储存或清理及排除到船外的装置。

⑩ 泵。

泵是指把水或油等液体引到高处或利用高压推进的机器，通常利用电动机进行驱动。

⑪ 压载控制系统。

由于气象条件、货物的装载量及装载状态等因素影响，为防止船舶航海时稳性被破坏，把适当量的海水通过压载泵倒入或抽出船体内部的压载舱里的海水。

以上都是为安全航海，调整压载舱内海水量的控制装置。

⑫ 惰气发生器。

惰气发生器设置在油船内，往油舱内投入惰性气体，以防止由于货油的流动产生燃气从而引起自燃起火。

（3）机舱报警监测系统。

船舶自动化控制及综合监测装置，包括设置在机械处所的主机和各种辅助机器类的运转/操作状态，能在一个场所集中监视及适当地驾驶和有效地进行工作的设备，现代船舶都采用计算机报警监测系统。

① 延伸报警功能。

船舶内准备的机械处所报警，应当把报警传达给相关人员或乘务员。与此同时在集控室、机舱乘务员居住区域及驾驶区域里，通过适当的手段和方法传达警报。这是为乘务员巡逻机舱、机舱无人化驾驶时，将机舱所发生的反常状况通知给值班员及驾驶室操作者的警报，大体区分为两种做准备。从方便角度来说，报警是主要按照报警的性质或依照临界或非临界的概念，采取分组化传达报警，相关乘务员应快速跑到中央集中控制室，确认详细状况后采取必要措施，准备好应急措施的系统。

② 传感器。

传感器为从远处监视主、辅助机器类的运转/工作状态所必要的装置，按功能可分为如下：

a. 温度传感器（开关，变送器）。

b. 压力传感器（开关，变送器）。

c. 液位传感器（开关，变送器）。

d. 油量检出器。

e. 扭矩测量传感器。

f. 油雾探测器。

g. 盐度测量器。

5. 船舶电气初步设计实例

船舶电气初步设计的内容主要包括初步设计说明书和厂商表两部分，某设计公司设计的 12 000DWT 杂货船电气部分的初步设计内容见表 1 – 1 – 1。12 000DWT 杂货船电气设备厂商表见表 1 – 1 – 2。

表 1 – 1 – 1 12 000DWT 杂货船电气部分的初步设计内容

类别	说明	备注
说明电制	发电机：AC 450 V、60 Hz、3 ph	
	动力设备：AC 440 V、60 Hz、3 ph	
	厨房设备（洗衣设备）：AC 440 V、60 Hz、3 ph 或 AC 220 V、60 Hz、单相	
	照明设备：AC 220 V、60 Hz、单相	
	航行设备：AC 440 V、60 Hz、3 ph 或 AC 220 V、60 Hz、单相 DC 24 V	
	通信设备：AC 440 V、60 Hz、3 ph 或 AC 220 V、60 Hz、单相 DC 24 V	
发电机	主发电机：3 台、300 kW/台、450 V、60 Hz、3 ph（容量按负荷值而定）	
	应急发电机：1 台、50 kW/台、450 V、60 Hz、3 ph	
变压器	主变压器：2 台、75 kVA/台、450/230 V、60 Hz、3 ph（1 台主用 1 台备用）	
	应急变压器：2 台、25 kVA/台、450/230 V、60 Hz、3 ph（1 台主用 1 台备用）	
岸电箱	1 台、AC 440 V、60 Hz、3 ph、200 A	
蓄电池	通用蓄电池：2 套　（报警、控制用） 免维修型铅酸蓄电池：直流电压 24 V 容量 200 AH	
	无线电专用蓄电池：1 套 免维修型铅酸蓄电池：直流电压 24 V 容量 200 AH	
	应急发电机启动蓄电池：2 套（互为备用） 免维修型铅酸蓄电池：直流电压 24 V 容量 200 AH	
配电板	主配电板：发电机屏 3 屏、440 V　　电力供电屏 2 屏、440 V 组合启动屏 2 屏、220 V　　控制屏 1 屏、440/220 V　供电屏 1 屏	
	应急配电板：发电机屏 1 屏	
	充放电板：每套蓄电池配备独立充放电板（充电装置）	
	驾驶室集控制台和机舱集控制台 1 套	
	动力和照明分电板和电动机启动器按实际需要配备	
灯具	航行灯、信号灯和照明按规范要求配备	
电缆	全船使用乙丙橡胶 EPR 电缆和交联聚乙烯 XLPE 电缆，满足船级社要求	

类别	说明	备注
船舶内部通信与报警系统	声力电话：蓄电池1台	
	自动电话：30门1台	
	广播对讲：AC　220 V/DC24V　1套	
	轮机员呼叫系统：AC　220 V/DC24V　1套 机舱值班呼叫系统：AC　220 V/DC24V　1套 病房呼叫系统：AC　220 V/DC24V　1套	
	通用报警系统：AC　220 V/DC24V　1套	
	火灾探测报警系统：AC　220 V/DC24V　1套	
	冷库报警系统：AC　220 V/DC24V　1套	
	主机转速表：AC　220 V/DC24V　1套	
	舵角指示器：AC　220 V/DC24V　1套	
	主、副车钟（传令钟）：AC　220 V/DC24V　1套	
	电视和广播共用天线系统：AC　220 V/DC24V　1套	
	集中监测和报警系统：AC　220 V/DC24V　1套	
无线电通信设备（外部通信）应满足 SOLAS、GMROS 要求，国际航行 A1、A2、A3 区域	中高频：MF/HF 无线电设备1套、250 W、AC　220 V/DC24V 带 DSC 数字呼叫选择	
	VHF 甚高频无线电设备：　2套	
	雷达应答器：　2套	
	航行警告接收机：NAVTEX　1台	
	卫星应急示位器：EPIRB　1套	
	卫星通信 INMARSAT：F 站　1套	
	卫星通信 INMARSAT：C 站　1套	
	气象传真接收机：　1套	
	手提双向无线电话：　3套	

类别	说明		备注
航行设备	磁罗经设备：	1套	
	电罗经和自动舵：230 V/DC24 V	1套	
	雷达： X波段2套（或S、X各一套）ARPA带自动标绘		
	DGPS全球定位：	1套	
	回声测深仪：	1套	
	电计程仪（多普勒）：	1套	
	母子钟：	1套	
	扫雪器：	2套	
	刮雨器：	2套	
	雾笛：	1套	
	风向风速器：	1套	
	ALS自动识别系统：	1套	
	VDR速度记录仪：	1套	
	主机遥控系统：	1套	

表1-1-2 12 000DWT杂货船电气设备厂商表

序号	设备名称	厂商
1	主配电板，应急配电板，充放电板，岸电箱，分电板，启动器	大连顺泽船舶电器厂，镇江赛尔尼柯电器公司，安阳光彩船舶电器厂，旅顺航海电器厂
2	变压器	大连顺泽船舶电器厂，泰州船用变压器厂，大连船用电器有限公司
3	灯具	大连船舶灯具厂，大连第二灯具厂，大连船用电器有限公司，浙江海星灯具电器公司，沪乐灯具厂
4	电缆	大连百孚特线缆公司，扬州船用电缆厂，常州电缆厂，扬州远洋电缆厂
5	蓄电池	山东淄博蓄电池厂，河北红帆蓄电池厂
6	火灾探测系统	南京消防器材公司，嘉兴科讯电子公司，无锡蓝天电子公司
7	广播对讲，电话，轮机员呼叫，报警灯柱	杭州华雁电子公司，嘉兴科讯电子公司，浙江富城通信公司
8	雾笛	锦州北方航海仪器公司，嘉兴科讯电子公司，杭州华雁电子公司

续 表

序号	设备名称	厂商
9	舵角指示器	锦州北方航海仪器公司，上海航仪总厂，锦州船用电气厂
10	扫雪器，刮水器	广州航海仪器厂，南京航海仪器厂，上海航海仪器厂
11	计程仪	锦州北方航海仪器公司，FURUNO 日本，YOKOGAWA 日本
12	测深仪	南京浸禄科技公司，南京宁禄科技公司，FURUNO 日本，YOKOGAWA 日本
13	罗经	自动操舵仪九江仪表厂，日本东京计器，YOKOGAWA 日本
14	雷达	辽无二厂，YOKOGAWA 日本，JRC 日本
15	GPS	FURUNO 日本，YOKOGAWA 日本，辽无二厂
16	VDR	北京海兰信，广州海华电子公司，无锡兰天电子公司
17	AIS	广州海华电子公司，大连陆海电子
18	GMDSS，包括 VHF、卫通、雷达应答器、气象传真、示位标等	广州海华电子公司，JRC 日本，上海百通利，FURUNO 日本
19	公共天线系统	北京海域天华通信设备有限公司，北京安特讯航天科技公司，嘉兴科讯电子公司
20	驾驶板，机控台	旅顺航海电器厂，镇江赛尔尼柯电器公司，南京云帆电器公司

【任务实施】

船舶电气初步设计

1.1.5 实训准备

1. 实训目的与要求

① 明确船舶电气初步设计的内容。

② 选择某一船型，编制船舶电气初步设计任务书及订货单。要求内容详尽、准确。

2. 实训资料准备

① 船舶设计规范。

② 船舶电气初步设计任务书。

1.1.6 编制船舶电气初步设计任务书及订货单

① 熟悉船舶设计规范。

② 根据船舶电气设计任务书要求，完成船舶电气初步设计。船舶电气初步设计任务见表 1 – 1 – 3。

表 1 – 1 – 3 船舶电气初步设计任务

任务	考核内容及要求
编制船舶电气初步设计任务书	按照现代造船设计要求，编制 1 艘五万吨级左右散货船电气初步设计任务书。 要求包括以下内容： 1. 电制说明； 2. 发电机台数、容量选择； 3. 配电系统； 4. 照明系统； 5. 航行设备； 6. 其他电气设备
船舶电气初步设计订货单	编制与任务书配套的订货单。 包括以下内容： 1. 所需设备名称； 2. 设备厂家，两家以上

【任务测试】

根据所学习的知识结构，以及对船舶电气部分生产初步设计内容的了解，编制船舶电气初步设计说明书和厂商表。船舶电气初步设计考核评分表见表 1 – 1 – 4。

表1-1-4　船舶电气初步设计考核评分表

考核项目	考核内容	分值	评分标准	得分	备注
船舶电气部分初步设计	编制船舶电气初步设计说明书	40分	按照船舶电气初步设计要求，完成电气系统的初步设计。 1. 内容每缺1项扣2分； 2. 电制使用错误每处扣3分； 3. 各系统设备选择错误每项扣5分； 4. 各系统中缺少必备设备每项扣2分； 5. 系统中设备容量、数量选择错误每项扣2分		
	编制电气设备厂商表	10分	1. 缺项每项扣3分； 2. 设备名称错误每处扣2分； 3. 对应设备生产厂家少于三家，缺项扣1分		

任务二　编制电缆表册及托盘管理表

【知识链接】

1.2.1　电缆册的编制

1. 电缆册编制主要考虑因素

（1）电缆拉敷的效果

① 电缆组合托架底层电缆要尽量排布线径较粗、规格统一的干线电缆。

② 电缆尽量平行敷设，避免交叉。

（2）电缆拉敷的人力配置

电缆拉敷的人力配置主要考虑拉敷电缆时人力不要频繁地调动，既浪费时间，又不安全。

2. 电缆册编制的要点

（1）根据电缆拉敷的先后顺序编制电缆册

① 根据电缆通道不同，左右舷电缆分开敷设。

② 根据电缆通过区域不同，敷设干线电缆，再敷设舱室电缆。如机舱区域先拉敷机舱干线电缆，再拉敷机舱舱室电缆，最后拉敷全船干线电缆。

③ 根据电缆线径不同，先拉敷线径粗的电缆。

（2）从电缆节约的角度编制电缆册

将某一区域数量较多的同种规格的电缆编制在一起，不切割。适用于较细的、便于切割的电缆，通常包括照明电缆、检测报警电缆、火警电缆等。

（3）根据电缆拉放点的不同编制电缆册

将统一拉放点的电缆放在一起切割。如主配电板的电缆、集控台的电缆、应急配电板的电缆等。

（4）根据电缆拉敷时的人力配置方案编制电缆册

考虑拉敷电缆时人力不应被频繁地调动，将同一舷的、同一房间的电缆放在一起切割。

1.2.2　编制电气托盘

1. 托盘、船舶电气托盘

中国国家标准《物流术语》对托盘（pallet）的定义是：用于集装、堆放、搬运和运输的放置作为单元负荷的货物和制品的水平平台装置。作为与集装箱类似的一种集装设备，托盘现已被广泛应用于生产、运输、仓储和流通等领域，被认为是 20 世纪物流产业中两大关键性创新之一。

托盘表是对应的电舾装件安装图上的电舾装件的清单，不过有的电装图的电舾装件在图上没有详细的定位，而是在托盘表上给出电舾装件的明确定位，这时就需要结合托盘表和电装图一起施工。前一种情况，托盘表主要用来点货，施工时只要电装图就行。

按韩国的图纸模式是没有托盘表的，但在制造图册中能找到相关的内容，不是很方便。最方便的还是一个区域安装图对应一个分段的托盘表，方便预装。

2. 电装生产设计托盘一览表

以某造船企业编制的电气托盘表为例，对托盘表的形式与内容进行说明。该托盘表共 8 页，相同内容的页面做了省略，没有一一列出。

（1）托盘表简要说明

电装生产设计托盘一览表的第 2 页和第 3 页为分段划分图。通过分段划分图，可以了解船舶的分段分布情况，甲板和平台分布情况。甲板分为罗经甲板、驾驶甲板、船长甲板、桥楼甲板、艇甲板、上甲板、二甲板。平台分为机舱管加平台、辅机平台、水手长平台等。

分段图中标出了船舶的肋骨号。螺旋桨平面为零号肋骨，向船艏方向展开。根据船舶结构不同肋骨间距也有所不同。结构强度要求高的，肋骨间距小一些（600 mm/650 mm），其他部位肋骨间距稍大一些（700 mm/750 mm）。根据肋骨号可以区分不同分段，电舾件的烧焊位置以不同的肋骨号为基准来标注。

（2）托盘表

电装生产设计托盘一览表首页见表 1 - 2 - 1，电装生产设计托盘一览表第 2 ~ 4 页见表 1 - 2 - 2。

表 1 – 2 – 1　电装生产设计托盘一览表首页

	图样和技术文件履历　PLAN HISTORY							
日期	版本	标记	数量	修改通知书	说明	设绘	审核	审定
	0				供施工			

工程号			12 000DWT杂货船	生产设计
版本	0			DSC445-600-051TM
船级社	CCS			
项目	签字	日期	电装生产设计托盘一览表	重量　　比例
设绘				
校对			共8页　　第1页
审核				
标检			××船舶工程技术有限公司
审定				

表 1 – 2 – 2　电装生产设计托盘一览表第 2 ~ 4 页

	DSC445 – 600 – 051TM	共8页	第2页

分段划分图

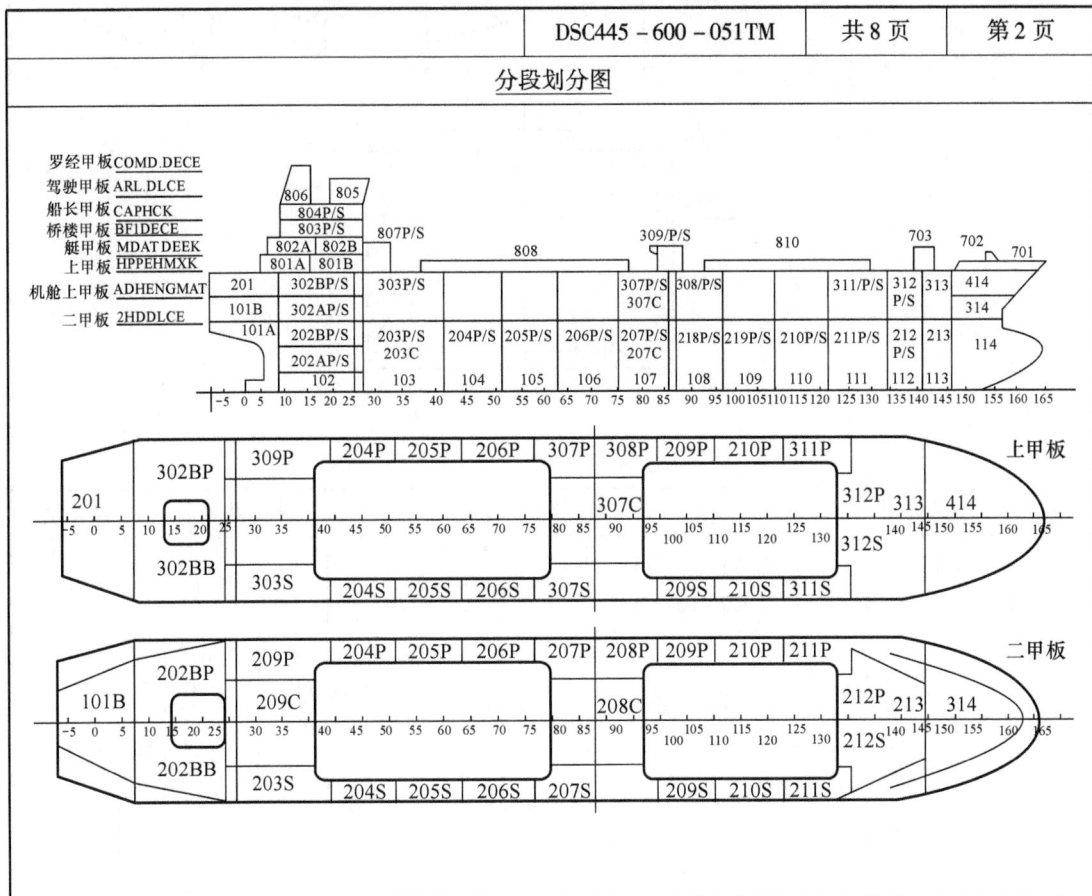

罗经甲板COMD.DECE
驾驶甲板ARL.DLCE
船长甲板CAPHCK
桥楼甲板BFIDECE
艇甲板MDAT DEEK
上甲板HPPEHMXK
机舱上甲板ADHENGMAT
二甲板2HDDLCE

续表

DSC445 – 600 – 051TM	共 8 页	第 3 页

分段划分图

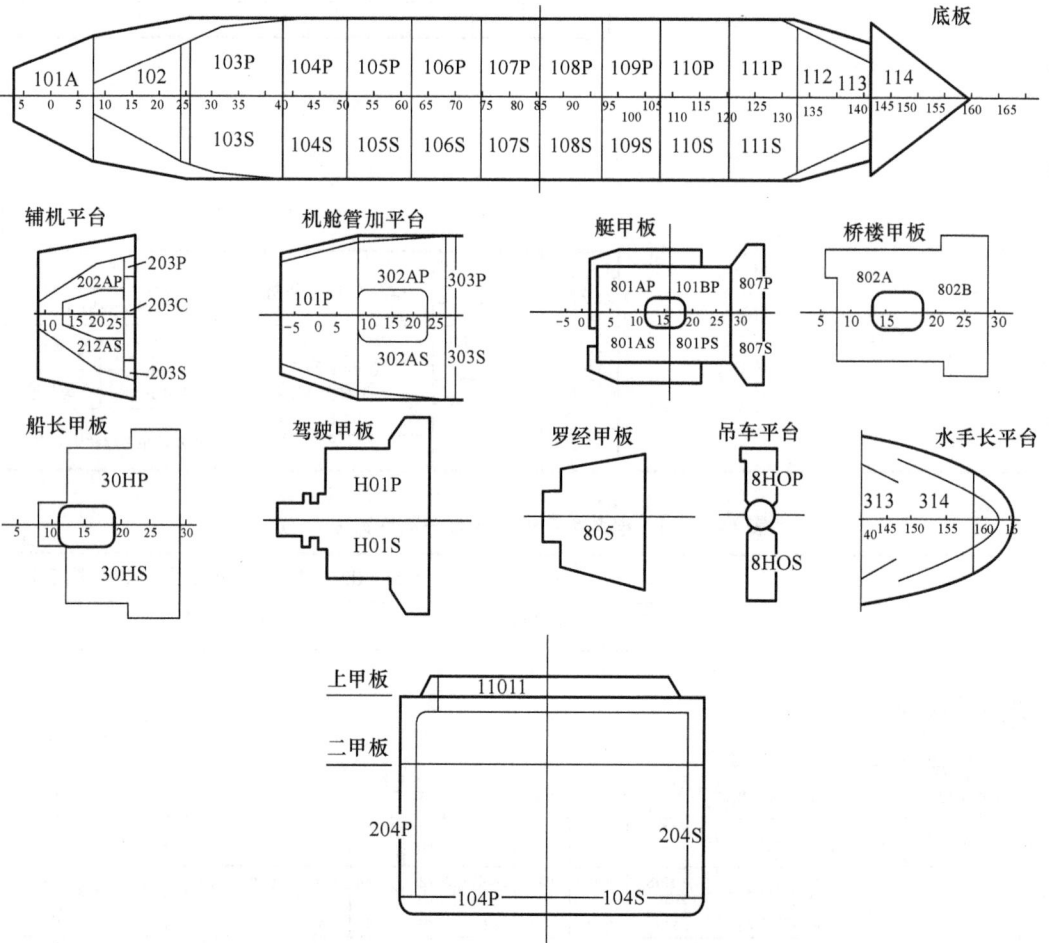

×× 有限公司	托盘一览表	共 8 页	第 4 页

船名：12 000DWT 杂货船	图号：DSC445 – 600 – 051TM	工程编号：	设计科（专业）：船电

编号	托盘代码	托盘名称	安装图号	质量/kg	执行部门	工时 合计	图纸 面积	图纸 张数	备注
1	EEQ1B202 AP	机舱内底平台电气焊接件托盘表	DSC445 – 681 – 051MX						

续 表

编号	托盘代码	托盘名称	安装图号	质量/kg	执行部门	工时		图纸		备注
						合计		面积	张数	
2	EEQ1B202 AS	机舱内底平台电气焊接件托盘表	DSC445－681－051MX							
3	EEQ1B203P	机舱内底平台电气焊接件托盘表	DSC445－681－051MX							
4	EEQ1B203C	机舱内底平台电气焊接件托盘表	DSC445－681－051MX							
5										
6	EEQ1LMO1	机舱辅机平台电气焊接件托盘表（地板）	DSC445－681－053							
7	EEQ1B202BP	机舱辅机平台电气焊接件托盘表	DSC445－681－052MX							
8	EEQ1B202BS	机舱辅机平台电气焊接件托盘表	DSC445－681－052MX							
9	EEQ1B203P	机舱辅机平台电气焊接件托盘表	DSC445－681－052MX							
10	EEQ1B203S	机舱辅机平台电气焊接件托盘表	DSC445－681－052MX							
11	EEQ1B203C	机舱辅机平台电气焊接件托盘表	DSC445－681－052MX							
12										
13	EEQ1LMO2	机舱二甲板平台电气焊接件托盘表(地板)	DSC445－681－055							
14	EEQ1B302 AP	机舱二甲板平台电气焊接件托盘表	DSC445－681－054MX							
15	EEQ1B302 AS	机舱二甲板平台电气焊接件托盘表	DSC445－681－054MX							
16	EEQ1B303P	机舱二甲板平台电气焊接件托盘表	DSC445－681－054MX							
17	EEQ1B303S	机舱二甲板平台电气焊接件托盘表	DSC445－681－054MX							

编号	托盘代码	托盘名称	安装图号	质量/kg	执行部门	工时 合计	图纸 面积	图纸 张数	备注
18									
19	EEQ1LMO3	机舱附加平台电气焊接件托盘表（地板）	DSC445－681－057						
20	EEQ1B302BP	机舱附加平台电气焊接件托盘表	DSC445－681－056MX						
21	EEQ1B302BS	机舱附加平台电气焊接件托盘表	DSC445－681－056MX						

图纸的第 5~8 页分别列出了该船舶的其他部位的电气焊接件托盘表、设备安装托盘表、电气设备托盘表、电缆托盘表，图表形式与第 4 页相同，不再列出。

3. 托盘具体内容

下面以某造船企业编制的 45 000 t 散货船驾驶甲板某一分段电气铁舾装件安装图及安装托盘管理表（B 阶段）为例，来具体了解船舶电气托盘管理表的编制形式及内容。

（1）45 000 t 散货船驾驶甲板某一分段电气铁舾装件安装图（共 10 页）

45 000 t 散货船驾驶甲板某一分段电气铁舾装件安装见表 1－2－3，安装托盘管理表见表 1－2－4。

表 1－2－3　45 000 t 散货船驾驶甲板某一分段电气铁舾装件安装

企业图标					45 000 t 级散货船 45 000CDOW BULK CARRIER	生产设计 PRODUCTION DESIGN
						41901905F16T1EG
					驾驶甲板905分段 电气铁舾装件安装图 (B阶段)	本图适用于1-2号船
标记 MARK	数量 QYY	修改单号 REV.SH.NO	签字 SIGN	日期 DAIT		重量.kg WEIGHT 1383.3 　面积.m² AREA 0.6
专业科编制	DESIGNED					
专业科批准	APPROVED					共10页 TOTAL SHEETS 10 　第1页 SHEET
路线科编制	DESIGNED				BC0451-1/2	某船舶重工有限责任公司
路线科批准	APPROVED					

表 1－2－4　安装托盘管理表

安装阶段	分段	施工单位	电装分厂		安装托盘管理表	托盘表号	41901905F16T1EG	第 2 页
工艺月份		安装区域	905	安装内容	驾驶甲板 905 分段 电气铁舾装件	安装图号	41901905F16F1EG	共 10 页

序号	安装件名称	型号规格	代号图号	件号	单位	数量	材质					来源	备注
							名称	规格	单位	单重	总重		
1	电缆托架	DSLS－3－250	905W－01		个	1			kg	3.6	3.6		
2	电缆托架	LS－2－A－450	905W－02		个	5			kg	10	50		
3	电缆托架	LS－2－B－450	905W－03		个	2			kg	11	22		
4	电缆托架	LS－2－C－450	905W－04		个	4			kg	12	48.4		
5	电缆托架	LS－2－C－500	905W－05		个	1			kg	13	12.6		
6	电缆托架	LS－2－F－450	905W－06		个	1			kg	8.3	8.3		
7	电缆托架	LS－3－A－450	905W－07		个	2			kg	6.7	13.4		
8	电缆托架	LS－3－F－450	905W－08		个	1			kg	8.6	8.6		
9	电缆托架	LS－4－A－450	905W－09		个	2			kg	10	20.8		
10	电缆托架	LS－4－B－450	905W－10		个	1			kg	12	11.9		
11	电缆托架	LS－4－B－500	905W－11		个	2			kg	13	25		
12	电缆托架	LS－4－C－450	905W－12		个	3			kg	13	39.6		
13	电缆托架	LS－4－C－500	905W－13		个	1			kg	13.8	13.8		
14	电缆托架	LS－4－F－450	905W－14		个	2			kg	8.9	17.8		
15	电缆托架	LSR－2－450	905W－15		个	1			kg	6.8	6.8		
16	电缆托架	RLD－3－A－275	905W－16		个	2			kg	14	28		
17	电缆托架	RLD－3－F－320	905W－17		个	1			kg	12.9	12.9		
18	电缆托架	RLS－2－F－200	905W－18		个	2			kg	6.4	12.8		

　　后面还有 8 页图表，序号接上面图表，分别列出了该分段所用的各种型号的电缆支架、电缆框、多种设备安装用的底座，表格形式与铁舾装件安装第 2 页相同，不再一一列出。

　　(2) 驾驶甲板电气设备安装托盘表 (P 阶段)

　　安装图表第 1 页为图纸介绍，第 2 ~ 7 页为该船驾驶甲板电气设备安装托盘表 (P 阶段)。本教材只列出托盘表的第 1 页和第 2 页，第 3 ~ 7 页图表形式与第 2 页相同，只是安装件不同，在这里不再一一列出。驾驶甲板电气设备安装托盘表 (P 阶段) 第 1 页、第 2 页形式分别如表 1 - 2 - 5 和表 1 - 2 - 6 所示。

表1-2-5 驾驶甲板电气设备安装托盘表（P阶段）第1页

						企业图标	45 000 t级散货船 45 000CDOW BULK CARRIER	生产设计 PRODUCTION DESIGN
								41901905F16T1EG
								本图适用于1-2号船 SUTABLE FOR NO1-2
标记 MARK	数量 QYY	修改单号 REV.SH.NO	签字 SIGN	口期 DAIT			驾驶甲板905分段 电气铁舾装件安装图 (P阶段)	重量,kg WEIGHT　面积,m² AREA
专业科编制	DESIGNED							共7页 TOTAL SHEETS 7　第1页 SHEET
专业科批准	APPROVED							
路线科编制	DESIGNED						BC0451-1/2	××船舶重工有限责任公司
路线科批准	APPROVED							

表1-2-6 驾驶甲板电气设备安装托盘表（P阶段）第2页

安装阶段	船台舾装	施工单位	电装分厂	安装托盘管理表		托盘表号	41901L50F16T2EL	第2页
工艺月份	安装区域	驾驶甲板	安装内容	驾驶甲板电气设备		安装图号	41901L50F16F1EL	共7页

序号	安装件名称	型号规格	代号图号	件号	单位	数量	材质					来源	备注
							名称	规格	单位	单重	总量		
1	驾控台				个	1			kg			物管	E25B
2	#1充放电板				个	1			kg			物管	E02B
3	#1蓄电池组 （带安装件）	GFM-200			个	12			kg			物管	E22B
4	无线电蓄电池组 （带安装件）	GFM-200			个	12			kg			物管	E22B
5	防火风闸控制盒(IP22)				个	6			kg			物管	A04A
6	主机转速表	XL192RM			个	1			kg			物管	E11 A
7	主机转速表	BRW-2			个	2			kg			物管	E11 A
8	白昼信号灯充电器	CXD8-CDX			个	1			kg			物管	E06C
9	电加热玻璃接线盒				个	7			kg			物管	A15B
10	防水式双极单投开关	HS402-3			个	1			kg			物管	E23A
11	防护式双极单投开关	HE-2N			个	1			kg			物管	E23A
12	水密插座	CZS202-3			个	2			kg			物管	E23A
13	防护式插座	CZ2-2			个	10			kg			物管	E23A
14	接线盒	JXE-8			个	6			kg			物管	E23A

序号	安装件名称	型号规格	代号图号	件号	单位	数量	材质					来源	备注
							名称	规格	单位	单重	总量		
15	防爆双极单投开关（铜质）	FH3.2-1 EXD II CT6			个	1			kg			物管	E23A
16	防水式双极单投开关	HH302-3			个	1			kg			物管	E23A
17	海图灯	CHT4			个	2			kg			物管	E07C
18	荧光舱顶灯	JCY24-2			个	2			kg			物管	E07C

【任务实施】

编制船舶电气托盘管理表

1.2.3　实训准备

1. 实训目的与要求

① 编制船舶电气铁舾装件托盘管理表（分段或区域）。要求内容详尽、准确。

② 编制船舶电气设备安装托盘管理表（分段或区域）。要求内容详尽、准确。

2. 实训资料准备

① 船舶电气设备布置图及设备清单。

② 船舶电舾件安装图及清单。

1.2.4　编制船舶电气托盘管理表

① 熟悉船舶分段电气设备布置图及设备清单。

② 熟悉船舶电舾件安装图及清单。

③ 编制船舶某分段电气托盘管理表。船舶电气托盘管理表编制任务见表1-2-7。

表1-2-7　船舶电气托盘管理表编制任务

任务	考核内容及要求
船舶电气铁舾装件托盘管理表	编制某分段电气铁舾装件托盘管理表。 要求：格式符合企业标准，内容全面、准确。 1. 列出该分段所采用的电气铁舾装件的型号、规格、数量； 2. 说明选择依据

任务	考核内容及要求
船舶电气设备安装托盘管理表	制定某一区域（或舱室）电气设备安装托盘管理表。 要求：格式符合企业标准，内容全面、准确。 1. 标明安装阶段、安装区域； 2. 列出该区域电气设备型号规格、数量、材质（重量）

【任务测试】

　　根据所学习的知识结构，结合实训条件，选择某一舱室，编制电气铁舾装件及电气设备安装托盘管理表。电气铁舾装件及电气设备安装托盘管理表评分表见表 1-2-8。

表 1-2-8　电气铁舾装件及电气设备安装托盘管理表评分表

项目编号：			组号：	姓名：	总分：	
考核项目	考核内容	分值	评分标准		得分	备注
编制船舶电气托盘管理表	编制船舶电气铁舾装件托盘管理表	25分	根据电舾装件托盘表格式，确定舱室所采用的电气铁舾装件的型号、规格、数量，不符合要求扣5分，缺项扣2分			
	编制船舶电气设备安装托盘管理表	25分	列出该区域电气设备型号规格、数量、材质重量，选择不正确扣3分，每缺一项扣2分			

任务三　船舶电气建造概述

【知识链接】

1.3.1　电气建造工艺概述

1. 船舶电工工艺

　　船舶电工工艺即船舶电气建造工艺，是指电气工作人员在船舶建造过程中，对船舶电气进行安装、调试以及维护保养等工作所必须遵循或参照的技术规范和工艺方法。其主要任务是通过采用先进的工艺手段及合理的生产组织，在确保船舶电气建造质量的前提下，尽量节约原材料、降低成本、提高生产率且缩短生产周期。

2. 船舶电气建造遵循的规范

① 船舶电气建造遵循中国船级社（China Classification Society，简称 CCS）颁布的《钢质海船入级与建造规范》及国家标准（GB）、船舶标准（CB）的相关规定。

② 中国船级社隶属于国际船级社协会（International Association of Classification Societies，简称 IACS）。国际船级社协会包括英国劳氏船级社（LR）、法国船级社（BV）、意大利船级社（RINA）、美国船舶检验局（ABS）、挪威船级社（DNV）、德国劳氏船级社（GL）、日本海事协会（NK）、俄罗斯船舶登记局（RS）、波兰船舶登记局（PRS）、韩国船级社（KR）、印度船级社（IRS）、克罗地亚船舶登记局（CRS）、中国船级社（CCS）13 家会员。IACS 由理事会领导和制定总政策，理事会设立一些工作组去执行协会的具体任务。

a. IACS 设有下列工作组：集装箱、发动机、防火、液化气船和化学品船、内河船舶、海上防污染、材料和焊接、系泊和锚泊、船舶强度、稳性和载重线。

b. 各工作组完成的项目有：拟定各会员之间统一规则和要求的草案；起草对 IMO（国际海事组织）要求的答复；对 IMO 的标准作统一的解释；监控与本专业有关的工作。

③ 国际海事组织（International Maritime organization，简称 IMO），是联合国负责海上航行安全和防止船舶造成海洋污染的一个专门机构，总部设在英国伦敦。

3. 工艺阶段的划分

（1）分段（区域）造船模式

现代造船，主要采取分段造船的模式，即船体分段建造。这种模式，可以做到在确保船舶建造质量的前提下，提高生产率且缩短船舶建造周期。这样就要求随着船体建造的进度，把所有的船舶电气建造工作穿插安排到船体建造的各个工艺阶段中去，即电气建造工艺阶段的划分。

（2）划分工艺阶段的实质与意义

船舶电气建造是一个综合性的过程，其工作复杂、劳动量大，为了便于组织生产、编制计划，必须将船舶电气建造工程分成若干个计划统计单位，即电气工艺阶段。电气工艺阶段是指在船舶电气建造的生产周期中，按合理的工艺程序，在一定时间内所应完成的一部分造船工程。电气工艺阶段划分的实质，就是要把所有的船舶电气建造工作穿插安排到船体建造的各个工艺阶段中去，使各专业、各工种间能相互协调一致，以达到按期按质完成造船任务的目的。

4. 船舶电气建造的内场作业

（1）内场作业及其特点

① 内场作业。

船舶电气建造一般分为内场作业和外场作业两个阶段。

内场作业就是将一些安装件及设备的制作、部分设备调试、材料工装的准备等工作在车间的内部完成。

外场作业则是在船台或船舶上进行船舶电气的安装与调试。

② 内场作业的特点。

a. 可充分利用车间内的设备与场地，提高生产效率、缩短船舶电气建造周期。

b. 提高码头及船台的利用率。

c. 能改善劳动条件、降低劳动强度、提高安全系数。

d. 有利于保证和提高电气安装工作的质量。

e. 能降低材料等的消耗,方便管理。

（2）内场作业的内容

① 熟悉图纸及工艺文件。

a. 充分了解船舶电气建造部分的图纸与工艺文件。

b. 了解船舶输配电方式及输配电设施的布局。

c. 了解电气设备的安装位置、电缆走向及其工作原理。

d. 对有关人员进行技术培训。

② 设备配套及安装件准备。

a. 依据电气设备及安装件的图表,按安装区或舱室配齐该部分的电气设备。

b. 准备好设备安装所需的螺栓、减振器等。

c. 完成大多数设备的检查、校验、内部接线及局部安装。

d. 清理工作现场,准备好必需的机械设备及工具,如电焊机、角钢切割机等。

e. 制造非标或已决定自制的电气设备。

f. 按材料清单,领回安装件成品及组装用的角钢、扁铁等,并涂上铁丹漆。

g. 进行安装件的组合与装焊,然后按工艺安装区分类,并分别放置。

③ 电缆备料。

a. 数量备料。在电气建造开始前,供应部门应依据电缆表册进行电缆的总量备料。

b. 工艺备料。在数量备料的基础上,按电缆备料册进行电缆切割并卷入电缆筒。

c. 要通过几艘同型号船舶的实施情况,对电缆表册不断进行修正。

d. 在距电缆端头 200～300 mm 处要有电缆标签,并标明电缆型号、规格、代号、用途及来去路线。

e. 电缆全长的中间要有停止标记,以防止电缆敷设时因来回拖拉而造成损伤;电缆尾端 100 mm 处要有尾端标志。

f. 要把同一方向的电缆备在同一卷筒内,保证有足够的弯曲半径,并且先敷设的电缆要后备料。

g. 备料后的电缆如果存放时间较长,则应对电缆端头进行密封。

h. 备料完毕后,在备料筒上用油漆写上船名、筒号及安装位置等。

1.3.2 船舶电气系统的组成

1. 船舶电气的组成

（1）船舶电站

船舶电站是由原动机、发电机和附属设备（组合成发电机组）及配电板组成的。船舶上常配置多种电站,电站种类可分为:

① 主电站,正常情况下向全船供电的电站。

② 停泊电站,在停泊状态又无岸电供应时,向停泊船舶的用电负载供电的电站。

③ 应急电站,在紧急情况下,向保证船舶安全所必需的负载供电的电站。

④ 特殊电站,如向全船无线电通信设备（如收发报机等）,各种助航设备（如雷达、测向仪、测深仪等）,船内通信设备（如电话、广播等）以及信号报警系统供电的电源。这类用电

设备的特点是耗电量不大，但对供电电源的电压、频率、稳压和稳频的性能有特殊的要求。因此，船上有时需要设置专门的发电机组或逆变装置向全船弱电设备或专用设备供电。

（2）船舶电力网

电能从主配电板及应急、停泊配电板通过电缆的传输，经过中间的分配电装置（包括区配电板、分配电箱等），送往各电气用户，形成的电力网络即为船舶电力网。船舶上各性质相近的用电设备都由相应的单独电网供电，电网种类可分为：

① 船舶电力网。由总配电板直接供电，供给各种船舶辅机的电力拖动。

② 照明电网。提供船舶内外照明。

③ 弱电装置电网。包括电传令钟、舵角指示器、电话设备、火警信号及警铃等。

④ 应急电网。包括应急照明、应急动力（如舵机电源）、助航设备电源等。

⑤ 其他装置电网。如充电设备、手提灯等。

（3）电力拖动系统

电力拖动系统用来完成船舶上的各种机械的拖动。

（4）照明系统

照明系统用于船舶上的不同位置和要求的照明。

（5）船内通信系统

船内通信系统用于船舶上语言信息或指令的传递。

（6）电气信号系统

电气信号系统用于船舶上各种呼叫、报警等非语言信息或指令的传递。

（7）船舶操纵系统

船舶操纵系统用于船舶的操纵和控制。

（8）航行信号灯系统

航行信号灯系统用于船舶的航行和进出港的信号指示。

（9）助航仪器系统

助航仪器系统用于船舶的空间定位及天气测定。

（10）无线电通信系统

无线电通信系统是船舶在海上航行时，与陆地、其他船舶、飞机等进行通信联系的重要工具。

（11）电气测量系统

电气测量系统用于船舶上各种电气设备或系统的电气参数的测定。

2. 对船舶电气设备的有关规定

（1）额定电压

① 一般固定设备。

一般固定安装的电气设备的额定电压不应超过以下规定值。

a. 直流：250 V。

b. 交流：三相 500 V；单相 250 V。

② 可携设备。

一般可携式电气设备，其额定电压不应超过以下规定值。

a. 照明：24 V。

b. 电气工具及通风机：36 V。

③ 推进装置。

电力推进装置的额定电压不应超过以下规定值。

a. 主电路：直流为1 000 V；交流为6 300 V。

b. 励磁电路：交、直流均220 V。

c. 控制电路：直流为220 V；交流为380 V。

（2）额定频率

① 一般交流电气设备的额定频率应为50 Hz。

② 特殊设备的额定电压和电力推进装置额定频率可参见有关技术文件。

3. 船舶配电系统线制

（1）直流配电系统

① 双线绝缘系统。即直流电源线的正、负极均与金属船体结构绝缘，且为双线供电系统。油类船舶必须采用这种线制。

② 负极接地双线系统。即直流电源线的负极与船体金属结构相连，且仍为双线供电系统。非油船类的各种船舶均可采用这种线制。

③ 以船体作负极回路的单线系统。即直流电源线中的负极与船体金属结构相连，由另一个极单线供电。因其安全性较差，故必须上报审批后方可实施。

（2）单相交流配电系统

① 双线绝缘系统。即交流电源线的相线、中线均与金属船体结构绝缘，且为双线供电系统。油类船舶必须采用这种线制。

② 一线接地的双线系统。即交流电源线的中线与金属船体结构相连，且为双线供电系统。非油船类的各种船舶均可采用这种线制。

③ 一线以船体作回路的单线系统。即交流电源线的中线与船体金属结构相连，并以此为中线，由另一根相线单线供电。因其安全性较差，所以必须上报审批后方可实施。

（3）三相交流配电系统

① 三线绝缘系统。即三相供电系统中的三根相线和中线均与船体结构绝缘，且为三相供电系统。油类船舶必须采用这种线制。

② 中线接地的四线系统。即三相四线制供电系统的中线与船体金属结构相连，且为四线供电系统。非油船类的各种船舶均可采用这种线制。

③ 中线接地并以船体作中线的四线系统。即三相四线制供电系统的中线与船体结构相连，并以此为中线，由另外三根相线供电。因其安全性较差，所以必须上报审批后方可实施。

1.3.3　电气建造流程及各部分内容

① 生产准备。

确定电气施工的工作量、工时定额；组织电气放样、制作电气托盘；进行电气舾装件制作、仪器仪表的加工与配套；开始技术培训、安全教育等。

② 分段电气预舾装。

在该阶段，要进行主干电缆的工艺备料与拉敷紧固；一道工序烧焊、局部电缆拉敷，完成局部电缆的补遗、校对与紧固工作。

③ 船装。

在该阶段，按照全船电缆布置图、电气设备安装图，进行全船电缆拉放、电气设备安装及设备接线。

④ 系统完整性检查。

对所有电气设备及电气系统的安装与接线进行完整性检查，包括接线的正确性、安装件的紧固程度、绝缘电阻的测量等。

⑤ 系泊试验。

在该阶段，要完成全船机电设备安装收尾、全船电气设备的报验与清洁检查；完成发电屏与配电屏之间汇流条的分离；配电屏接岸电并准备系泊试验；依据试验大纲，对强、弱电设备分别进行调试并报验结果；完成航行试验准备工作。

⑥ 航行试验。

在该阶段，要明确航行试验大纲的项目指标、提出配合工作项目，并申报上级主管部门批准；进行备品备件、图纸资料及生活供应品的准备；提交各种设备和装置的效用试验报告及其参数指标；依据试验大纲的要求，完成在特定海域及海情下对电气设备的各项效用及指标的考查。

⑦ 交船。

在该阶段，要解决航行中出现的问题，并完善设计施工图纸；编制完工文件并进行设备的维护保养；向船东进行技术交流并申明注意事项；移交设备与备品备件及各种图纸资料；在指定限期内向船东移交完工文件；确定缓装电气设备的安装计划；编制本产品的建造总结，审定后归档。

1.3.4 电气建造流程图

船舶电气建造工艺流程如图 1 – 3 – 1 所示。

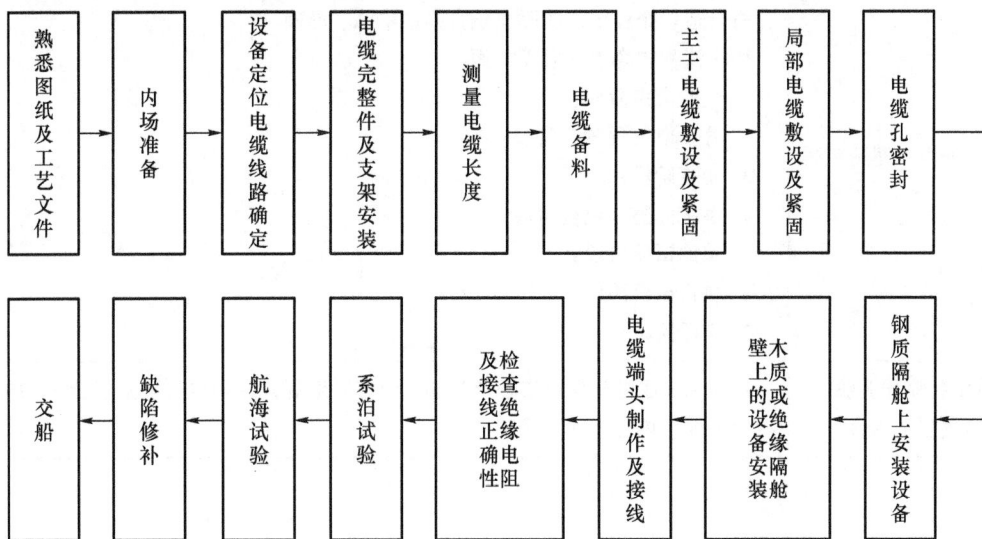

图 1 – 3 – 1 船舶电气建造工艺流程图

【任务实施】

制订船舶电气建造流程及施工内容

1.3.5　实训准备

1. 实训目的与要求

① 结合造船生产实际，制订船舶电气建造流程。

② 确定船舶电气建造各流程的电气施工内容。

③ 要求船舶电气建造流程制订合理，内容全面、准确。

2. 实训资料准备

① 船舶工艺手册。

② 船舶电气施工任务书。

1.3.6　制订船舶电气建造流程及内容

① 熟悉船舶电气建造流程。

② 根据船舶电气建造流程，确定船舶电气建造内容。船舶电气建造流程制订任务见表1-3-1。

表1-3-1　船舶电气建造流程制订任务

任务	考核内容及要求
制订船舶电气建造流程	结合造船生产实际，根据船舶电装生产任务，制订船舶电气建造流程。制订要符合造船企业生产实际，语言描述精练、准确。 要求流程内容包括以下方面： 1. 生产准备阶段； 2. 分段电气预舾装阶段； 3. 船装阶段； 4. 系统完整性检查阶段； 5. 系泊试验阶段； 6. 航行试验阶段； 7. 交船阶段
确定各流程船舶电气建造内容	按照1.3.3电气建造流程及各部分内容详细制订船舶电气建造各流程的施工内容，要求内容全面、准确

【任务测试】

根据所学习的知识结构，以及对船舶电气施工程序及施工内容的了解，制订船舶电气施工流程，确定各流程的电气施工内容。船舶电气建造流程及内容制订考核评分表见表 1-3-2。

表 1-3-2　船舶电气建造流程及内容制订考核评分表

任务编号：			组号：　　　姓名：　　　总分：		
考核任务	考核内容	分值	评分标准	得分	备注
船舶电气建造流程	结合企业生产实际，制订船舶电气建造流程	20分	1. 按照船舶电气施工顺序，完成船舶电气建造流程设计。每缺1项扣5分； 2. 各阶段内容不符合造船企业生产实际每项扣5分； 3. 各阶段具体内容不合理每项扣3分		
	确定船舶电气建造各流程的施工内容	30分	1. 各阶段内具体施工内容有重要缺项扣5分； 2. 各阶段内具体施工内容不准确每项扣3分		

【知识拓展】

1.4.1　造船生产设计

1. 造船生产设计的含义

在船舶设计过程中，在确定船舶总的建造方针前提下，以详细设计为基础，根据船厂施工的具体条件，按工艺阶段、施工区域和单元绘制记入各种工艺指示和各种管理数据的工作图表，以及提供生产信息文件的一种设计过程。

2. 生产设计与初步设计和详细设计的关系

（1）初步设计

① 初步设计的定义。

a. 初步设计是船舶设计的第一阶段。

b. 初步设计是船舶总体性能和主要技术指标、各系统的原理设计。

c. 通过理论计算和必要的试验，确定产品的基本技术形态、工作原理、主要参数、主要结构、主要设备选型等重大技术问题。

② 初步设计的目的。

a. 为签订造船合同提供必要的技术文件（即合同设计）。

b. 为确定重大技术问题进行必要的设计和计算工作。

c. 提出主要设备的选型规格清单和厂商表。

d. 为详细设计提供必要的技术条件和依据。

（2）详细设计

① 详细设计的定义。

a. 详细设计是船舶设计的第二阶段。

b. 通过各个具体专业项目的设计计算和图样绘制，解决设计中基本的和关键的技术问题，最终确定船舶全部技术性能、船体结构、重要材料、设备选型、订货要求、各项技术要求和标准。

② 详细设计的目的。

a. 提供验船部门规定送审的图纸和技术文件。

b. 提供造船合同中规定送船东认可的图纸和技术文件。

c. 提供材料、设备订货规格、数量及技术文件。

d. 为生产设计提供必需的图纸和技术文件。

（3）初步设计和详细设计的图纸目录（表1-4-1）

表1-4-1　初步设计和详细设计的图纸目录

序号	图名	初步	详细	序号	图名	初步	详细
1	船体说明书	★	●	21	结构规范计算书	★	●
2	总布置图	★	●	22	总纵强度计算书	★	●
3	型线图	★	●	23	肋骨型线图		●
4	邦金曲线	★		24	外板展开图		●
5	静水力曲线	★		25	分段划分图		●
6	稳性交叉曲线	★		26	上层建筑及甲板室结构图		●
7	各种载况稳性计算书	★	●	27	船艏（包括艏柱）结构图		●
8	倾斜试验规程		●	28	船艉（包括艉柱）结构图		●
9	系泊和航行试验大纲		●	29	机舱结构图		●
10	破舱稳性计算书	★	●	30	舱壁图		●
11	稳性辅助计算书	★	●	31	货舱口结构图		●
12	干舷计算书	★	●	32	舷墙结构图		●
13	吨位计算书		●	33	烟囱图		●
14	航速及螺旋桨计算书	★	●	34	主机座及推力轴承座图		●
15	螺旋桨图		●	35	柴油发电机座图		●
16	舱柜容积图	★	●	36	焊接方式和规格表		●
17	载重线与水尺标志图		●	37	船体钢料预估单	★	
18	船模试验报告（需要时）		●	38	船体钢料明细表		●
19	中部剖面图	★	●	39	节点图册		●
20	基本结构图		●	40	船底塞布置图		●

（4）生产设计

① 生产设计的定义。

a. 生产设计是船舶设计的第三阶段。

b. 生产设计是在详细设计的基础上进行的，按工艺阶段、施工区域和安装单元绘制的有工艺要求和生产管理数据的工作图表的设计。生产设计要根据造船厂的具体生产能力、生产特点、生产组织方式、工艺特点等来决定生产设计图纸与文件的内容和深度。

② 生产设计的目的

a. 将整个造船生产过程中的各种因素（人力、设备、场地、器材等）通过设计的方式预先加以综合协调和优化。

b. 提供造船生产所必需的图表和文件来直接指导造船生产过程有效地进行。

3. 造船生产设计的基本内容

（1）按工程类别划分的生产设计

① 船体生产设计。

a. 船体生产设计是针对船体建造工程所开展的生产设计。

b. 船体生产设计是有关船体放样、钢料加工、船体结构预装焊和船台装焊等船体结构施工的一切生产技术准备工作。

② 舾装生产设计。

a. 舾装生产设计是针对船舶舾装工程所开展的生产设计。

b. 舾装生产设计是关于船装、机装、电装等作业的一切生产技术准备工作。

③ 涂装生产设计。

a. 涂装生产设计是针对船舶涂装工程所开展的生产设计。

b. 涂装生产设计是关于全船除锈和涂装的一切生产技术准备工作。

（2）按生产设计的阶段划分的生产设计

按设计顺序或阶段生产设计的基本内容分为生产设计事前准备和设绘生产设计工作图和管理表。

① 生产设计的事前准备。

事前准备主要进行全船性、综合性的统筹协调，包括生产技术准备、计划准备与工程控制准备三个方面。

a. 生产技术准备。

主要内容：确定船舶的建造方针，编制各专业施工要领。

作用：统筹协调各专业间的生产技术问题，使之最大限度地利用船厂现有设施，发挥操作人员的技艺，提高造船质量与生产效率，确保安全与低耗。

b. 计划准备。

主要内容：确定船舶建造的顺序计划，作业负荷计划和日程计划，最终编制综合日程表以控制船舶设计与制造的各主要环节。

计划准备必须与生产技术准备同步进行，在生产技术准备过程中，必然涉及计划准备的内容。

c. 工程控制准备。

主要内容：工时控制，物耗控制与质量控制。

目标：以最小的物耗、工耗确保船体强度、航行性能与防锈性能、通过设计作出控制物耗与工耗的准备。

这项工作将通过控制图表贯彻在生产设计中，它是控制船舶制造成本的重要措施。

② 设绘生产设计图表。

在生产设计事前准备的基础上全面绘制工作图与管理表。

船体生产设计：绘制船体工作图和管理表等。

舾装生产设计：绘制舾装综合布置图、安装图、零件图、制作图和托盘管理表等。

涂装生产设计：编绘船体分段除锈涂装图册、区域除锈涂装清册、钢质舾装件除锈涂装清册等。

a. 工作图。

工作图是直接指导施工用的图纸，是施工方法的图表化，是按船厂生产管理体系、生产技术手段、工艺流程、施工要领与建造精度所设绘的指示具体施工的图纸。在设绘工作图的同时应对各类零部件、分段、舾装区域与单元编制零件表。工作图向作业者发出下列 7 个方面的指令：

（a）作业对象。

（b）作业量。

（c）作业场所。

（d）作业方法。

（e）作业开始时间。

（f）作业结束时间。

（g）作业者。

工作图的技术语言是各种工艺符号、编码、数字等。

b. 管理表。

管理表是在设绘工作图的过程中编制的。

管理表提供工艺流程、材料、设备、半成品配套、成本控制、工时和物量负荷的平衡和生产日程计划等信息。管理表是计划部门和生产管理部门计划、组织和协调各项管理工作的依据。

c. 舾装综合布置图。

舾装综合布置图是舾装生产设计的基础。从全局出发，把全船舾装件（包括机电设备、装置）分区域在图面上统筹协调、综合布置，做到互不干扰、布置合理、利于施工和维修。舾装综合布置图包括：

1）船装综合布置图——船装生产设计的基础。

2）机装综合布置图——机装生产设计的基础。

3）电装综合布置图——电装生产设计的基础。

4. 造船生产设计的特点与作用

（1）主要特点

① 生产设计要解决的是"怎样造船"的问题。

② 生产设计将设计、工艺、管理三者融为一体。

③ 生产设计必将涉及整个生产体系。

④ 生产设计将通过事先准备贯穿于整个船舶设计过程的始终。

⑤ 生产设计的过程是在图面上"模拟造船"的过程。

⑥ 生产设计的工作图表是现场生产的唯一依据。

（2）主要作用

① 将"如何造船"所需的工艺指令、管理数据和生产信息全面反映到生产设计的工作图和管理表中，为指导生产提供依据。

② 对船体、轮机、电气等各个专业进行横向沟通，事前解决了专业间的矛盾，极大提高了生产效率。

③ 可使新工艺、新技术的成果体现在生产设计图表中，有利于推动技术进步。

④ 改变了过去管理人员按各自的经验、凭直观现场指挥生产的管理方法，有利于实现科学管理。

⑤ 有利于对船舶建造进度、质量和安全生产实现全面管理。

⑥ 有利于获得最优化造船方案，提高综合经济效益。

⑦ 促进船厂管理体制变革，促进造船技术水平向更高层次发展。

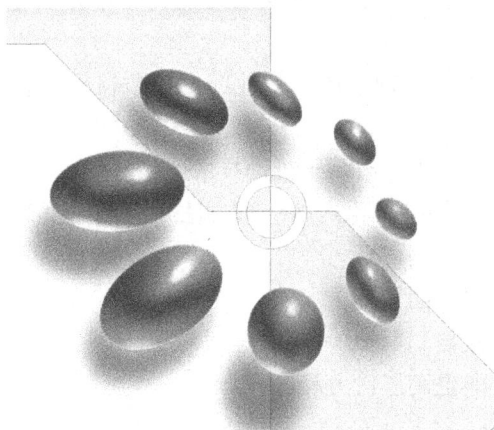

项目二 电气铁舾装件施工作业

【任务描述】

船舶舾装是指船体主要结构造完，舰船下水后的机械、电气、电子设备的安装。船舶的舾装就是除船体和船舶动力装置以外的所有船上设备的安装。电气铁舾装件（电舾件）包括用于支承和紧固电缆的电缆紧固件；用于保护电缆穿越船体结构强度和密封要求，防火完整性的电缆贯穿件；用于电气设备安装的设备固定件等。电气铁舾装件的烧焊要满足相关工艺要求。

【项目目标】

① 了解船舶电气铁舾装件的种类。
② 能够根据区域正确地选择电气铁舾装件。
③ 掌握船舶电气铁舾装件的施工作业。

【教学任务】

① 学会正确地选择电气铁舾装件。
② 掌握船舶电气铁舾装件的施工作业。
③ 了解船舶结构开孔原则及其补强方面的相关知识。

任务一 船舶电气铁舾装件的选择

【知识链接】

2.1.1 船舶舾装

船舶舾装是指船体主要结构造完，舰船下水后的机械、电气、电子设备的安装。船舶的舾装就是除船体和船舶动力装置以外的所有船上设备的安装。

（1）舾装结构

按照舾装部位，船舶舾装分为外舾装和内舾装两部分。外舾装（Outfitting Work）包括舵设备、锚设备、系泊设备、救生设备、关闭设备、拖带和顶推设备，还有气动撇缆枪、梯子、栏杆、桅杆等；内舾装，又称居装（Joiner）。

（2）安装系统

Work 或者 Accommodation Work：舱室的分隔与绝缘材料的安装，船用家具与卫生设施的制造安装，厨房冷库和空调系统的组成与安装，船用门窗的安装。游船（油轮）的舾装更为复杂，装饰和电气电子设备的安装经常交叉进行。

（3）舾装材料

按照舾装材料，船舶舾装可分为铁舾和木舾两部分，铁舾是指金属部分的舾装，木舾是指非金属部分的舾装。

船舶舾装是船舶建造的重要工作，船体主要结构造完后，就从造船平台下水，就开始船舶舾装工作，安装船内的机械电气电子设备。船舶舾装在船舶建造中占相当大的比重。

2.1.2 电舾件

电气铁舾装件（电舾件）是指：

a. 用于支承和紧固电缆的电缆紧固件，如电缆托架、"FB"型、"SF"型电缆支架等。

b. 用于保护电缆穿越船体结构强度和密封要求，防火完整性的电缆贯穿件。如电缆护框、护管、填料函及电缆盒（围板、电缆筒）等。

c. 用于电气设备安装的设备固定件，如各种底座、底脚、支架及组合架等。

d. 电气铁舾装件制作材料如无特殊说明均指 Q235A。GB 700—1988，镀锌。Q235A 是指普通碳素结构钢——普板，是一种钢质的材料。Q 代表的是这种材料的屈服度；235 就是指这种材料的屈服值在 235 MPa 左右，并会随着材料厚度的增加而使屈服值减小；A、B、C、D 是等级的区分，所代表的是冲击的温度有所不同。Q235A 不做冲击，Q235B 是 20℃常温冲击，Q235C 是 0℃冲击，Q235D 是 –20℃冲击。

1. 电气设备固定件

船舶在航行时会经常受到震动和冲击的影响，为保证船舶电气设备工作可靠、安装牢固，必须采用支架、底座等固定件来安装电气设备。该方法的优点如下：

a. 设备拆装方便，并能保证设备安装所在舱壁或甲板的原密封性能。

b. 可将设备安装在船舷等不平直的舱壁上，当设备本身不平整时，也必须采用支架来安装。

c. 在设备集中、电缆密布的地方，可以很方便地把电缆敷设在设备与舱壁之间。

（1）电气设备支架

电气设备支架按其结构、材料分为 A 型、B 型、C 型、D 型四种。其型号含义如图 2 - 1 - 1 所示。

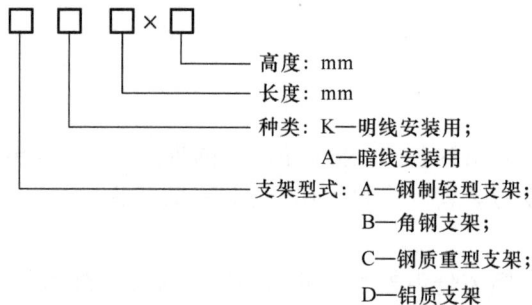

　　　　　　　　　高度：mm
　　　　　　　　　长度：mm
　　　　　　　　　种类：K—明线安装用；
　　　　　　　　　　　　A—暗线安装用
　　　　　　　　　支架型式：A—钢制轻型支架；
　　　　　　　　　　　　　　B—角钢支架；
　　　　　　　　　　　　　　C—钢质重型支架；
　　　　　　　　　　　　　　D—铝质支架

图 2 - 1 - 1　电气设备支架型号含义

① A 型设备支架。

A 型设备支架即轻型支架，用于直接或通过减震器（平板式或弹簧式）固定轻型电气设备。分 AA 型和 AK 型两种，用厚为 3 ~ 4 mm 的钢板（材料：Q235A）折成，镀锌。A 型支架结构如图 2 - 1 - 2 所示。AK 型用在普通钢制舱壁上固定设备，安装孔为长孔型时用于设备的安装较为方便；AA 型支架上带有螺母，用在绝缘舱壁上，适于安装暗线的设备。安装时，无孔的一端焊到舱壁上，另一端与设备底脚或减震器连接。

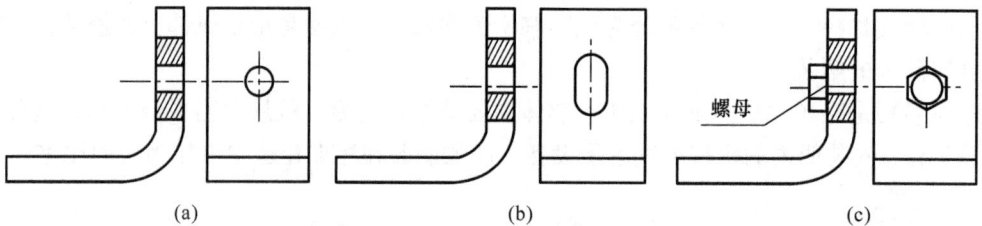

螺母

　　　　（a）　　　　　　　　　　（b）　　　　　　　　　　（c）

图 2 - 1 - 2　A 型支架结构

（a）AK 型；（b）AK 型（长孔型）；（c）AA 型

② B 型设备支架。

B 型设备支架即角钢支架，用于直接或通过减震器（平板式或弹簧式）固定较重的电气设备。分为 BA 型和 BK 型两种，用平钢或角钢（Q235A）焊成，镀锌。B 型支架结构如图 2 - 1 - 3 所示。B 型支架的强度比 A 型支架的强度大，焊到舱壁上变形小，适于支脚要求较长的情况下安装电气设备。BA 型较 BK 型多一个螺母，安装较为方便。

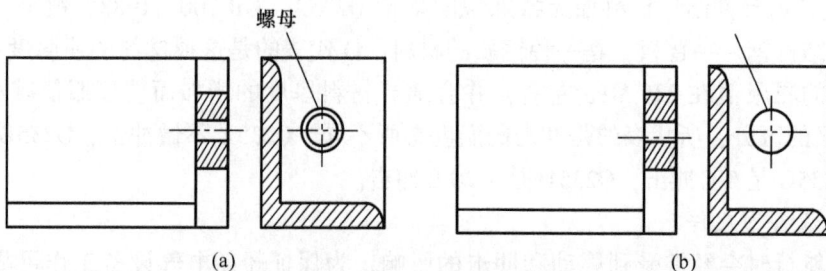

螺母

　　　　　　　　（a）　　　　　　　　　　　　　　　　（b）

图 2 - 1 - 3　B 型支架结构

（a）BA 型；（b）BK 型

③ C 型设备支架。

C 型设备支架即重型支架，用于直接或通过 E 型减震器固定重型电气设备。用厚为 4～5 mm 的钢板（Q235A）折成，镀锌，结构如图 2-1-4（a）所示。与 A、B 型支架相比，其结构强度大，适于安装重型电气设备。

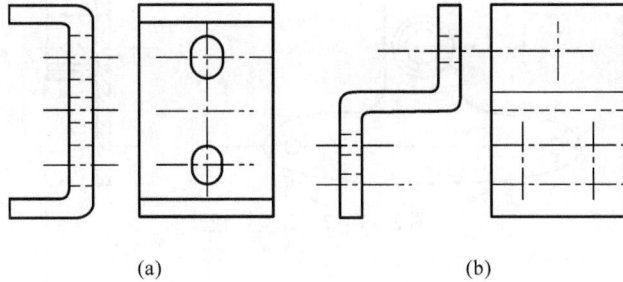

图 2-1-4　C 型和 D 型设备支架结构

（a）C 型设备支架结构；（b）D 型设备支架结构

④ D 型设备支架。

D 型设备支架即铝质支架，用 3～5 mm 厚的铝合金板（LF5）折成，涂敷黄丹，结构如图 2-1-4（b）所示。适于铝质舱壁上安装电气设备。安装时多孔的一端用螺钉固定在舱壁上，另一端与设备底脚或减震器连接。

（2）灯具及小型器具支架

灯架产品已标准化，按 CB/T 3667.5—1995，本书列出几种以供参考。灯架安装时金属件焊接应牢固，焊后应去除焊渣，焊缝深度应为材料厚度的 80%；金属零件上不应有毛刺和锐边；焊件环焊后应去除焊渣、焊瘤；钢质零件应镀锌或涂防锈底漆，木垫应涂清漆。

① Z 型附座。

该类支架一般都用于敷设电缆时紧固电缆用，规格分为 M6、M8 多种类型，可根据施工需要来选择，Z 型附座如图 2-1-5 所示。

② K 型灯板。

该型的灯板，多用于 DC1 型舱顶灯，安装灯时配有弹簧减震器，将灯固定在灯板上。适用于 DC3、DC5、DC6 灯具，也可用于其他灯具的安装，K 型灯板如图 2-1-6 所示。

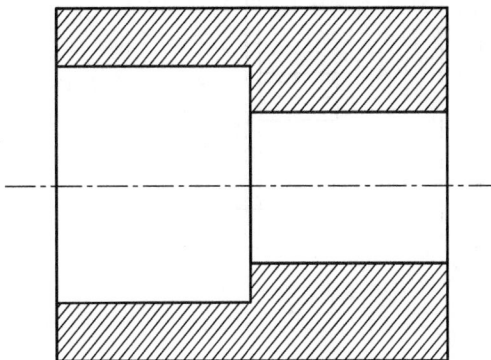

图 2-1-5　Z 型附座

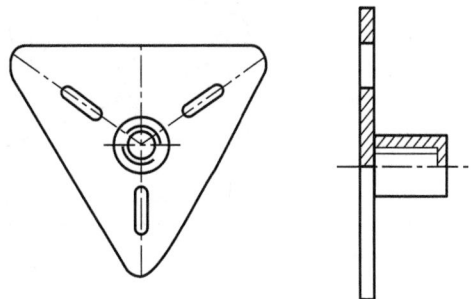

图 2-1-6　K 型灯板

③ L 型灯板。

该型灯板用于安装 DC2 型灯具，L 型灯板如图 2-1-7 所示。

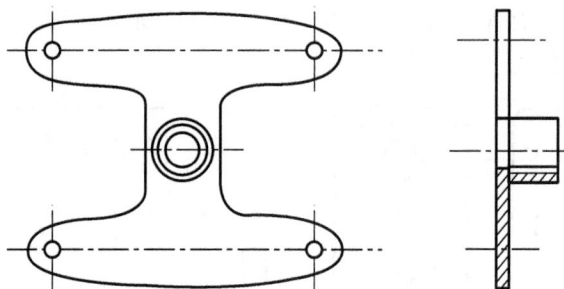

图 2-1-7 L 型灯板

④ O 型灯架。

O 型灯架如图 2-1-8 所示。

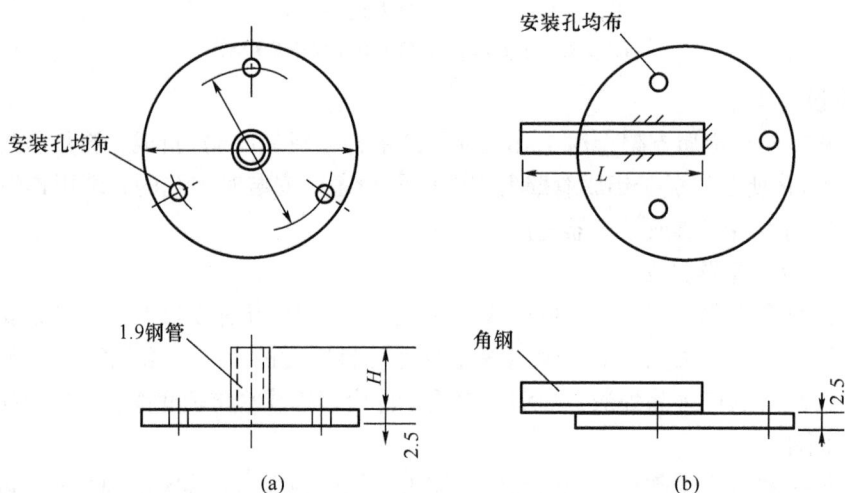

安装孔均布

安装孔均布

1.9钢管

角钢

(a)   (b)

图 2-1-8 O 型灯架

⑤ △型灯架。

△型灯架如图 2-1-9 所示。

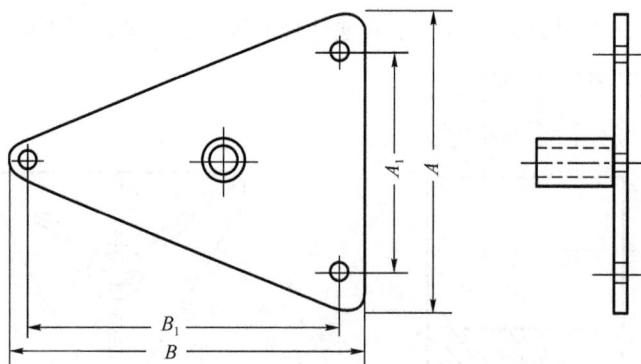

图 2-1-9 △型灯板

⑥ □型灯架。

□型灯架如图 2-1-10 所示。

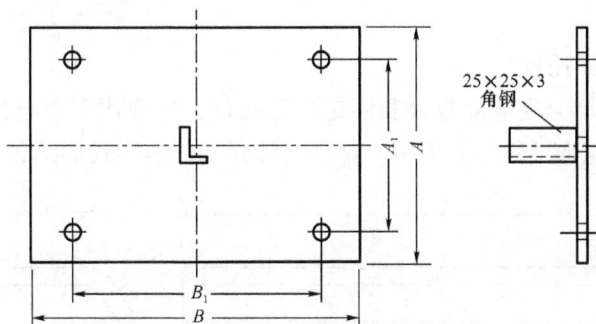

图 2 - 1 - 10　□型灯架

⑦ T 型灯架。

T 型灯架如图 2 - 1 - 11 所示。

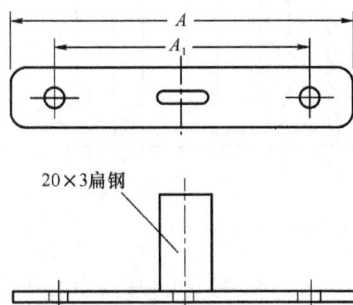

图 2 - 1 - 11　T 型灯架

（3）基座

产品按其结构分为有安装脚和无安装脚两种基座型式。产品已标准化，按
CB/T 3667.4—1995。基座的角钢或扁钢均选用 Q235A，按 GB 700—1988；基座采用焊接结
构，焊接应牢固，焊后去除焊渣、毛刺，焊缝深度不小于材料厚度的 80%；基座制造完工
后应除锈、去油污，涂防锈漆并标上基座编号。

基座的规格尺寸较多，在此不一一列举。基座型号含义如图 2 - 1 - 12 所示。

例如：基座 4WI - AF，有 4 个安装孔，无安装脚，主体材料为角钢，辅助材料为扁钢，
支撑材料为 1 根的基座，如图 2 - 1 - 13 所示。

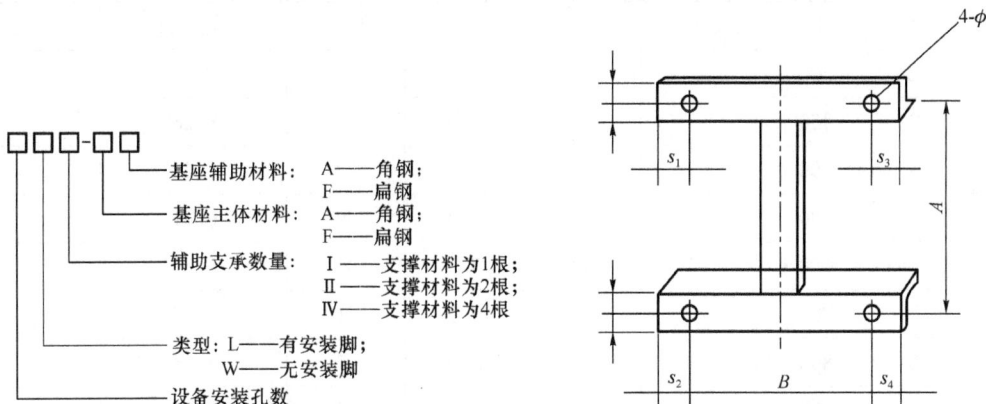

注：主体材料是指设备直接安装在上面的构件，
　　包括安装脚；辅助材料是指主体材料以外的材料。

图 2 - 1 - 12　基座型号含义

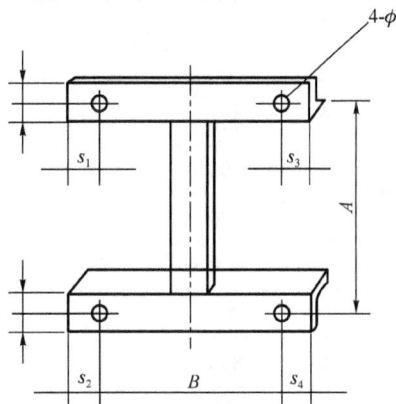

图 2 - 1 - 13　基座 4WI - AF

2. 电缆紧固件

（1）梯型电缆托架托板

① 用于大束电缆和分支电缆敷设和固定的依托件，主要用于发电机电缆、全船主干电缆、机舱、楼子区域电缆的敷设和固定。梯型电缆托架托板形式如图 2-1-14 所示。

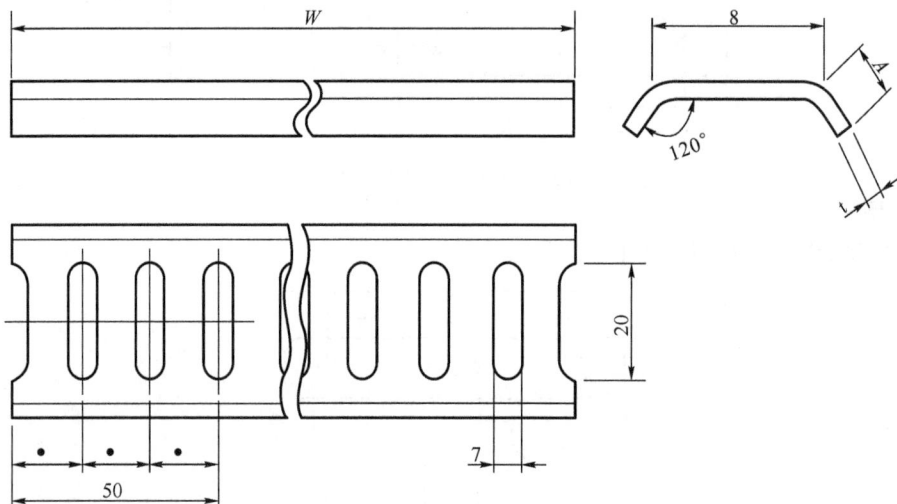

图 2-1-14　梯型电缆托架托板形式

② 电缆托架尺寸的选择应考虑电缆的数量、规格以及特种电缆的分开敷设，以便于电缆的散热和电磁干扰。

③ 制作托架的材料通常为钢质，材料为 Q235A，标准号为 GB/T 700—2006，且经镀锌防蚀处理。电缆托架可分为单层托架和多层托架。为便于船上安装，电缆托架一般可在车间预制成。梯型电缆托架托板型号规格见表 2-1-1。

④ 梯型电缆托架托板及安装形式。

a. 梯型电缆托架托板。

表 2-1-1　梯型电缆托架托板型号规格表　　　　　　单位：mm

型号	W	A	B	t	孔数	质量/kg	备注
L-2	200			2.0	11	0.19	
L-3	300			2.0	17	0.28	
L-4	400			2.0	23	0.38	
L-5	500			3.0	29	0.71	
L-6	600	15	30	3.0	35	0.85	
L-7	700			3.0	41	0.90	
L-8	800			3.0	47	1.13	
L-9	900			3.0	53	1.27	
L-10	1000			3.0	59	1.41	

注：材料表面应镀锌，材料为 Q235A，标准号为 GB/T 700—2006。

b. 梯型组合电缆托架。

梯型组合电缆托架形式如图 2 - 1 - 15，规格型号见表 2 - 1 - 2。

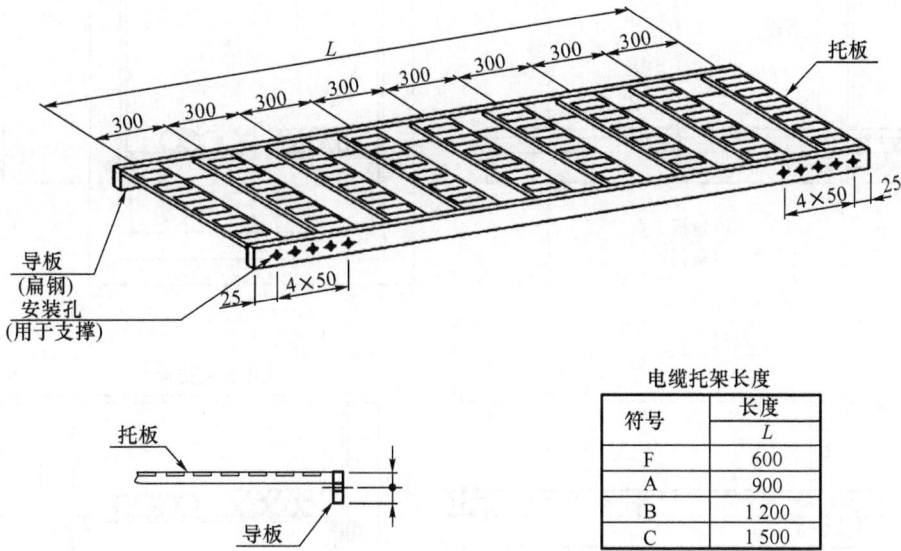

电缆托架长度

符号	长度 L
F	600
A	900
B	1 200
C	1 500

图 2 - 1 - 15　梯型组合电缆托架形式

表 2 - 1 - 2　梯型组合电缆托架规格型号表　　　　　　　单位：mm

型号	托板	导板	安装孔	螺栓	备注
LS - 2	L - 2				
LS - 3	L - 3				
LS - 4	L - 4				
LS - 5	L - 5				
LS - 6	L - 6	40 × 6	ϕ11	M10 × 30L	
LS - 7	L - 7				
LS - 8	L - 8				
LS - 9	L - 9				
LS - 10	L - 10				

注：材料表面应镀锌，材料为 Q235A，标准号为 GB/T 700—2006。

c. 组合形式。

梯型组合电缆托架组合形式见图 2 - 1 - 16，组合托架型号规格见表 2 - 1 - 3。

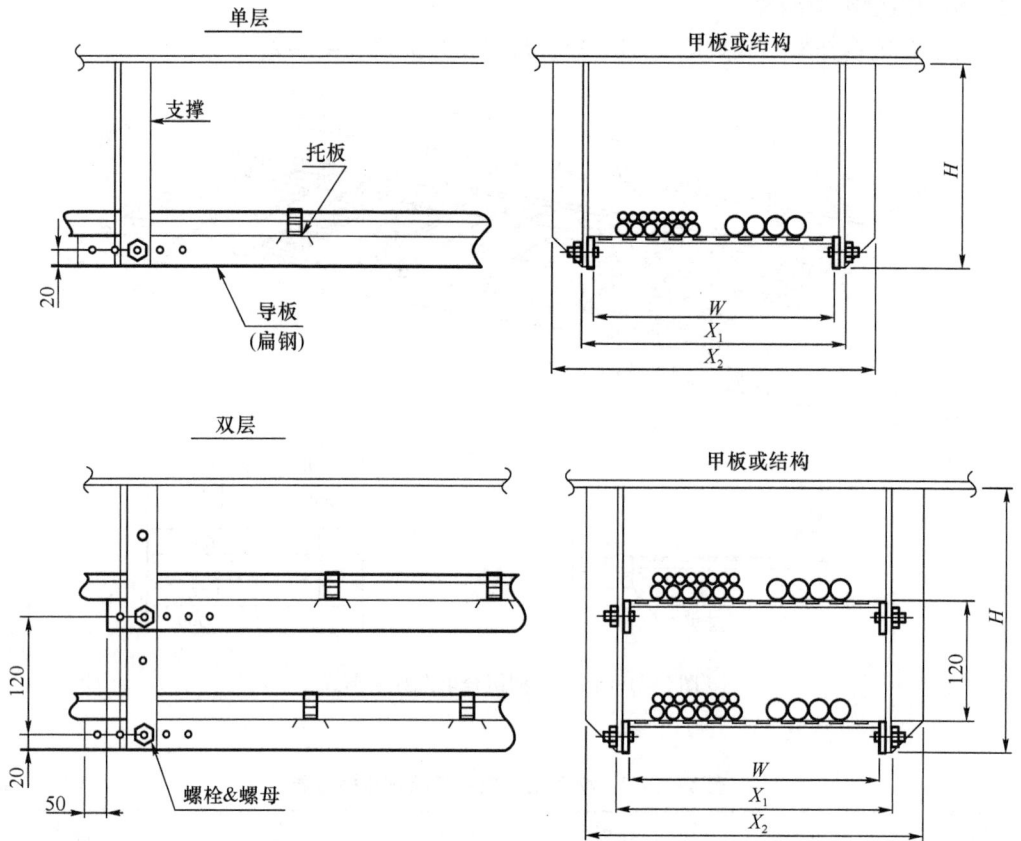

图 2-1-16　梯型组合电缆托架组合形式

表 2-1-3 组合托架型号规格表　　　　　　　　　　　　单位：mm

型号	托板	导板	安装孔	螺栓	W	X_1	X_2
L（＊）-2	L-2				200	222	292
L（＊）-3	L-3				300	322	392
L（＊）-4	L-4				400	422	492
L（＊）-5	L-5				500	522	592
L（＊）-6	L-6	40×6	φ11	M10×30L	600	622	692
L（＊）-7	L-7				700	722	792
L（＊）-8	L-8				800	822	892
L（＊）-9	L-9				900	922	992
L（＊）-10	L-10				1 000	1 022	1 092

注：材料表面应镀锌，支撑件为尺寸 L40×40×5 的角钢，材料为 Q235A，标准号为 GB/T 700—2006。

d. 反装形式。

梯型组合电缆托架反装形式如图 2-1-17 所示，反装形式型号规格见表 2-1-4。

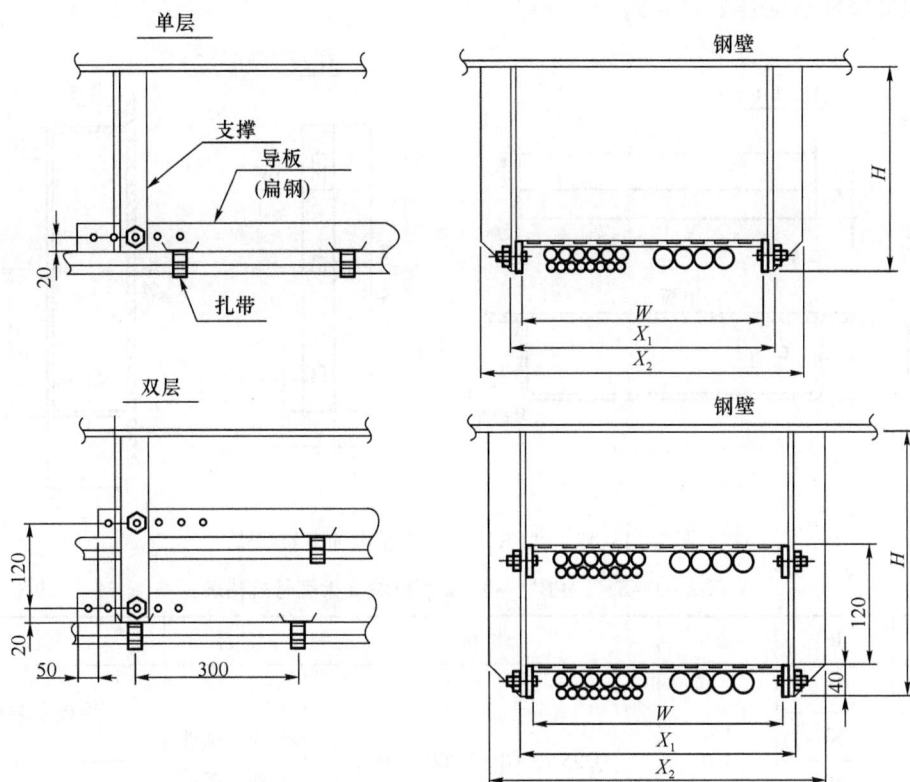

图 2-1-17　梯型组合电缆托架反装形式

表 2-1-4　反装形式型号规格表　　　　　　　　　　　单位：mm

型号	托板	导板	安装孔	螺栓	W	X_1	X_2
RL（＊）-2	L-2				200	222	292
RL（＊）-3	L-3				300	322	392
RL（＊）-4	L-4				400	422	492
RL（＊）-5	L-5				500	522	592
RL（＊）-6	L-6	40×6	φ11	M10×30L	600	622	692
RL（＊）-7	L-7				700	722	792
RL（＊）-8	L-8				800	822	892
RL（＊）-9	L-9				900	922	992
RL（＊）-10	L-10				1 000	1 022	1 092
注：材料表面应镀锌，支撑件为尺寸 L40×40×5 的角钢，材料为 Q235A，标准号为 GB/T 700—2006。							

（2）"FB" 型电缆支架

用于分支电缆敷设的电缆支架。以 3X1.5 电缆为例，一般一个 "FB" 上敷设 6 根或 6 根以下分支电缆。"FB" -1, 2 型电缆支架形式如图 2-1-18 所示，"FB" -3, 4 型电缆支架形式如图 2-1-19 所示，"FB" -1, 2 型电缆支架型号规格见表 2-1-5，"FB" -3, 4 型电缆支架型号规格见表 2 - 1 - 6。

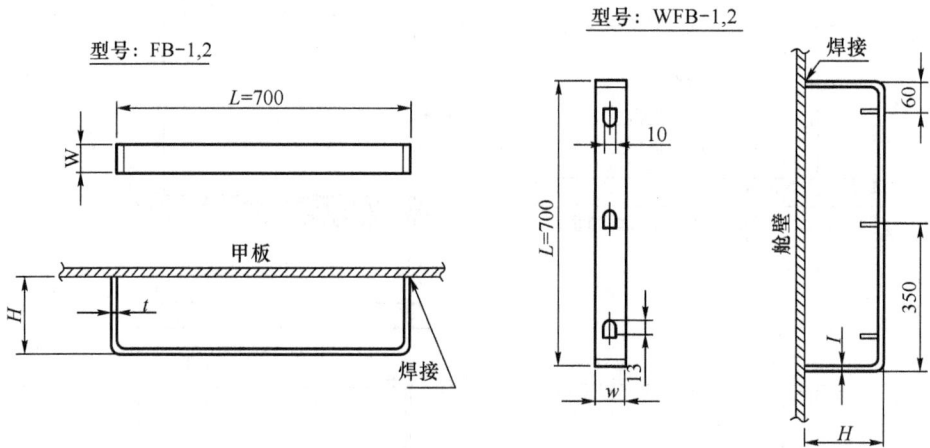

图 2 - 1 - 18   "FB" - 1，2 型电缆支架形式

表 2 - 1 - 5   "FB" - 1，2 型电缆支架型号规格表   单位：mm

型号	W	t	材料	油漆	备注
FB - 1	25				甲板安装型
FB - 2	50	4.0	Q235A，GB/T 700 - 2006	室内：油漆 室外：镀锌	
WFB - 1	25				壁装型
WFB - 2	50				
注："H"根据安装位置确定，标准高度（H）：30，70，100，150，200，250，310。						

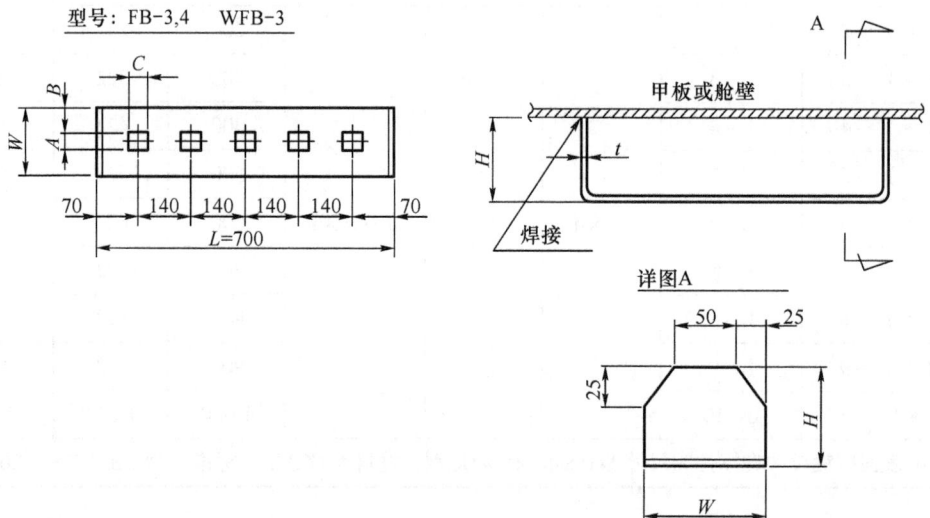

图 2 - 1 - 19   "FB" - 3，4 型电缆支架形式

表 2-1-6　　"FB"-3, 4 型电缆支架型号规格表　　　　单位：mm

型号	W	A	B	C	t	材料	油漆	备注
FB-3	75	15	30	25	4.0	Q235A GB 700—1988	内部：油漆 外部：镀锌	甲板安装型
FB-4	100	20	40	25	4.0			
WFB-3	75	15	30	25	4.0			壁装型

注："H" 根据安装位置确定，标准高度（H）30，70，100，150，200，250，310。

（3）"SF" 型电缆支架

用于不适合使用扁铁的分支电缆敷设。"SF"-1, 2 型电缆支架形式如图 2-1-20 所示，"SF"-3, 4 型电缆支架形式如图 2-1-21 所示，"SF"-1, 2 型电缆支架型号规格见表 2-1-7，"SF"-3, 4 型电缆支架型号规格见表 2-1-8。

型号：SF-1,2

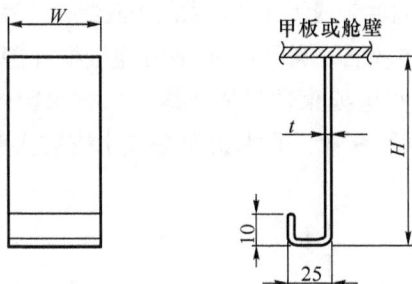

图 2-1-20　　"SF"-1, 2 型电缆支架形式

表 2-1-7　　"SF"-1, 2 型电缆支架型号规格表　　　　单位：mm

型号	W	t	材料	油漆	备注
SF-1	25	4.0	Q235A GB 700—1988	内部：油漆 外部：镀锌	
SF-2	50	4.0			

注："H" 根据安装位置确定，标准高度（H）30，70，100，150，200，250，310。

型号：SF-3,4

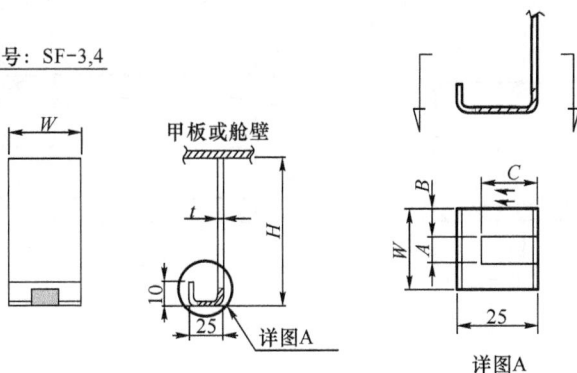

详图A

图 2-1-21　　"SF"-3, 4 型电缆支架形式

表 2 - 1 - 8   SF - 3，SF - 4 型电缆支架型号规格表   单位：mm

型号	W	A	B	C	t	材料	油漆	备注
SF - 3	75	15	30	25	4.0	Q235A GB 700—1988	内部：油漆	
SF - 4	100	20	40	25	4.0		外部：镀锌	

3. 电缆贯穿件

电缆贯穿件是电缆穿越船体结构及引入防水设备时，用来保护电缆或保持船体结构的原强度、密封性能及电气设备的防水性能的一种装置，分为水密和非水密两大类。若托盘表中没有特别注明，贯穿件的材料为普通 A 级钢。贯穿件制成后，将其锐边及毛刺打磨，并进行防腐蚀处理，一般涂防锈底漆二度。

（1）电缆框及衬套

① 电缆框。

电缆框是用于电缆穿过肋骨或无水密要求的隔舱壁时，为防止电缆损伤所使用的贯穿件。电缆框按其结构分为 YK 型电缆框（圆形）和 TK 型电缆框（椭圆形）两种，如图 2 - 1 - 22 所示。YK 型电缆框用于保护较小电缆束通过横梁纵骨、非水密舱壁或水密防火舱壁；TK 型电缆框用于保护电缆束通过横梁纵骨、非水密舱壁或水密防火舱壁。其型号含义如图 2 - 1 - 23 所示。

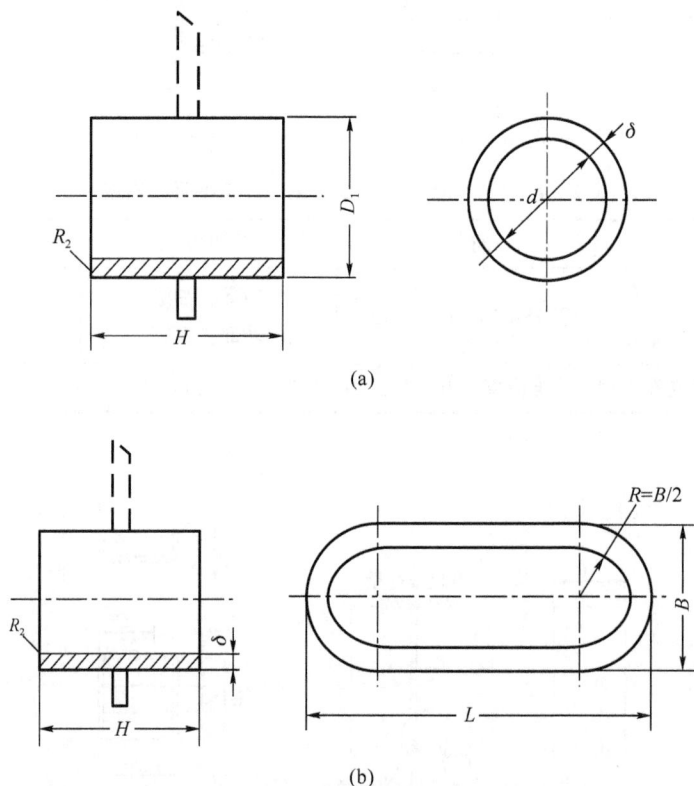

(a)

(b)

图 2 - 1 - 22　电缆框

(a) YK 型电缆框；(b) TK 型电缆框

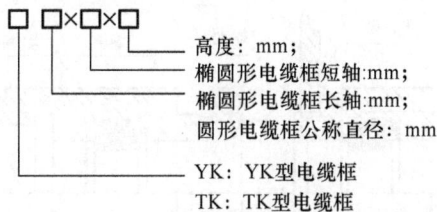

图 2 – 1 – 23 电缆框的型号含义

② 电缆衬套。

电缆衬套按其结构分为 A 型电缆衬套和 B 型电缆衬套两种，电缆衬套如图 2 – 1 – 24 所示。电缆穿过木质等非水密隔壁或金属电缆管时用 A 型电缆衬套；电缆穿过钢质等非水密隔壁时用 B 型电缆衬套。其型号含义如图 2 – 1 – 25 所示。

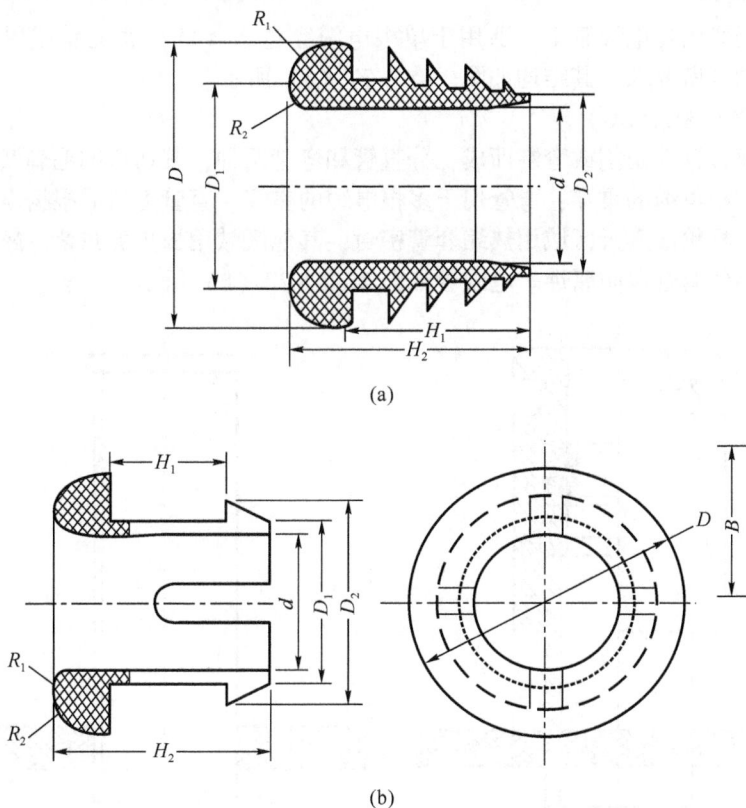

(a)

(b)

图 2 – 1 – 24 电缆衬套

(a) A 型电缆衬套；(b) B 型电缆衬套

(2) 填料函

① 单填料函。

单填料函是单根电缆穿过水（气）密隔舱壁或甲板时所使用的贯穿件，分为嵌入式、旋转式、焊接式。标准为 GB/T 3667—1995，规格根据电缆直径选用。由于

图 2 – 1 – 25 电缆衬套型号含义

其防水（气）性能较好，使用时将其焊接夹紧到船体舱壁上即可。它由填料函帽及填料函座组成，可组成填料函板使用。其结构如图 2 – 1 – 26 所示。

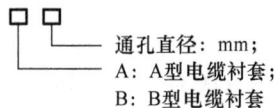

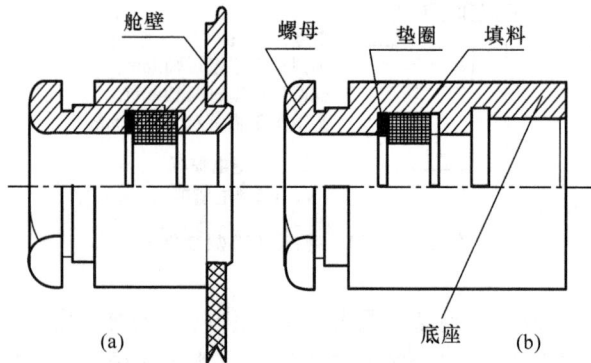

图 2 – 1 – 26　单填料函结构

② 管式填料函。

管式填料函紧固在电缆管上，适用于单根电缆穿过水（气）密舱壁或甲板，但其对电缆防护有一定的场所要求。其结构如图 2 – 1 – 27（a）所示。

（3）电缆管（AG、BG）

电缆管用镀锌钢管切割或弯制而成，分直管和弯管两种，其切口的毛刺及锐边需打磨光滑。直管用于单根电缆的贯穿；弯管用于多根电缆的贯穿。直管上口需根据电缆外径配相应尺寸的填料函。机舱或露天区域用热缩套管密封，其他区域用橡皮泥封堵。露天甲板的电缆管需配相应规格的套管以防腐蚀。电缆管如图 2 – 1 – 27（b）所示。

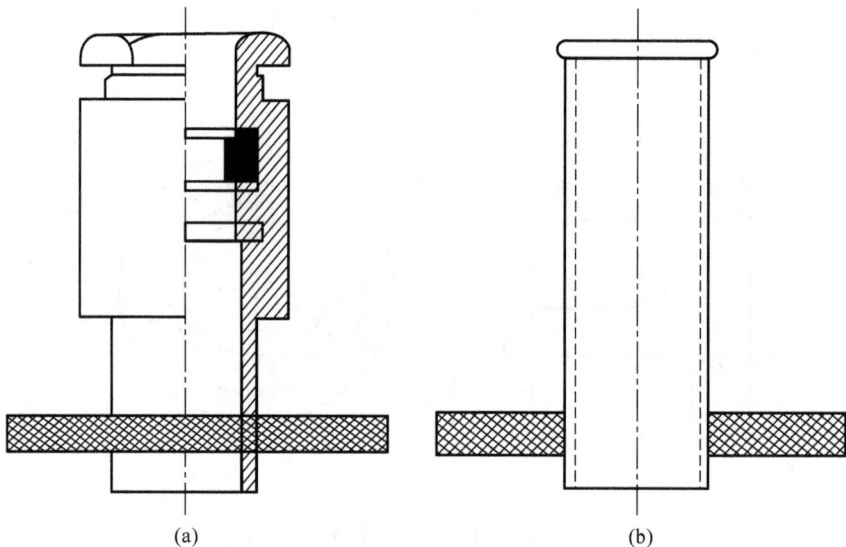

图 2 – 1 – 27　管式填料函和电缆管

(a) 管式填料函；(b) 电缆管

表示方法为：　　　　$DG\phi \times H$（ϕ 表示管子通径　H 表示高）。

（4）电缆筒

电缆筒适于成束电缆穿过水密甲板密封时使用，由钢板制成。按其结构分为 MT 型电缆筒（铆接式）和 HT 型电缆筒（焊接式）两种，如图 2 – 1 – 28 所示。MT 型电缆筒用于保护电缆束穿过铝质水密（或防火）甲板，用填料密封；HT 型电缆筒用于保护电缆束穿过水密（或防火）甲板，用填料密封。

电缆筒在长度和宽度方面种类很多，从高度方面只分为两种，$H = 250$ mm 和 $H = 450$ mm 电缆筒。$H = 250$ mm 电缆筒，适用于室内；$H = 450$ mm 电缆筒，适用于室外和穿过甲板的主干电缆束通路上。

电缆筒型号的含义如图 2 - 1 - 29 所示。

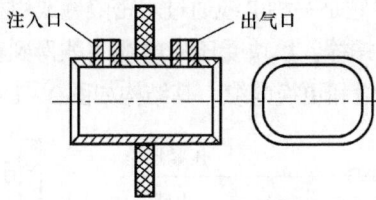

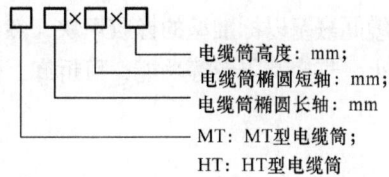

图 2 - 1 - 28　浇注式电缆筒　　　　　图 2 - 1 - 29　电缆筒型号含义

（5）电缆盒

电缆盒是电缆束穿过水密舱壁的贯穿件。按其结构分为 AH 型电缆盒（单侧孔灌注式）和 BH 型（双侧孔灌注式）电缆盒两种，如图 2 - 1 - 30 所示。

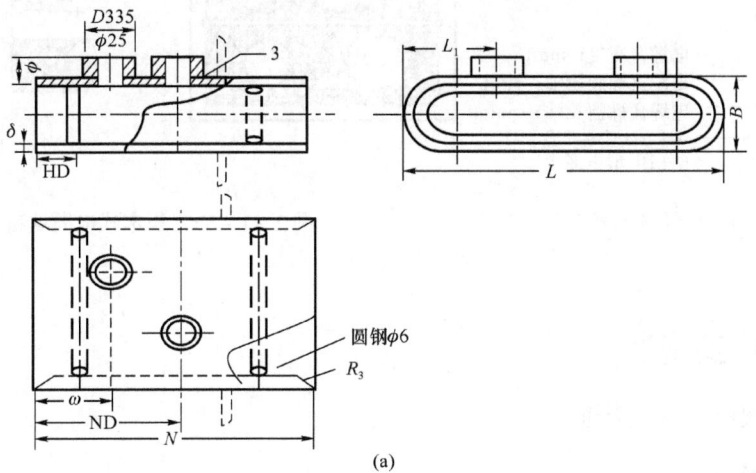

(a)

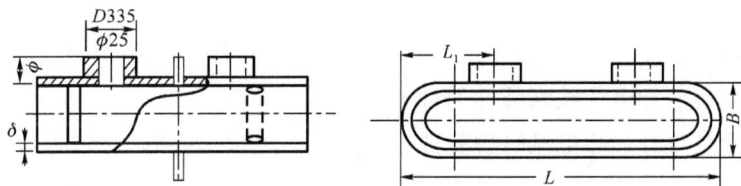

(b)

图 2 - 1 - 30　电缆盒

电缆盒用于保护电缆束穿过水密或防火舱壁，用填料密封。其型号含义如图 2 - 1 - 31 所示。

(6) MCT 填料盒

MCT 是根电缆贯穿（Multi - Cable Transt）的缩写，是瑞典 ROXTEC 和 LYCKEABORGS 公司的产品，国内标准名称为积木式电缆填料盒。它是一种电缆通过水密隔壁或甲板上的贯穿框体，在电缆间嵌塞以标准型的橡胶填块，然后拧紧螺栓，填块受压使电缆间隙得到密封。它具有防水、防火、气密和隔音等功能，可拆卸，便于增设和更换电缆。其结构如图 2 - 1 - 32 所示。

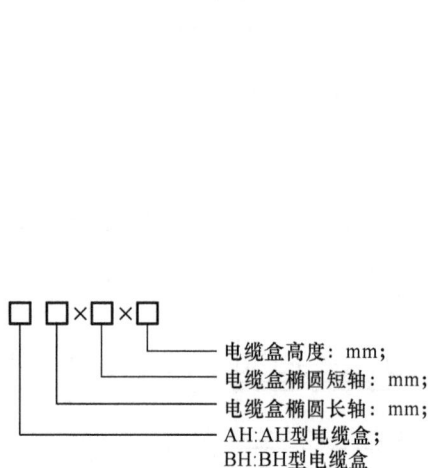

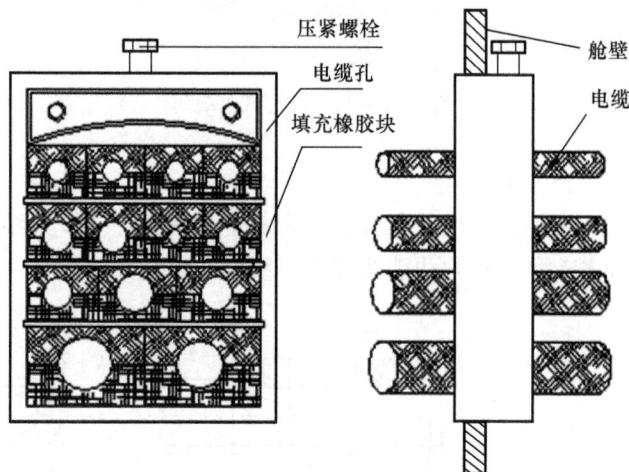

图 2 - 1 - 31　电缆盒型号含义

图 2 - 1 - 32　积木式电缆填料盒

【任务实施】

船舶电气铁舾装件的选择。

2.1.3　实训准备

1. 实训目的与要求

① 进一步明确船舶电气铁舾装件的种类。

② 合理并正确选择船舶电气铁舾装件。

2. 实训资料准备

① 一道工序烧焊施工图。

② 电缆敷设图。

③ 电气设备安装图。

2.1.4　正确选择船舶电气铁舾装件

根据所学习的知识结构，结合实训室条件，合理并正确选择船舶电气铁舾装件。任务如表 2 - 1 - 9 所示。

表2-1-9　船舶电气铁舾装件的选择任务

任务	考核内容及要求	
	实训室中配电室和机械舱室电舾件的选择，根据实训室所采用的电舾件，选择5件（最好不同），说明选择电舾件的依据	
船舶电气电舾件的选择	电气设备固定件	1. A、B、C、D型电缆支架； 2. 灯具及小型器具支架； 3. 基座
	电缆紧固件	1. 梯型电缆托架托板； 2. "FB"型电缆支架； 3. "SF"型电缆支架
	电缆贯穿件	1. 电缆框及衬套； 2. 填料函； 3. 电缆管（AG、BG）； 4. 电缆筒； 5. 电缆盒； 6. MCT填料盒

【任务测试】

根据所学习的知识结构，以及对船舶电气部分生产过程内容的了解，按照施工工艺文件对船舶电气电舾件进行选择并指出其使用特点。测试任务见表2-1-10。

表2-1-10　船舶电气铁舾装件的选择考核评分表

项目编号：		组号：　　　姓名：　　　总分：				
考核项目	考核内容	分值	评分标准		得分	备注
船舶电气电舾件的选择	按施工工艺文件考核电气铁舾装件选择依据与完成情况	25分	1. 电气铁舾装件型号选择错误每处扣2分； 2. 电气铁舾装件类型选择错误每处扣3分； 3. 选择依据错误每处扣2分； 4. 分析结果不全面每处扣1分； 5. 舾装件选择中损坏器件每处扣1分； 6. 没有按照施工文件顺序选择器件每处扣1分			

任务二　电气铁舾装件的施工作业

【知识链接】

2.2.1　电舾件施工作业内容

1. 熟悉图纸

电缆一道工序施工主要依据是船研所编制下发的各舱室电缆一道工序图，在熟悉此图的同时也应熟悉设计所下发的电缆敷设图。焊接施工前施工人员必须熟悉图纸，依据图纸完成舱室整体的一道工序框架。

2. 焊接件的选择

焊接件的选择原则是以图纸要求为准，选用各种规格、型号的托架、紧钩、板条等。

在焊接件的选择过程中若同时参照设计部门电缆拉敷图则为更好，这样可以根据电缆拉敷图中的电缆的数量、规格进行校验所选用的焊接件的容量，避免了因图纸设计问题而引起的焊接件型号、规格上的选择错误。

3. 焊接件的领用

焊接件由工艺下票电钳工段进行制作后，入焊接件库。各施工工段根据焊接件配套本提前一天填写焊接件出库记录表，并提交给生产准备室库房配盘，一天后才到焊接件库领用所需焊接件，并按要求做好登记工作，焊接件由称重员称重记录后出库。如焊接件型号、规格上的选择根据实际情况与配套本不一致，可与工艺沟通，另行登记处理。焊接件烧焊施工结束后如有剩余或烧毁损坏的，要及时返回焊接件库并做好登记、退重工作。

4. 焊接件的定位

① 首先做到图纸给定坐标与实际相结合。

② 按一道工序施工图标注坐标位置进行实船划线定位，坐标如距某肋骨距离、距铺板距离等。

③ 焊接件实船定位必须严格按图纸要求位置进行，以免与管系、设备等相碰。若实船定位中发现图纸存在问题，如坐标给定位置与船体上的其他焊接件直接相碰，可及时与工艺联系，根据船上实际情况与船研所共同确定一道工序走向。

5. 焊接件的烧焊施工

（1）焊接区域确定

依据船体结构钢材型号，焊接施工前要熟知钢板焊接区域。如某产品某型号钢板分布区域为：

F15 −200→F28 +250

F38 −250→F128 +300

F133 −400→F148 +200

例，F15 −200 为在 15 号肋骨前且距其 200 mm 处。

（2）焊条的选择

根据船舶的不同，区域钢板型号的不同，选择与之相对应的焊条型号进行烧焊施工。

（3）预热要求

以下各项焊接，施焊前必须采取预热措施，预热温度根据板厚确定（一般为150℃左右）。预热可用火焰加热法，范围在焊接区及周围 100 mm 内，要求温度均匀。测温点在施焊面的基体表面距焊缝边约 50 mm 处，测温用测温表。当环境温度在0℃或0℃以下，湿度大于或等于85%时预热应接近上限并缓冷。

① 铸钢（锻钢）之间及铸钢（锻钢）与其他结构钢间的焊接。

② 气温低于5℃时。

③ 当工件刚性过大时。

④ 材料碳含量大于0.41%时。

⑤ 上述各项点焊与补焊也同样要求预热。

（4）焊接

① 焊工要持有所需的焊接资质证书。

② 焊前要把焊接区及周围 20 mm 范围内清理干净，去油漆、锈、氧化皮、水等。

③ 固定件焊缝位置离接缝边缘不小于 30 mm，不得在非焊接处引弧。

④ 电缆紧固件走向要平直。宽度小于 90 mm 的紧钩采用单面焊，大于 90 mm 的紧钩采用双面焊，桥型板及板条可单面焊，电缆托架采用双面焊。

⑤ 电缆固定件焊好后，其转弯部分的弯曲半径应为通过该区域的最粗电缆直径的6倍左右。

⑥ 电缆一道工序一般不应在油舱、油柜外表通过，不能避免则应距其表面 50 mm 以上通过，固定件焊接时要加复板焊接。

⑦ 电缆束应尽量远离蒸汽管，不能避免则应距隔热绝缘层 20 mm 以上。

⑧ 紧钩、托架等固定件的间距一般为 300 mm 左右，板条间距一般为 50 mm 左右。

⑨ 距磁罗经 1 m 以内的固定件需用低磁钢、铜或不锈钢等非磁性材料制作。

（5）电气铁舾装件焊接方法，见表 2-2-1。

表 2-2-1　电气铁舾装件焊接方法　　　　　　　　　　　　单位：mm

项目	焊接模式	焊接		应用区域
		焊角高度	模式	
角钢型支撑	不焊接	4	单面焊	舱内区域，如机舱、住舱
扁钢型支撑	不焊接	4	单面焊	
落地式基座（控制台、主配电板组合启动器、分配板等）		4	外部周边满焊	

续表

项目	焊接模式	焊接		应用区域
		焊角高度	模式	
角钢型支撑		4	全部周边满焊	①潮湿区域（厨房、配餐间、洗衣间、泵舱、烘衣间、冷库、公共厕所、管通道、货舱区域、机舱柜顶部、机舱地板架下、分油机地板架下等）。
扁钢型支撑		4	全部周边满焊	
落地式基座（控制台、主配电板组合启动器、分配板等）		4	内部/外部周边满焊	②露天甲板

注：基座和电缆托架支撑件不应直接连接到船壳板上。

2.2.2　电气铁舾装件安装一般工艺要求

① 电缆托架在焊接施工中，各焊接件应周边满焊，焊缝表面光滑，无气孔和夹渣。

② 电气焊接件应避开船体焊缝，至少离开 20 mm。

③ 船体结构肘板不允许开孔。

④ 严禁在主船体外板（母材）上进行焊接。

⑤ 由于焊接支架而破坏的防腐层应进行补漆。

⑥ 电缆托架安装要牢固、美观。

⑦ 支架、扁铁、设备支架等焊接要正、直、平，以达到船东、船检的质量要求。

⑧ 电缆贯通的开孔不应破坏船体结构的强度，如果不可避免，应用腹板进行加强。

【任务实施】

电气铁舾装件的烧焊施工检验

2.2.3　实训准备

1. 实训目的与要求

① 进一步明确船舶电气铁舾装件的烧焊要求。

② 根据实训室电舾件的烧焊情况，进行效果检验。

2. 实训资料准备

① 一道工序烧焊图。

② 船舶电气铁舾装件的烧焊要求。

2.2.4 电气铁舾装件的烧焊施工检验

根据所学习的知识结构，对实训室电舾件的烧焊施工结果进行检验。任务内容见表 2-2-2。

表 2-2-2 电气铁舾装件的烧焊施工检验任务

任务	考核内容及要求
电气铁舾装件的烧焊施工检验	根据实训室电舾件的烧焊情况，结合对电舾件的烧焊要求，对电舾件的烧焊结果进行检验。结合电气铁舾装件焊接方法及电气铁舾装件安装一般工艺要求，选择 5 处焊接件，分析焊接情况，给出分析结果。 1. 固定件焊缝位置离接缝边缘不小于 30 mm，不得在非焊接处引弧； 2. 电缆紧固件走向要平直，宽度小于 90 mm 的紧钩单面焊，大于 90 mm 的紧钩双面焊，桥型板及板条可单面焊，电缆托架采用双面焊； 3. 电缆固定件焊好后，其转弯部分的弯曲半径应为通过该区域的最粗电缆直径的 6 倍左右； 4. 电缆束应尽量远离蒸汽管。不能避免则应距隔热绝缘层 20 mm 以上； 5. 其他

【任务测试】

根据所学习的知识结构，以及对船舶电气部分生产过程内容的了解，对电气铁舾装件的烧焊施工完成情况，检验其烧焊质量与施工工艺。检验考核评分表见表 2-2-3。

表 2-2-3 电气铁舾装件的烧焊施工检验考核评分表

项目编号：		组号：	姓名：	总分：		
考核项目	考核内容	分值	评分标准		得分	备注
电气铁舾装件的烧焊施工检验	电气铁舾装件的烧焊施工工艺与完成质量	25 分	1. 焊条选择错误每处扣 1 分； 2. 无预热过程每处扣 1 分； 3. 焊接前没有去油漆、锈、氧化皮、水等每处扣 1 分； 4. 在非焊接处引弧每处扣 1 分； 5. 电气铁舾装件安装位置错误每处扣 1 分； 6. 焊接过程不符合电气铁舾装件安装一般工艺要求每处扣 1 分； 7. 焊接后影响后期工作每处扣 1 分； 8. 焊接后不牢固每处扣 1 分			

2.3.1　船体结构上开孔及其补强

1. 船体构件开孔原则

① 为了合理地布置电缆，充分利用舱内空间，电缆线路难免要穿过船体构件，这无疑会影响船体的结构强度。

② 为保证船舶的安全性，要求在船体构件上不开孔、少开孔、开小孔、不开直角孔；如必须开大孔且又影响到船体构件的强度时，则应采取相应的补强措施，以达到船体构件的原强度。

2. 禁止开孔的区域

① 梁或桁与肋骨等交叉的开口处如图 2-3-1（a）所示。

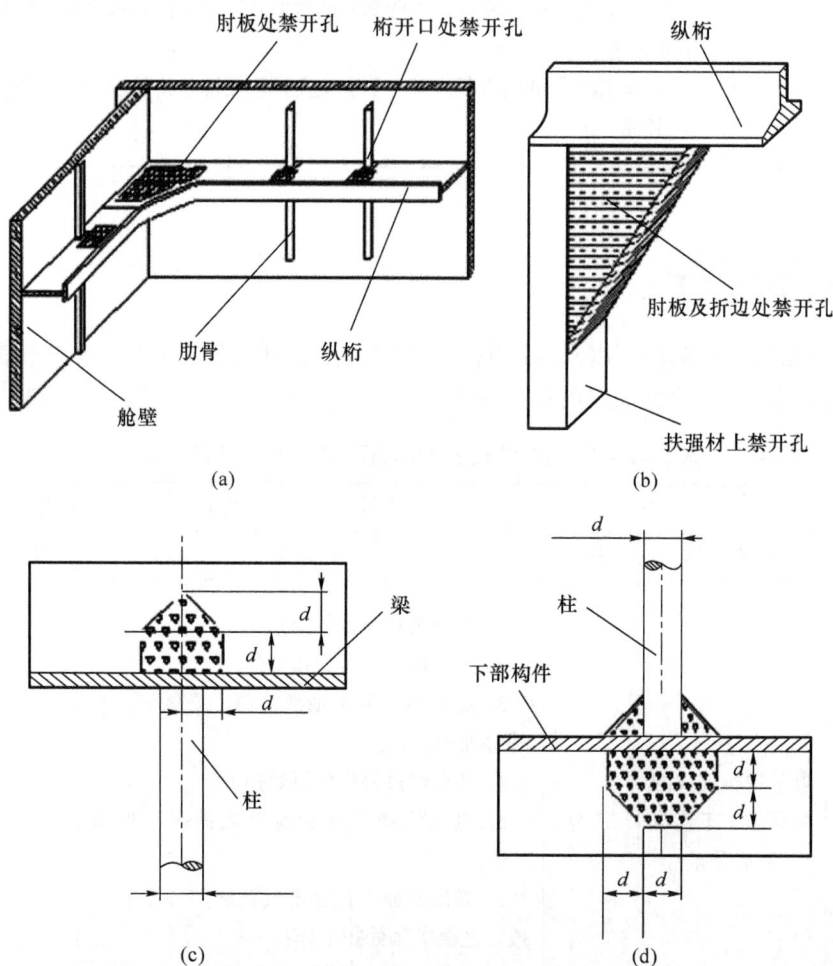

（a）　　　　　　　　　　　（b）

（c）　　　　　　　　　　　（d）

图 2-3-1　船体构件上禁止开孔区域

② 梁或桁端部的肘板处如图 2 – 3 – 1（a）所示。

③ 扶强材、肘板及其上面的折边区处如图 2 – 3 – 1（b）所示。

④ 支柱的上部横梁附近如图 2 – 3 – 1（c）所示。

⑤ 支柱的下部构件如肘板、纵桁等处如图 2 – 3 – 1（d）所示。

⑥ 舱口部位、机座的卷边等处。

3. 开孔原则

（1）总则

开孔的形状一般应为圆形，若为其他形状，则至少应为圆角，以防止应力集中。当设置电缆框、电缆筒或电缆管时，孔的大小应与所选定的电缆贯穿件相配合，不宜过大。

（2）在横梁、肋骨及纵桁上开孔

在横梁、肋骨及纵桁上开孔如图 2 – 3 – 2 所示，开孔的基本要求如下。

① 若在相邻的肋（纵）骨间开若干个长为 l_1、l_2、l_3、…的孔时，则各孔应沿梁长度方向分散布置；且开孔总长度 $l_1 + l_2 + l_3 + \cdots \leqslant 0.5L$，开孔高度 h_1、h_2、h_3、…$\leqslant 0.5H$。

② 开孔位置应靠近甲板，即 $H_1 \leqslant 0.5H$。

③ 相邻两孔边线距离 $b > 0.5(l_a + l_b)$。

④ 孔边与肋骨开口处距离 $a > 0.2L$。

⑤ 梁的两端及与纵梁连接处的开孔，应符合：

$d \leqslant 1/8H$，$a \geqslant 3d$，$H_1 \leqslant 1/3H$，如图 2 – 3 – 2（b）所示。

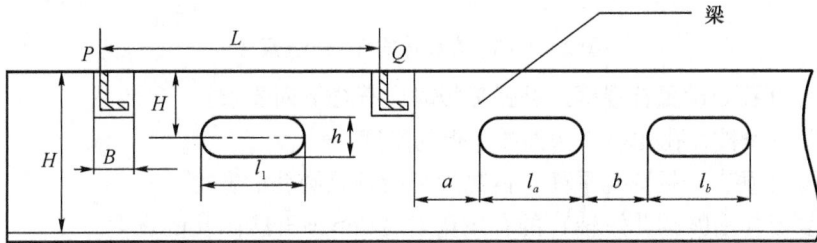

(a)

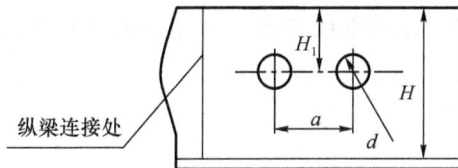

(b)

图 2 – 3 – 2 在横梁、肋骨及纵桁上开孔

（3）在甲板上开孔

① 开孔形状。应为腰圆形、椭圆形或圆形，以减少应力的集中。

② 开孔方向。腰圆形或椭圆形开孔的长轴尽可能沿船的艏艉线方向，开口长宽比大于 2，以减少沿船宽方向的开孔宽度。

③ 在船长的船舯强力甲板上开孔。船宽方向开孔尺寸之和 ≤ 货舱口至船边距离 × 6%。

④ 在非强力甲板上开孔：

a. 腰圆形或椭圆形孔：船宽方向开孔尺寸之和≤货舱口至船边距离×9%。

b. 圆形孔：船宽方向开孔尺寸之和≤货舱口至船边距离×6%。

（4）在船体构件和甲板上开孔的强度补偿

① 在船体构件上或甲板上开孔时，若不能符合上述开孔原则，则需在征得船体主管部门同意后方可实施，且开孔尺寸不超过规定的极限值。例如，在船体构件上开孔尺寸如图2-3-3所示，船体构件（横梁、肋骨、纵桁等）上开孔的极限值应满足如下要求。

a. $B \leqslant 70\% \cdot h$。

b. $h_1 \geqslant 10\% \cdot h$。

c. $h_2 \geqslant 20\% \cdot h$。

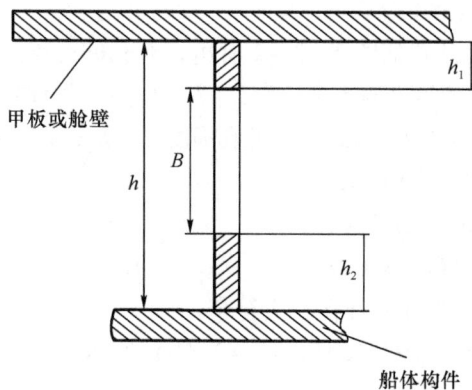

图2-3-3　在船体构件上开孔尺寸

② 必须在开孔处设置补强框或补强复板时应符合下列要求：

a. 钢板厚度≥被开孔的船体构件或甲板的厚度。

b. 补强框（垂直于腰圆孔平面）的高度≥所开腰圆孔的宽度。

c. 补强复板（沿腰圆孔短轴）的有效宽度之和≥所开腰圆孔的宽度。

③ 补强框和补强复板材料的强度应不低于被开孔的船体构件或甲板的材料强度。

④ 补强框应单面连续焊接，补强复板应在其内、外圈连续焊接。

⑤ 开孔处所用的电缆管、电缆框或电缆筒等若能满足上述要求，则可不再另设补强框或补强复板。

项目三 船用电缆敷设

【任务描述】

船舶电缆承担着船舶上的电力输送、电气控制以及信号传输的任务。合理地选择电缆，按照施工工艺要求进行电缆的备料、敷设、密封施工，直接关系到船舶的建造质量。船用电缆敷设是指按照有关工艺要求，将电缆安装、紧固或密封在电缆完整件上。

【项目目标】

① 船用电缆的选择。
② 电缆备料切割。
③ 船舶电缆敷设工艺。
④ 了解特殊情况和场所电缆的敷设要求。
⑤ 船舶电缆密封。

【教学任务】

① 能够正确地选择船用电缆。
② 掌握电缆备料的施工。
③ 掌握船舶电缆敷设施工及要求。
④ 了解特殊情况和场所电缆的敷设施工及要求。

⑤ 掌握船舶电缆密封施工及要求。

任务一　船用电缆的选择

【知识链接】

3.1.1　船用电缆的结构、型号

船用电缆主要由导电芯线、电气绝缘层和防护套三部分组成。由于电缆要适用于船舶上的不同场合，所以其结构和选用的材料也随之有所变化。

1. 导电芯线

（1）作用与结构

导电芯线是电缆传导电能的部分。一般由不少于 7 根 $0.26 \sim 2.47~\text{mm}^2$ 电解铜线绞合而成。其截面积也可根据不同载流量的需要有 $0.8 \sim 400~\text{mm}^2$ 等各种不同规格。芯线表面大多进行镀锡处理，能防止芯线的腐蚀和氧化，并增强其导电性能。电缆结构如图 3 - 1 - 1 所示。

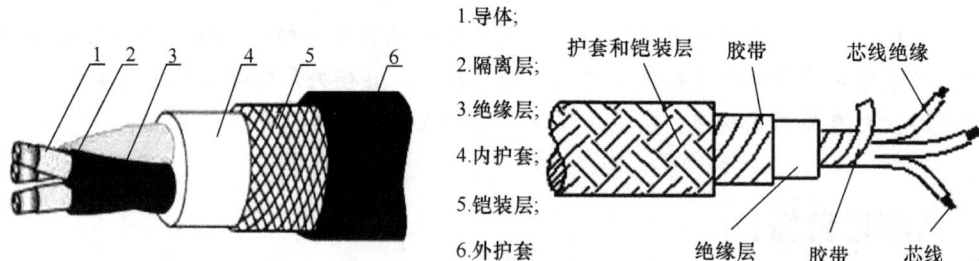

1.导体;
2.隔离层;
3.绝缘层;
4.内护套;
5.铠装层;
6.外护套

图 3 - 1 - 1　电缆结构

（2）芯线分类

按芯线数量来分类，可分为单芯电缆、双芯电缆、三芯电缆和多芯电缆。导电芯线的横截面积越大，其载流量就越大。

按芯线柔软程度来分类，可分为一般结构、软结构和特软结构三种，用来满足不同场合的工作需要。

一般结构适合于固定敷设的电缆；软结构适合于一般性移动设备的电缆；特软结构适合于移动频繁或使用中经常发生回转设备的电缆。横截面积相同的导电芯线，组成它的股数越多，电缆就越软。

（3）芯线的强度要求

跨越舱室较多的大长度电缆的导电芯线截面积应不小于 $0.75~\text{mm}^2$。

只有同一舱室的电子设备之间才可以采用 $0.3~\text{mm}^2$ 以下的电缆。因其强度较低，所以在敷设时要注意防护。

2. 电气绝缘层

电气绝缘层的作用是将各导电部分隔离以防止接地或相间短路。要延长电缆的使用寿命，就应该提高绝缘层的性能。按要求，选用电缆的额定电压不得低于线路电压。电缆电压等级一般有交流 250 V（或直流 500 V）、500 V（或直流 1 000 V）及 6 000 V 级（射频电缆和电子设备用电缆除外）。

在高频下使用或某些特殊产品需要耐压低、介质常数和低介质损耗时，一般选用聚乙烯绝缘较好。但聚乙烯容易燃烧，受热后收缩性大以及长期受应力时有可能产生龟裂等，所以只有在电气性能要求较高时使用。

相同截面的电缆载流量的大小也取决于它所采用绝缘材料的耐温等级，即长期允许工作温度。在同样敷设条件下，耐温等级越高，则载流量越大。

我国现有的船用电缆绝缘耐温等级见表 3 - 1 - 1。

表 3 - 1 - 1　我国现有的船用电缆绝缘耐温等级

材料名称		长期允许工作温度/℃	备注
天然—丁苯橡胶		70	各种规格电缆，现采用最多
乙丙橡胶		80	各种规格电缆，现采用最多
硅橡胶		180 以上	目前只有电机线和特种电缆引接
聚氯乙烯塑料	普通型	65	各种规格电线电缆
	耐温 80℃	80	各种规格电线电缆
	耐温 105℃	105	部分规格电线
氟塑料 - 46		200	小截面电线
聚四氯乙烯		250	小截面电线

同一束电缆尽可能选用同一耐温等级的电缆，否则额定载流量按照耐温等级较低的计算。

外部环境温度高，就应选用耐高温电缆。长期处于低温环境中的电缆，一般应选用橡胶绝缘电缆。

3. 护套和铠装层

护套的作用是主要作为保护电缆免受油、水、化学腐蚀和机械损伤。船用电缆的护套一般具有耐潮、耐油、耐燃烧、耐寒及耐热老化等船用技术特性。

有些船用电缆在护套外面还加上一层铠装，铠装主要由钢丝编织，目的是增强抗机械损伤能力和起电屏蔽作用。船用铠装电缆主要指钢丝编织电缆。

根据船上不同的环境条件，一般可按如下方法选用护套。

① 机炉舱（包括主副机舱、锅炉舱及舵机舱等）。这些舱室的特点是油、水较多，并且容易受到机械损伤，一般选用橡胶或塑料护套而且具有钢丝编织的电缆。长期有油、水浸渍的，一般应穿管敷设。

② 盥洗室、厕所及浴室等经常冲水的场所，一般选用密封性护套，如聚氯乙烯塑料护套、氯丁橡皮护套和氯磺化聚乙烯护套等，并且不需要金属编织。

③ 一般舱室（包括起居室、工作间等）。这类舱室的环境条件都比较好，原则上目前现有的各种电缆护套均可使用，但考虑到磺化丁聚物护套的耐空气日光老化性较差，故在有阳光直接照射的场所不宜使用。

④ 冷藏室的特点是环境温度低，而且有大量的凝结水，最好使用铅护套或氯丁橡胶护套，而不宜用塑料护套。

⑤ 无线电室、雷达室、非金属上层建筑及露天甲板应采用氯丁橡皮护套并具有铜丝编织电缆，以防止无线电干扰。

⑥ 存在腐蚀性介质的舱室（如蓄电池室、油漆间等）。对于蓄电池室非穿管敷设的电缆要考虑防腐蚀性，一般选用耐化学腐蚀性好的聚氯乙烯护套电缆。

3.1.2　船用电缆的分组、命名与代号

1. 船用电缆的分组

① 按照船舶电缆的用途，可以把船舶电缆分为船舶动力电缆和船舶信号电缆两大类。

② 按照船舶电缆的结构，可以把船舶电缆分为软电缆、屏蔽电缆、镀锡铜丝编织电缆、镀锌钢丝编织电缆等。

③ 按防火要求，可以把船舶电缆分为阻燃电缆、滞燃电缆。

④ 电缆安装应考虑避免受到包括动力电缆在内的电磁干扰。根据这个原则，所有的电缆应该分成以下几组，并且相互之间应分开敷设。

a. 船舶动力电缆：包括电力电缆和控制电缆。

船用电力电缆通常为三芯，常用标称截面有 $1.5~\text{mm}^2$、$2.5~\text{mm}^2$、$4~\text{mm}^2$、$6~\text{mm}^2$、$10~\text{mm}^2$、$16~\text{mm}^2$、$25~\text{mm}^2$、$50~\text{mm}^2$、$75~\text{mm}^2$、$95~\text{mm}^2$ 等。电缆截面表示为：3×1.5，3×2.5 等。

船用控制电缆常用标称截面 $1.5~\text{mm}^2$，常用芯线数有 5 芯、7 芯、10 芯、12 芯、19 芯、24 芯、30 芯、37 芯等。电缆截面表示为：5×1.5，7×1.5 等。

b. 船舶信号电缆：包括通信电缆和射频电缆。

船用通信电缆的芯线成对排布，又称对绞线。常用标称截面为 $0.75~\text{mm}^2$，常用芯线数有 1 对、2 对、4 对、7 对、10 对、14 对、19 对、24 对、30 对等。电缆截面表示为：$1\times2\times0.75$，$2\times2\times0.75$ 等。

船用射频电缆又称同轴电缆，常用于高频电子设备传输信号和电能使用。

c. 本质安全电缆。

即使线路发生短路或电火花，也不足以点燃周围的易燃易爆气体，这样的电路称为本质安全电路，所用的电缆称为本质安全电缆，简称"本安电缆"。本安电缆的特点是低电容，不易储存电荷，有良好的屏蔽性能以及抗静电性能。

d. 数据或网络电缆。

用于计算机数据传输或连接局域网的电缆。

e. 高压电缆。

1 kV 以上设备用电缆。

2. 船用电缆的命名与代号

(1) 系列代号

乙丙绝缘系列 – CKE。

交联聚乙烯绝缘系列 – CKJ。

聚氯乙烯绝缘系列 – CKV。

硅橡皮绝缘系列 – CKS。

天然丁苯绝缘系列 – CKX。

（2）绝缘代号

热固性绝缘：乙丙绝缘 – E；交联聚乙烯 – J；硅橡胶 – S；天然丁苯乙烯 – J。

热塑性绝缘：聚氯乙烯 – V。

（3）护层代号

护层有内套、铠装层、外套三类，其代号见表 3 – 1 – 2。

表 3 – 1 – 2　护层代号表

代号	内套	代号	铠装	代号	外套
V	聚氯乙烯	0		0	
F	氯丁橡胶	2	双钢带	2	聚氯乙烯
H	氯磺化聚乙烯	3	细钢丝	3	聚乙烯
PF	交联聚乙烯	8	铜丝编织	5	交联聚烯烃
PJ	交联聚烯烃	9	钢丝编织	6	热塑性聚烯烃

（4）特性代号

R——软（电缆或电线）；

P——线芯或线对屏蔽；

M——水密性（电缆）。

在火焰条件下燃烧的特性代号见表 3 – 1 – 3。

表 3 – 1 – 3　电缆燃烧特性代号

代号	定义	代号	定义
D	单根燃烧	A	有烟、有酸、有毒
S	成束燃烧	B	低烟、低酸、低毒
N	耐火（单根燃烧）	C	无卤、低烟、低毒

3.1.3　船用电缆的规范要求

1. 船用电力及控制电缆

船用电力和控制电缆是供给河海船舶及水上浮动建筑物中敷设用的。用于额定电压交流 500 V 及以下或直流 1 000 V 及以下的动力、照明和一般控制装置。

（1）使用条件

电缆适用于固定敷设或连接移动电气设备用。

CV 型塑料电缆敷设时的温度应不低于 – 15 ℃，其他型号的电缆敷设时的温度应不低于 20 ℃，低于该温度，经常受到弯曲容易断裂。

敷设时电缆的允许弯曲半径应不小于电缆外径的 4 倍。

（2）主要技术性能

① 橡皮绝缘的导电线芯是镀锡的。

② 用镀锌钢丝编织时，编织密度不小于65%；用镀锡铜丝编织时，编织密度不小于80%。

③ 电缆外径偏差不超过计算值的 +10%。

④ 电缆能承受交流 50 Hz、2 000 V 电压试验 5 min。

⑤ 电缆能承受耐寒、耐油、耐燃烧及绝缘和护套的热老化试验。

（3）船用电力电缆型号及用途

船用电力电缆型号及用途见表 3 - 1 - 4。

表 3 - 1 - 4　船用电力电缆型号及用途

序号	型号	名称	主要用途	允许温度/℃
1	CHF（CHF_{90}、CHF_{80}）	船用橡皮绝缘非燃性橡套（钢、铜丝）电缆	固定敷设	70
2	CHY（CHY_{90}、CHY_{80}）	船用橡皮耐油橡套（钢、铜丝）电缆	固定敷设，可接油类	70
3	CQ	船用橡胶裸铅包电缆	固定敷设	70
4	CF（CF_{90}、CF_{80}）	船用橡胶氯丁护套电缆（钢丝、铜丝）	固定敷设	70
5	CV	船用橡胶聚氯乙烯护套电缆	固定敷设	70
6	CY（CY_{90}、CY_{80}）	船用橡胶硫化丁聚护套耐油电缆	固定敷设，可接油类	70
7	CHFR	船用橡胶非燃性橡套软电缆	连接移动式电气设备	70
8	CHFY	船用橡胶耐油橡套软电缆	连接移动式可接触类	70
9	CDF（CDF_{90}、CDF_{80}）	船用丁基橡胶绝缘耐热氯丁橡套电缆	固定敷设	80
10	CDYH（$CDYH_{90}$、$CDYH_{80}$）	船用丁基橡胶绝缘磺化乙烯护套电缆	固定敷设	80
11	CDY（CDY_{90}、CDY_{80}）	船用丁基橡胶绝缘硫化丁聚护套电缆	固定敷设	80
12	CEF（CEF_{90}、CEF_{80}）	船用乙丙橡胶绝缘耐热氯丁橡套电缆	固定敷设	85
13	CEYH（$CEYH_{90}$、$CEYH_{80}$）	船用乙丙橡胶绝缘磺化聚乙烯护套电缆	固定敷设	85
14	CEY（CEY_{90}、CEY_{80}）	船用乙丙橡胶绝缘硫化丁聚耐油护套电缆	固定敷设，可接油类	85
15	CVV（CVV_{80}）	船用聚氯乙烯绝缘和护套电缆	固定敷设	65
16	CVV_{-80}（CVV_{80}）	船用耐热聚氯乙烯绝缘和护套电缆	固定敷设	80
17	CFR	船用橡胶绝缘氯丁护套软电缆	固定敷设，连接移动电气设备用	70

续　表

序号	型号	名称	主要用途	允许温度/℃
18	CYR	船用橡胶绝缘硫化丁聚护套软电缆	固定敷设，连接移动电气设备用	70
19	CDFR	船用丁基橡胶绝缘硫化丁聚护套软电缆	固定敷设，连接移动电气设备用	80
20	CDYHR	船用丁基橡胶绝缘硫化丁聚护套软电缆	固定敷设，连接移动电气设备用	80
21	CDYR	船用丁基橡胶绝缘硫化丁聚护套软电缆	固定敷设，连接移动电气设备用	80
22	CEFR	船用乙丙橡胶绝缘硫化丁聚护套软电缆	固定敷设，连接移动电气设备用	85
23	CEYHR	船用乙丙橡胶绝缘硫化丁聚护套软电缆	固定敷设，连接移动电气设备用	85
24	CEYR	船用乙丙橡胶绝缘硫化丁聚护套软电缆	固定敷设，连接移动电气设备用	85

（4）船用塑料绝缘塑料护套屏蔽控制电缆

该电缆的型号为 CVV_{80} 型，全名称为船用聚氯乙烯绝缘聚氯乙烯护套镀锡铜丝编织屏蔽控制电缆。CVV_{80} 型电缆的结构如图 3 - 1 - 2 所示。

CVV_{80} 型电缆可供固定敷设在空气相对湿度 100% 及额定电压不超过 110 V 电路中使用，线芯长期工作温度应不超过 65℃，特种耐热聚氯乙烯绝缘的线芯长期工作温度不超过 80℃。电缆具有耐燃、耐油、耐热、耐寒性能，并具有软特性。该电缆采用塑料绝缘代替了天然橡胶制品的绝缘，大大降低了成本。

（5）船用移动特软电缆

电缆型号为 CRHF 型，全名称为船用橡皮绝缘氯丁护套特软电缆，主要用于连接船上移动电气设备传输电能。在船舶及水上浮动建筑物中频繁移动、回转或摆动装置中使用更具优越性，其结构如图 3 - 1 - 3 所示。

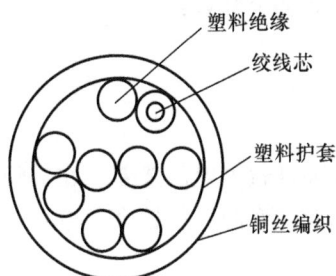

图 3 - 1 - 2　CVV_{80} 型电缆结构

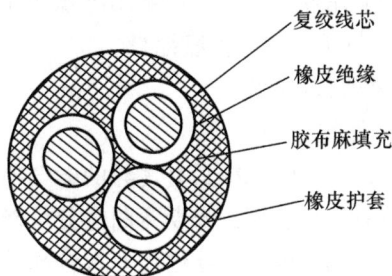

图 3 - 1 - 3　CRHF 型电缆结构

CRHF 型电缆的使用条件：其工作电压为交流 500 V 及以下或直流 1 000 V 及以下；环境温度为 −30℃ ~ 40℃，芯线长期允许工作温度为 70℃；电缆具有耐热、耐寒和耐油性能，并能承受 7 500 次的弯曲扭转试验，每厘米电缆扭转角为 2.8° ~ 2.9°，电缆芯线的绝缘电阻不小于 100 MΩ/km。

该电缆除了具有特软性能外，还具有一定的机械强度及抗老化性。重量相对其他电缆要轻得多。

（6）船用橡胶绝缘橡套密封电缆

船用橡胶绝缘橡套密封电缆适用于水下舰艇上固定敷设之用，主要用于交流电压 500 V 及以下或直流电压 1 000 V 及以下的电力、照明电路中一般控制及消磁装置。该电缆具有密封性能，允许在海水中工作，其结构如图 3 − 1 − 4 所示。

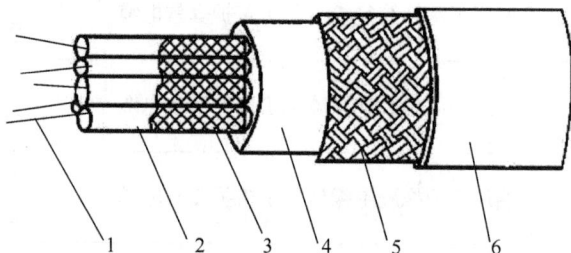

图 3 − 1 − 4　船用橡胶绝缘橡套密封电缆结构

1—镀锡铜丝导电线芯；2—天然丁苯橡皮绝缘；3—尼龙丝稀疏编织；
4—氯丁橡皮内护套；5—镀锡铜丝编织；6—氯丁橡皮护套

电缆的型号、用途及性能如下：

JSHF − 30 型舰用橡胶绝缘橡套密封电缆，用于水下 300 m 并无屏蔽要求处。

JSHFP − 30 型舰用橡胶绝缘橡套密封电缆，用于水下 300 m 并要求屏蔽处。

JSHF − 45 型舰用橡胶绝缘橡套密封电缆，用于水下 450 m 无屏蔽要求处。

JSHF − 30 及 JSHFP − 30 型电缆能承受水压 45 atm（1 atm = 101 325 Pa）2 h 纵向密封试验。电缆的绝缘线芯在浸入室温水中 6 h 后能承受交流 50 Hz、2 000 V 电压试验 5 min。电缆成品在各线芯间及线芯和屏蔽编织层间能承受交流 50 Hz、2 500 V 电压试验 5 min。

2. 船用通信及电子设备用电缆

随着船用通信设备和电子设备日益现代化和小型化，以及船用设备的自动化、电子化程度的提高，使用的电缆也日益增多。

一般船用通信及电子设备用电缆产品的芯线绝缘材料有如下几种。

① 天然丁苯合成橡胶绝缘。

② 聚氯乙烯绝缘。

③ 聚乙烯绝缘。

其中，聚乙烯绝缘具有优异的电气绝缘性能，但机械强度较聚氯乙烯差。在锡焊导电线芯时比聚氯乙烯易缩，长期弯曲过分可能会开裂，故它的允许弯曲半径较大。聚乙烯作为电缆绝缘，适用于电气绝缘性能要求较高的场所。

一般船用通信及电子设备用电缆产品护套常用材料有如下几种。

① 氯丁橡胶护套。

② 丁腈聚氯乙烯复合物护套。

③ 聚氯乙烯护套。

不同绝缘材料和护套的电缆分类如下。

（1）橡胶绝缘通信电缆

该电缆的代表产品是 $CHHYP_{80}$ 型。它主要用于船舶电信装置及有关电子设备中固定敷设。该电缆的结构如图3-1-5所示，其型号及规格见表3-1-5。

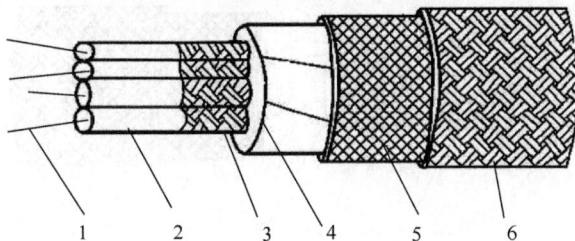

图3-1-5　橡胶绝缘通信电缆结构

1—镀锡铜导线芯；2—橡胶绝缘；3—金属化纸绕包线芯屏蔽；4—橡胶布带绕包；
5—丁烷聚氯乙烯复合护套；6—镀锡铜丝编织总屏蔽

表3-1-5　橡胶绝缘通信电缆的型号及规格

型号	名称	主要用途	标准截面/mm²	芯数
CHHYP	船用橡胶绝缘屏蔽耐油橡套通信电缆	固定敷设，有可能接触油类无日光直接照射场所	0.75	2、3、4、5、7、10、(12)、14、(16)、19、24、(27)、30、(33)、37、(41)、44、48
$CHHYP_{80}$	船用橡胶镀锡铜丝编织耐油橡套通信电缆	固定敷设，有可能接触油类无日光直接照射场所，用于防干扰场所		

（2）船用对绞式电话电缆

这类电缆用于船用电话、广播等设备中固定敷设，所谓对绞式就是在制造时每一对（二芯）芯线在电缆护套内预先给予绞合，以便分对使用，以防止串音的干扰。其型号及规格见表3-1-6。

表3-1-6　船用对绞式电话电缆的型号及规格

型号	名称	标准截面/mm²	芯数
CHP	船用对绞式橡胶绝缘氯丁护套屏蔽电话电缆	0.5、0.75	1、2、4、7、10、14、19、24、30、37、44、48
CHVP-1	船用对绞式聚氯乙烯绝缘和护套铜丝编织屏蔽电话电缆		
CHVP-2	船用对绞式聚氯乙烯绝缘和护套铜带包绕屏蔽电话电缆		

（3）船用聚乙烯（或聚氯乙烯）绝缘信号电缆

这类电缆主要用于船舶的控制、信号、通信设备及某些电子设备，而截面为 $0.3~mm^2$ 和 $0.5~mm^2$ 的电缆特别适用于小型化设备。

船用聚乙烯绝缘信号电缆型号为 CYV、CYV_{80}、CYVB、$CYVB_{80}$、CYVP、$CYVP_{80}$ 型。船用聚氯乙烯绝缘信号电缆型号为 CXV、CXV_{80}、CXVB、$CXVB_{80}$、CXVP、$CXVP_{80}$ 型。其结构如图 3 – 1 – 6 所示。

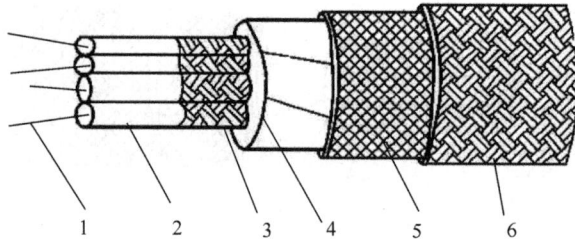

图 3 – 1 – 6　船用信号电缆结构

1—镀锡铜线芯；2—聚乙烯绝缘层；3—镀锡铜丝编织（CYV、CYV_{80} 型无）；
4—聚酯薄膜或橡皮带绕包（CYV、CYV_{80} 型无）；5—聚氯乙烯护套；6—镀锡铜丝总编织

3. 射频电缆

射频电缆在舰船上使用很广，主要用于高频电子设备中传输信号或电能。这种电缆经常被用在室外露天部位，所以要求在高频时有优异的电气绝缘性能，并要求吸水性低和化学稳定性好。护套材料要选用工作温度范围大的，如聚乙烯护套、聚氯乙烯护套等。聚氯乙烯材料使用温度为 $-25℃ \sim 65℃$，并具有较高的机械强度，耐油、耐燃烧、耐酸碱等特性，被广泛用作射频电缆护套材料。下面介绍几种国产射频电缆。

（1）实芯聚乙烯绝缘及橡皮绝缘同轴射频电缆

其型号有 SYV、STYV、STGH、SXH 型等，主要作为天线与设备之间的馈电线或电子设备之间（或内部）的高频连接线。SYV 型结构如图 3 – 1 – 7 所示。

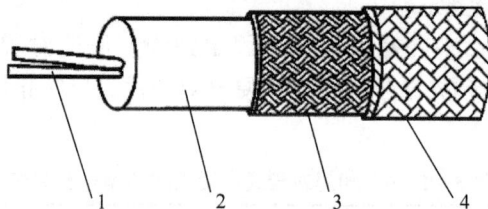

图 3 – 1 – 7　SYV 型结构

1—内导体；2—绝缘体；3—外导体（铜丝编织）；

（2）聚乙烯半空气绝缘同轴射频电缆

其型号有 SIV、SDV 型等，其结构如图 3 – 1 – 8 所示。其结构采用聚乙烯螺旋加套管绝缘，特点是衰减小，适用于传输高频、超高频的微弱信号或大功率信号。

（3）聚四氟乙烯绝缘同轴射频电缆

其结构如图 3 – 1 – 9 所示，主要特点是耐高温（可达 250℃），适用于高温条件下的固定式或移动式的无线电设备的馈电线、无线电设备内部的高温区连接线，用以传输高频信号。

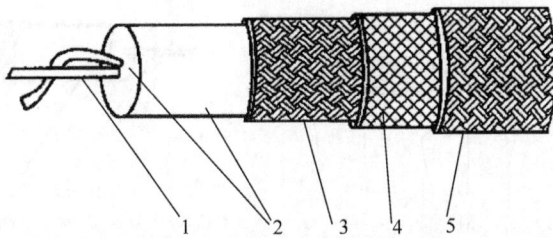

图 3 - 1 - 8　聚乙烯半空气绝缘同轴射频电缆结构

1—内导体；2—聚乙烯绳管、绝缘；3—外导体；

4—聚氯乙烯护套；5—铠装（镀锌钢丝编织）

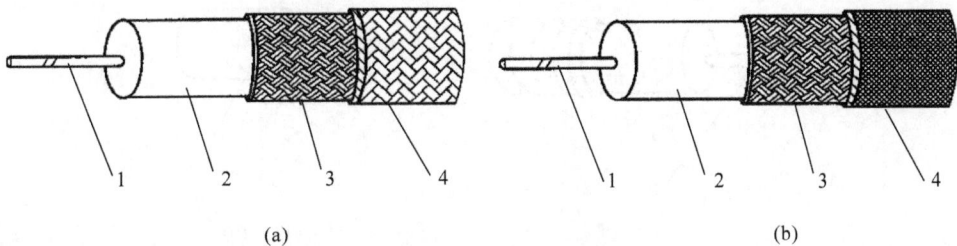

（a）　　　　　　　　　　　　　　　　　（b）

图 3 - 1 - 9　聚四氟乙烯绝缘同轴射频电缆

（a）SFF 型；（b）SFB 型

1—内导体（镀银铜线芯）；2—绝缘体（聚四氟乙烯）；3—外导体（镀银铜丝编织）；

4（a）—护套（氟塑料 46）；4（b）—护套（聚四氟乙烯）绕包外加以浸渍硅有机漆的玻璃丝编织

（4）强力射频电缆（又称大功率射频电缆）

强力射频电缆主要用作雷达、通信及电视、广播设备的大功率馈电线，为传输高频电能之用。型号有 SJYV、SJGH、SJGV、SJG、SJGT 型等，结构如图 3 - 1 - 10 ~ 图 3 - 1 - 12 所示。

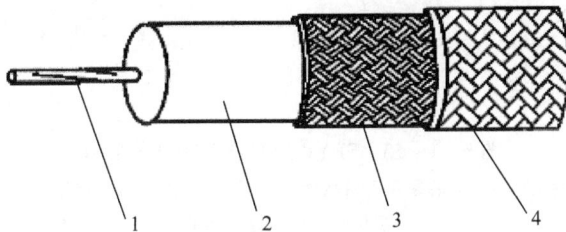

图 3 - 1 - 10　强力射频电缆结构（一）

1—内导体（铜线芯）；2—绝缘（聚异丁烯）；3—外导体（铜丝编织）；4—护套（聚异丁烯）

（5）对称射频电缆

其型号为 SEYV，主要用于对称天线（如偶极子天线）的馈电线以及各种射频设备对称回路的馈电线或连接线。其结构如图 3 - 1 - 13 所示。

（6）低噪声射频电缆

其型号为 STYV 和 STYP，其特点是当受冲击、振动和压力变化等因素影响时，电缆本身产生的噪声极小，适用于冲击、振动及高温条件测量系统及通信的高阻抗装置中传输微弱信号，结构如图 3 - 14 所示。

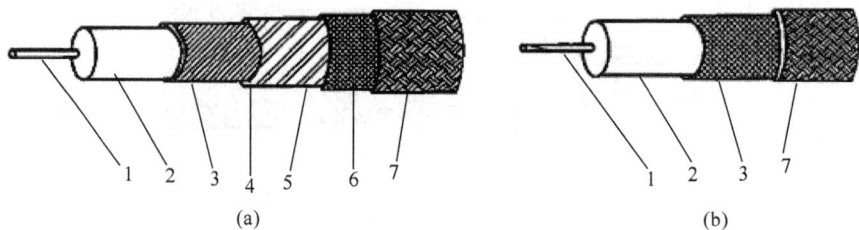

(a)　　　　　　　　　　　　　　　　(b)

图 3 - 1 - 11　强力射频电缆结构 （二）

1—绞合铜线内导体；2—聚乙烯—聚异丁烯绝缘层；3—编织外导体；4—扁钢线；
5—铜带绕包；6—镀锌铜丝编织；7—聚氯乙烯护套

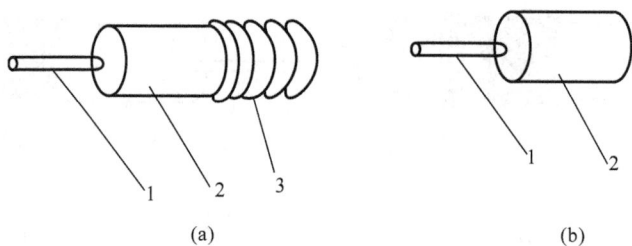

(a)　　　　　　　　　　　　　　　　(b)

图 3 - 1 - 12　强力射频电缆结构 （三）

(a) SJGH 型；(b) SJGV 型

1 (a) —内导体；2 (a) —绝缘层；3 (a) —外导体；

1 (b) —导电芯线；2 (b) —绝缘层

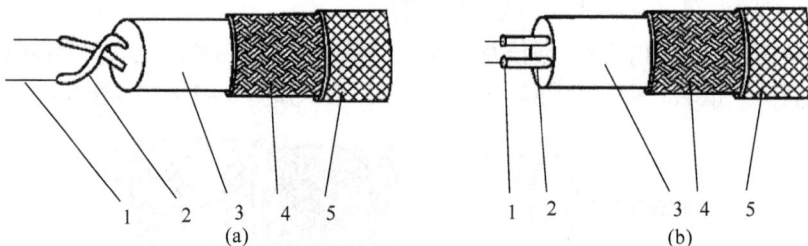

(a)　　　　　　　　　　　　　　　　(b)

图 3 - 1 - 13　SEYV 型对称射频电缆结构

1—内导体 （铜线）；2—实芯聚氯乙烯绝缘；3—聚乙烯填充；4—单层或双层铜丝编织；
5—黑色或深色聚氯乙烯护套

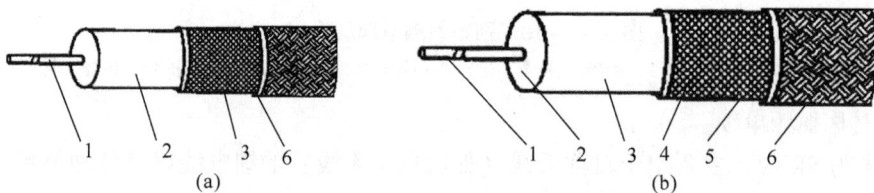

(a)　　　　　　　　　　　　　　　　(b)

图 3 - 1 - 14　低噪声射频电缆结构

(a) STYV - 2 型；(b) STYVP - 4 型

1—铜线芯；2—聚乙烯绝缘 [(a) 外撩石墨粉]；3—铜丝编织内涂硅油；
4—聚乙烯绝缘；5—铜丝编织内涂硅油；6—聚氯乙烯护套

3.1.4　船用电缆的选择

船舶控制的自动化程度越高，其上所用电缆的数量就越多。由于电缆承担着输送电力、传递信号和控制各种运行的繁重任务，所以如何经济合理地选择船用电缆是十分重要的。

1. 确定电缆的型号

电缆型号的确定，首先要充分考虑不同型号或类别船舶的特殊要求，然后再依据电缆的用途、敷设位置及工作条件来确定，即根据电缆是用于动力网络还是用于控制或弱电网络，是舱室内敷设还是露天敷设，是否有防爆要求，是固定敷设还是用于移动设备等方面来确定。

① 按用途选择：按电缆的用途一般可分为动力照明网络和弱电控制网络两大类。在选择电缆时应该按照要求分别选用船舶电力电缆和船用通信电缆，特别在弱电控制网络中，一般对屏蔽要求较高，更不能随意选择。

② 按照敷设位置选择：根据不同的位置，工作环境的不同，选择适合的电缆型号。

一般来说，机炉舱场所由于油、水较多并且容易受到机械损伤，应选用耐油性能较好同时有金属编织外套的电缆。

盥洗室、厕所和浴室等经常要冲水的部分，应选用密闭性较好的塑料外护套电缆或耐氧化的铜丝壳电缆。

一般舱室由于环境条件好，原则上现有的各种护套电缆均可使用。

室外一般选用塑料外套电缆或铜丝壳电缆。电缆敷设在阳光直接照射的场所要考虑护套的耐热耐老化性能，一般露天场所不适宜敷设硫化丁聚物护套电缆。

冷藏舱室由于环境温度较低，且有大量冷凝水，最好能使用带铜丝编织的橡皮护套电缆或聚氯乙烯护套电缆。

弱电舱室应采用铜丝编织电缆，以防止无线电干扰。

在有易燃易爆气体存在的舱室，如蓄电池室、油漆室等应选用塑料护套电缆。

2. 确定电缆的截面

根据负载的工作制、电源种类、电缆芯数、负荷的实际情况计算出总的负载工作电流，按照载流量确定芯线的截面积。

设备的工作制是指设备是连续工作、间歇工作还是短时工作。比如发电机、照明变压器等为连续工作；起货机、舵机等为间歇式工作；火警、警铃为短时工作。工作的时间长短直接影响电缆的发热系数，所以在电缆选择时要考虑工作时间产生的温度系数的影响。

电源种类是指电缆中流过的是直流还是交流。

电缆芯数是决定电缆允许载流量的重要因素。一般来说，电缆芯数越多，每根芯线的允许载流量就越小。

实际负载电流是指实际的设备使用时电缆所通过的工作电流，在选择电缆时电缆的允许载流量要大于实际负载电流，保证在设备超载工作时电缆有一定的承载能力。

① 发电机至总配电板的连接电缆，依据发电机的额定电流来选择。

② 电动机的连接电缆，应按电动机的额定电流来选择。

③ 分配电板的连接电缆，应考虑负荷系数及同时工作系数，但要有一定的余量。

④ 单或双芯电缆的截面应大于 1 mm^2，多芯电缆每芯的截面应大于 0.8 mm^2，以满足机

械强度的要求。

⑤ 为了敷设方便，截面大于 25 mm² 的电缆宜采用单芯电缆；截面大于 120 mm² 时，则宜采用两根较小截面电缆并联的方式来代替。

⑥ 三相交流线制中，原则上采用三芯电缆。若截面较大时，可采用单芯电缆或多根三芯电缆并联使用的方式，但不宜采用有金属护套的电缆，以防止涡流发热。

⑦ 进入蓄电池室的连接电缆应采用单芯电缆，以利于接线。

⑧ 选择多芯电缆时，应留有备用芯线。一般实用电缆为 2~4 芯时，备用 1 根；实用电缆为 5~17 芯时，备用 1~3 根；实用电缆为 18~48 芯时，备用 3~5 根。

⑨ 信号电缆不能与控制电缆、电力电缆等共用一根多芯电缆，以防止相互干扰。

3. 电缆截面的修正

电缆的标称载流量是电缆在标准环境温度下确定的。由于电缆所处环境温度、工作条件的差异及电缆穿管、捆扎等的影响，电缆的实际温度往往很高，如果电缆仍按其标称载流量工作，则会导致电缆过热而不能正常工作，故应对所选用电缆的截面积进行适当修正。

（1）周围环境温度的修正

一些船舶工作的环境温度经常低于标准环境温度，处于该温度下电缆的实际负载电流可适当提高。

一些经常处于机舱、热管附近的电缆，其实际环境温度大大高于标准环境温度，处于该温度下电缆的实际负载电流要有所降低。

（2）穿管电缆截面的修正

当穿管长度小于 1.3 m 时，可不修正。

当穿管长度大于 1.3 m 时，散热条件明显恶化，则有公式：

$$S \geqslant 1.25 S_N$$

式中　S——实际电缆截面积，m²；

S_N——标称电缆截面积，m²；

1.25——修正系数。

（3）成束电缆敷设时的修正

当长度超过 3 m，有 6 根以上电缆同时在一起敷设时即为成束电缆敷设。随着船舶电气化程度的提高，电缆用量不断增加，该方法应用越来越广泛。几十根乃至上百根电缆紧密地靠在一起，势必造成电缆散热的恶化，电缆能通过的负载电流比标称负载电流小了很多，所以必须进行修正。其修正公式为：

$$I \leqslant 0.85 I_N$$

式中　I——实际电缆载流量，A；

I_N——标称电缆载流量，A；

0.85——修正系数。

成束电缆的载流量不仅与电缆芯数和截面积有关，而且与束的外形尺寸以及负载的分布有关。电缆束越接近圆形或方形，散热越差，因此将电缆束敷设成边长为 1:3 的扁平行为宜，较大负载的电缆排在电缆束的外层对散热有利。若大负载电缆全部集中在电缆束的中央，则会造成最恶劣的工作状态。

（4）根据用电设备允许的电压降，校验所选用的电缆截面是否恰当

当电缆在正常工作条件下，承载最大电流时，以主配电板或应急配电板的汇流排到任何安装点的电压降，不应超过额定的工作电压的6%。如蓄电池供电，其电压不超过50 V者，可增至10%，凡超过以上指标的，则应对电缆截面积进行重新选择，并加以调换。

4. 船舶电缆选用实例

（1）某船舶电缆型号、规格的选用

电缆选用型号规格见表3-1-7。

表3-1-7　电缆选用型号规格表

型号	规格	型号	规格	型号	规格
CJ86/SC	1×50	CJ86/SC	3×95	CJ86/NSC	19×1.5
CJ86/SC	1×70	CJ86/SC	3×120	CHJP86/SC	1×2×0.75
CJ86/SC	2×1.5	CJ86/SC	5×1.5	CHJP86/SC	2×2×0.75
CJ86/SC	2×2.5	CJ86/SC	5×2.5	CHJP86/SC	4×2×0.75
CJ86/SC	2×4	CJ86/SC	7×1.5	CHJP86/SC	7×2×0.75
CJ86/SC	2×6	CJ86/SC	12×1.5	CHJP86/SC	10×2×0.75
CJ86/SC	2×10	CJ86/SC	19×1.5	CHJP86/SC	14×2×0.75
CJ86/SC	2×16	CJ86/SC	27×1.5	CHJP86/SC	19×2×0.75
CJ86/SC	3×1.5	CJ86/NSC	2×1.5	CHJP86/NSC	2×2×0.75
CJ86/SC	3×2.5	CJ86/NSC	2×2.5	CHJP86/NSC	4×2×0.75
CJ86/SC	3×4	CJ86/NSC	2×4	CHJP86/NSC	14×2×0.75
CJ86/SC	3×6	CJ86/NSC	3×1.5	CHJPFP86/SC	2×2×0.75
CJ86/SC	3×10	CJ86/NSC	3×2.5	CHJPFP86/SC	4×2×0.75
CJ86/SC	3×16	CJ86/NSC	3×6	CHJPFP86/SC	7×2×0.75
CJ86/SC	3×25	CJ86/NSC	3×10	CHJPFP86/SC	2×2×1.5
CJ86/SC	3×35	CJ86/NSC	3×35	CHJPFP86/SC	4×2×1.5
CJ86/SC	3×50	CJ86/NSC	5×1.5		
CJ86/SC	3×70	CJ86/NSC	7×1.5		

（2）电缆选用说明

① CJ86/SC 3×2.5：船用交联聚乙烯绝缘无卤电力电缆，铜丝编织，热塑性聚烯烃外套，成束燃烧，3芯，2.5 mm²。

② CJ86/NSC 3×2.5：船用交联聚乙烯绝缘无卤耐火电力电缆，铜丝编织，热塑性聚烯烃外套，3芯，2.5 mm²。

③ CHJP86/SC 4×2×0.75：船用交联聚乙烯绝缘屏蔽无卤信号电缆，铜丝编织，热塑性聚烯烃外套，成束燃烧，4对，0.75 mm²。

④ CHJP86/NSC 4×2×0.75：船用交联聚乙烯绝缘屏蔽无卤耐火信号电缆，铜丝编织，

热塑性聚烯烃外套，成束燃烧，4 对，0.75 mm²。

⑤ CHJPFP86/SC 4×2×0.75：船用交联聚乙烯绝缘聚氯乙烯内套双屏蔽无卤信号电缆，铜丝编织，热塑性聚烯烃外套，成束燃烧，4 对，0.75 mm²。

【任务实施】

船用电缆的选择

3.1.5 实训准备

1. 实训目的与要求

① 掌握船舶电缆选择方法。

② 掌握电缆型号标定意义。

③ 按实训室内某舱室需求，实际动手完成船舶电缆选择。

2. 实训资料准备

① 工艺文件与测评标准准备。

② 按舱室需求计算电缆容量要求，并确定型号。

③ 生成文本文件以备船舶电缆备料使用。

3.1.6 某舱室电缆选择

首先考察舱室所选用电缆情况；然后按照施工工艺文件及电缆要求进行舱室内电缆容量型号选择，生成船舶电缆用量计划表。任务见表 3 - 1 - 8。

表 3 - 1 - 8 船舶电缆选择任务

任务	考核内容及要求
船舶电缆选择	按照现代造船设计要求，对实训场地中的一个模拟舱室进行电缆选择。要求符合船舶选择的基本原则，并生成用量计划表。 1. 简单的容量计算； 2. 确定电缆的型号、规格； 3. 确定电缆的长度； 4. 考虑是否需要进行电缆截面修正

【任务测试】

根据所学习的知识结构，以及对船舶电气电缆选择内容的了解，确定船舶电缆选择方法，完成实训任务。任务评分表见表 3 - 1 - 9。

表3-1-9　船舶电缆选择评分表

考核项目	考核内容	要求	分值	评分标准	得分	备注
项目编号：			组号：	姓名：　　　　总分：		
船舶电缆选择	根据实训室实际完成电缆选择，结合船舶电缆选择要求，对整个计划表进行考量	遵循船舶电缆选择工艺要求，生成计划表，格式符合船舶制造要求	10分	1. 内容不全每处扣2分； 2. 不符合船舶制造书面格式标准每处扣1分； 3. 电缆选择错误每处扣2分； 4. 电缆选择无型号标注每处扣1分； 5. 记录文件标记不清楚每处扣1分； 6. 无表提交者扣1分		

任务二　电缆备料切割

【知识链接】

3.2.1　电缆备料

电缆备料就是把要在船上敷设的电缆预先确定路线后，测得实际需要的长度列成电缆表册，切割卷入电缆筒内。由于电缆表册是从敷设方便性来考虑敷设顺序和拉线部位，并确定停止记号的位置，所以在备料时应严格按表册顺序进行，使后敷设的电缆先备料、先敷设的电缆后备料。

备料的方法有两种：一种是使用备料机，在备料机上配有计数器（观察卷入筒内的电缆长度用）、电动绞车、电缆筒、操纵机构等，这种方法效率高，使用方便；另一种是把电缆从原电缆筒卸下，测得所需电缆长度后切断，然后再使用电动绞车把电缆卷入备料筒内，使用电动绞车可以使电缆排列整齐，在备料筒内电缆可安放得多。

3.2.2　主干电缆切割的方法及注意事项

① 依据主干电缆册电缆的排列顺序，以拉线点为单位，从后往前切割；同时要对电缆卷筒做好相应的标签。

如电缆册1号拉线点，从第29根电缆N1-17G开始切割，并按29-28-27-…-1的顺序卷到电缆筒上。如果该拉线点需两个以上电缆卷筒，在第一个卷筒卷满电缆之后必须标明该电缆筒首尾两根电缆代号，即N1-17G—N1-18G，并将该筒号编号定为1-1；将第二个电缆筒编号定为1-2，并标明首尾两根电缆代号，以此类推若使用3、4个卷筒，则定为

1 – 3，1 – 4。放线时先放该拉放点最后卷好的卷筒。如：电缆册 1 号拉线点需 4 个卷筒卷完电缆，则先放 1 – 4 号卷筒的线，即 1 号拉放点的第一根电缆，再依次放 1 – 3、1 – 2、1 – 1 号卷筒。电缆放线滚动方向定为卷筒方向。

② 电缆在切割的过程中，要对每一根电缆实测外径，并将结果填写在电缆册相应的电缆实测外径栏内，这是保证以后电缆密封的重要环节。

③ 对切割的每一根电缆，在其两端都要做个电缆标签，大概距其首端和尾端 100 mm 处。标签中要清晰标明电缆代号、标牌、截面、长度，如 B1 – 3G CHHYP 3 ×0.8 114 m，主干电缆中部要根据所给的中间标记长度做出标记。

④ 对于主干电缆来说，其两端都要做好封头处理。

⑤ 主干电缆切割并做好标签后，向卷筒上缠绕电缆，电缆之间使用麻绳可靠连接。

⑥ 拉线点前方电缆长度为中间标记的长度。

3.2.3 舱室电缆的切割方法及注意事项

与主干电缆切割相比，舱室电缆切割的要求偏低些，切割方法与主干电缆切割方法相似，具体如下。

① 依据主干电缆册电缆的排列顺序，以拉线点为单位，从后往前切割。

② 对切割的每一根电缆，在其两端都要做个电缆标签，标签形式如同主干电缆标签，用透明胶布缠绕在标签外层，确保标签字迹清晰且不挪位。与主干电缆切割相比较，舱室电缆不需要在电缆中部做中间标记；此外，也不需要对电缆的两端做封头处理。

③ 电缆切割并做好标签后，向卷筒上缠绕电缆，电缆之间使用麻绳可靠连接。

④ 对电缆卷筒做好相应的标签，标签形式如同主干电缆卷筒处理方式。

【任务实施】

电缆备料切割

3.2.4 实训准备

1. 实训目的与要求

① 掌握电缆备料过程。

② 掌握电缆切割工艺要求及方法。

③ 实际动手完成电缆备料切割过程。

2. 实训资料准备

① 材料与工具准备。

② 施工现场及安全生产准备。

③ 工艺文件与测评标准准备。

3.2.5　电缆备料质检

① 检查电缆备料现场。

② 按照施工工艺文件及电缆备料任务单现场备料，并对备料情况进行检查。电缆备料任务见表3-2-1。

表3-2-1　电缆备料任务

任务	考核内容及要求
电缆备料切割及电缆质检	按照现代造船设计要求，对实训场地中的一个模拟舱室进行电缆备料。要求符合船舶电缆备料的基本原则。对舱室备料完成情况进行质量检验，使电缆备料质量满足工艺要求。 1. 按照电缆托盘，进行电缆备料； 2. 切割好的电缆，做好端头密封； 3. 将备好的电缆，按照敷设顺序卷入电缆卷筒，大长度的电缆要做好中间停止标记

【任务测试】

根据所学习的知识结构，以及对船舶电气电缆备料内容的了解，确定船舶电缆备料施工流程，完成实训任务。电缆备料质检评分表见表3-2-2。

表3-2-2　电缆备料质检评分表

项目编号：				组号：　　　　姓名：　　　　总分：		
考核项目	考核内容	要求	分值	评分标准	得分	备注
电缆备料切割	根据实训室完成电缆备料情况，结合船舶电缆备料切割工艺要求，对整个实训结果进行检验	遵循电缆备料切割工艺要求对实训室内电缆备料施工完成部分进行总体检查。抽查不少于20处	10分	1. 电缆备料不符合电缆型号每处扣1分； 2. 电缆备料长度不符合标准每处扣1分； 3. 电缆备料过程中损坏电缆表皮每处扣2分； 4. 电缆排列顺序错误每处扣1分； 5. 电缆切割后无端头无标签或标记不清楚每处扣1分； 6. 端头不做封头处理每处扣1分； 7. 电缆切割后端头不做固定每处扣1分		

任务三　船舶电缆敷设

【知识链接】

3.3.1　电缆敷设的规范要求

1. 电缆扎带的要求

露天甲板电缆捆扎必须用白钢扎带。冷库、厨房、厕所、卫生单元等潮湿区域需要用白钢扎带进行捆扎。其他舱室根据专船工艺要求进行施工。

用扎带紧固电缆，需遵守下列工艺要求。

① 扎带可根据 CB 1113、CB 3125、CB 3126 选用，扎带的选用应考虑具体的安装使用环境，所选用扎带的技术性能应满足安装使用环境的要求，否则应采用其他紧固形式，电缆扎带的类型及使用场所见表 3 - 3 - 1。

表 3 - 3 - 1　电缆扎带的类型及使用场所

电缆扎带		使用场所
名称	带扣材料	
镀锌钢扎带	镀锌钢	室内
不锈钢扎带	不锈钢	露天甲板、冷藏舱、浴室等潮湿场所室内，特别适用于有塑料外护套的电缆
包塑（或镀塑）不锈钢扎带	不锈钢	室内以及内走道，特别适用于有塑料外护套的电缆
包塑（或镀塑）镀锌钢扎带	镀锌钢	室内以及内走道，特别适用于有塑料外护套的电缆
尼龙扎带		室内

② 水平敷设的电缆，最好采用下托敷设形式，即电缆搁置在支架的上方，如图 3 - 3 - 1 所示。应尽量避免将电缆扎在支架的下方悬挂敷设。

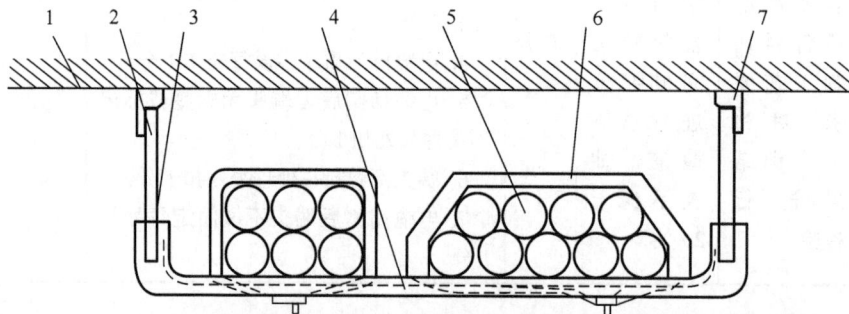

图 3 - 3 - 1　水平敷设的电缆
1—横梁；2—支脚；3—螺栓、螺母；4—电缆支架；5—电缆；6—电缆扎带；7—角钢

③ 垂直敷设的电缆，各种支架（包括 U 型、L 型和扁钢）均应尽量避免横向安装，如图 3 - 3 - 2 所示，以免在绑扎电缆时，造成扎带上端应力集中。

④ 在扁钢支架上用扎带紧固的电缆，应使最底层的所有电缆与支架均有接触，并尽量使最底层的电缆宽度略大于支架的宽度，以避免扁钢的边角损伤扎带，如图 3 - 3 - 3 所示。

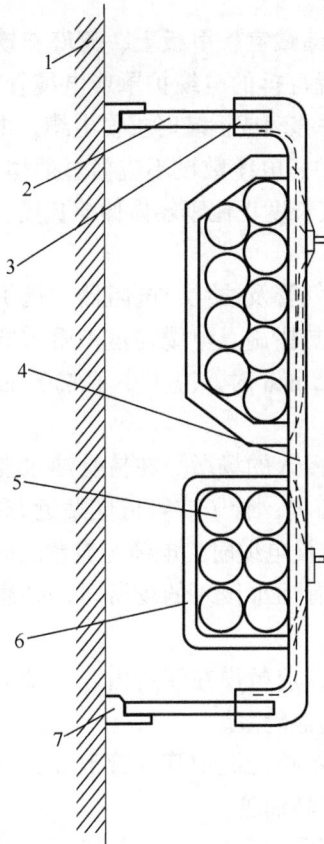

图 3 - 3 - 2　垂直敷设电缆的支架
1—肋骨；2—支脚；3—螺栓、螺母；4—电缆支架；5—电缆；
6—电缆扎带；7—角钢

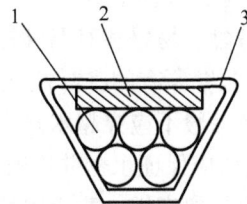

图 3 - 3 - 3　在扁钢支架上用扎带紧固的电缆
1—电缆；2—扁钢支架；
3—电缆扎带

⑤ 在重要舱室（如机舱、辅机舱、应急发电机室等）及明线敷设的内外走道用尼龙扎带紧固电缆。除采用下托敷设形式外，均应每间隔五根尼龙扎带，使用一根金属扎带。

⑥ 用尼龙扎带紧固电缆，电缆束的周长不应超过尼龙扎带的有效长度。扎带不得连接使用。

⑦ 扎带的收紧不应使电缆产生有害变形，以免损伤电缆。最好采用定力收紧专用工具，以保证紧固力的正确性及均匀一致性。

⑧ 尼龙扎带在紧固后，应尽量避免过分弯曲及被锐边切割，扎带的弯曲半径不要小于扎带厚度的2.5 倍。

⑨ 尼龙扎带收紧完毕后，应在离扎带的紧固装置5 ~ 6 mm 处，将扎带多余部分切除。

2. 电缆敷设的规范要求

① 电缆敷设的线路应尽可能平直和易于检修。主干电缆暗式敷设时，敷设路径上的封闭板必须便于开启。所有电缆线路的分支接线盒若为暗线敷设时，则封板必须便于开启，并有耐久的标记。不应将电缆敷设在隔热或隔音的绝缘层内，也不应在电缆上喷涂泡沫塑料等隔热材料。冷藏舱、锅炉舱等处的电缆应全部明线敷设。

② 电缆敷设应防止机械损伤。尽量避免在货舱、储藏室、甲板上、舱底花铁板下等易受机械损伤的场所敷设电缆。若无法避免时，则需设置可拆的电缆护罩或电缆管加以保护。尽量避免在可移动或可拆的场所敷设电缆，以免活动件移动或拆装时损伤电缆。电缆穿过甲板时，必须用金属电缆管、电缆筒或电缆围板加以保护。电缆敷设不应横过船体伸缩接头，若不能避免时，则应将电缆弯成一个环形伸缩接头，其长度正比于船体伸缩长度，其内半径应不小于电缆外径的 12 倍。

③ 电缆应尽量远离热源敷设。电缆离蒸汽管、排气管及法兰、电阻器、锅炉等热源的空间距离一般应不小于 100 mm，否则应采取有效的隔热措施。电缆与蒸汽管道穿过同一水密舱时，电缆与法兰之间的距离为：当蒸汽管直径 >75 mm 时，应不小于 450 mm；当蒸汽管直径≤75 mm 时，应不小于 300 mm。

④ 电缆敷设应尽量避开潮气凝结、滴水和有油水侵入的场所。在易受油水浸渍的舱底花铁板下敷设电缆时，应将电缆敷设在金属管子或管道内；管子或管道应贴近花铁板安装，其两端应高出花铁板，并用填料密封。在潮湿舱壁上敷设电缆时，电缆与舱壁之间的距离至少应有 20 mm 以上的空间。进入有潮气凝结、滴水和有油水侵入的场所时，必须采用电缆填料函，并应有填料密封。

⑤ 在易燃、易爆和有腐蚀性气体影响场所的电缆，应敷设在管道内。当管道穿过舱壁时，应保持舱壁原有的密封性能，防止有害气体进入其他舱室。

⑥ 电缆一般不应穿越水舱，如无法避免时，可用单根无缝钢管穿管敷设，管子及其与舱壁的焊接均应保证水密并应有防腐措施。电缆严禁穿越油舱。

⑦ 电缆与船壳板、防火隔堵及甲板的敷设间距应不小于 20 mm，与双层底及滑油、燃油柜的敷设间距应不小于 50 mm。

⑧ 在磁罗经安装中心 1 m 范围内的直流馈电线，必须采用双芯电缆。

⑨ 为了便于电缆的敷设与检修，电缆线路周围应留有一定的空间。

⑩ 电缆的弯曲半径应符合表 3-3-2 中的要求，且施工时的环境温度应不低于 -15℃。

表 3-3-2 固定敷设电缆最小弯曲半径表   单位：mm

电缆结构		电缆外径 D	最小弯曲内半径
绝缘	外护层		
热缩性材料和弹性材料	金属护套、铠装和编织层	任何	6D
	其他外护层	≤25	4D
		>25	6D
矿物	硬金属护层	任何	6D

⑪ 具有不同允许温度的电缆不应成束敷设在一起，否则所有电缆的允许工作温度应以允许工作温度最低的一根为准。主用和应急用的干线、馈电线，主用和备用馈线等均应远离分开敷设。

⑫ 主用和应急馈电线通过防火区时，应尽可能分开敷设。

⑬ 舱室的木质封闭板上允许明线敷设，但封闭板必须是固定的。

⑭ 桅杆、吊杆上敷设的电缆原则上敷设在桅杆、吊杆的背面，在不妨碍人员上下的情况下尽量靠近梯子，以利于敷设与维修。但为了人员上下的安全，敷设的电缆不应靠近扶手，以免发生触电事故。

3. 电缆敷设一般要求

① 电缆敷设时，注意电缆标记和电缆的排列顺序，相互照应电缆两端的长度情况，确认无误进行临时捆扎后，拉放下一根电缆。

② 电缆的弯曲半径一般不应小于电缆外径的 4~6 倍。

③ 具有不同材质外护套的电缆，如果在一个托架上进行敷设时，应注意拉放间距，防止损坏电缆外护套。

④ 电缆敷设需要使用电缆管时，电缆应在管子出口予以固定，保证不因局部振动而损坏电缆。

4. 电缆的排列规则

① 通常成束电缆的敷设宽度原则上不超过 250 mm。成束电缆的敷设如图 3-3-4 所示。

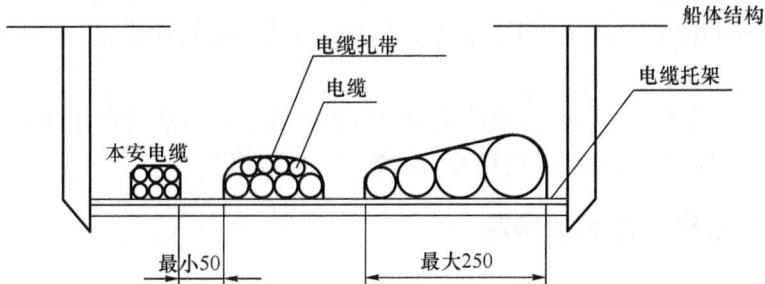

图 3-3-4　成束电缆的敷设图

② 电缆托架上电缆束的厚度一般为两层或小于等于 80 mm，以其中较大直径者为准。特殊情况除外。

③ 扁钢类电缆支撑件上的电缆束，其宽度不应超过支撑件宽度的 20 mm，厚度一般为两层或小于等于 80 mm，以其中较大直径者为准，特殊情况除外。

④ 电缆在电缆管或电缆槽内敷设时，"S" 与 "A" 之比不应大于 0.4，其比例如图 3-3-5 所示。"S" 是电缆管及电缆槽内所包含电缆的横截面积总和，"A" 是管或者箱的内部截面积。单根电缆除外。

5. 电缆路径的要求

① 电缆路径应尽可能避免潮气或水滴凝结的影响。

② 电缆路径应尽可量避免敷设在高温和高湿度处所。

③ 从应急配电板到舵机、应急消防泵等应急设备区的电缆不应经过机舱、厨房等易发生火灾的场所。

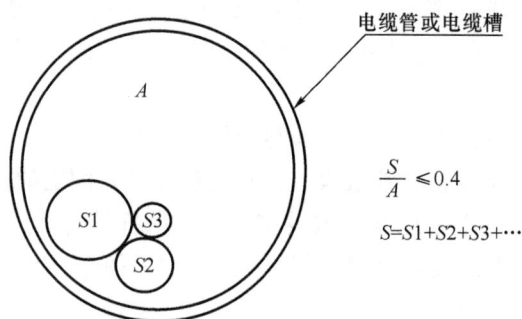

图 3 - 3 - 5　电缆在电缆管或电缆槽内敷设截面积比例图

④ 电缆应避免经过蓄电池室、油漆间等易燃、易爆和有腐蚀性气体影响的场所。不可避免时，应保持穿越的舱壁原有的密封性能，以防止上述有害气体进入其他舱室。

⑤ 电缆应尽量避免在油、水柜上敷设。无法避免时，应保证电缆及设备与油、水柜的间距不小于 50 mm。

⑥ 电缆路径应尽量远离热源，如锅炉、加热油柜、排气管、蒸汽管、主机、发电机排烟管等，其距热源的间距应大于等于 100 mm，若采用有效措施时可不受此限制。

⑦ 穿过钢制电缆管、筒的电缆总截面积不应超过电缆管截面积的 40%（单根电缆除外）。

6. 电缆的分开敷设要求

① 动力、照明电缆和 50 V 以下的控制、信号、仪表电缆可敷设在一个电缆托架上，但应分开捆扎，防止干扰。

② 本质安全电缆与非本质安全电缆应分开敷设，如不可避免敷设在同一托架上，间距应不小于 50 mm，但不应穿过同一电缆管、电缆筒、电缆框。

3.3.2　船舶电缆敷设路线的确定

1. 电缆敷设路线

（1）船舶主干电缆的走向

一般分为三个路线。第一路是机舱通往上层建筑的驾驶室方向，第二路是机舱通往船艏方向，第三路是机舱通往船艉方向。

（2）敷设顺序

① 按照不同的区域。

机舱（由控制室开始）—居住区（由上甲板开始）—露天甲板—自上而下纵向贯穿的电缆。

② 按照不同的线路。

主干电缆—局部电缆。

③ 按照电缆的不同种类。

尺度长的、外径粗的—尺寸短的、外径细的。

④ 按照不同的装置。

大型设备（主配电板、电力分配电板）—小型设备。

2. 主干电缆路径

（1）主干电缆的识别

全船电缆分为主干电缆和舱室电缆，一般符合下列几种情况的电缆可列为主干电缆。

① 穿过两个水密隔舱以上的电缆。

② 穿过一层甲板以上的电缆。

③ 大型船舶同一层甲板，但长度较长、距离较远的电缆。

④ 特种规格或大截面电缆。

⑤ 从总配电板出发的一次电力网络电缆。

（2）主干电缆路径

敷设在机舱和居住舱室的电缆根据船体结构采用如下两种模式之一，如图 3-3-6 所示。

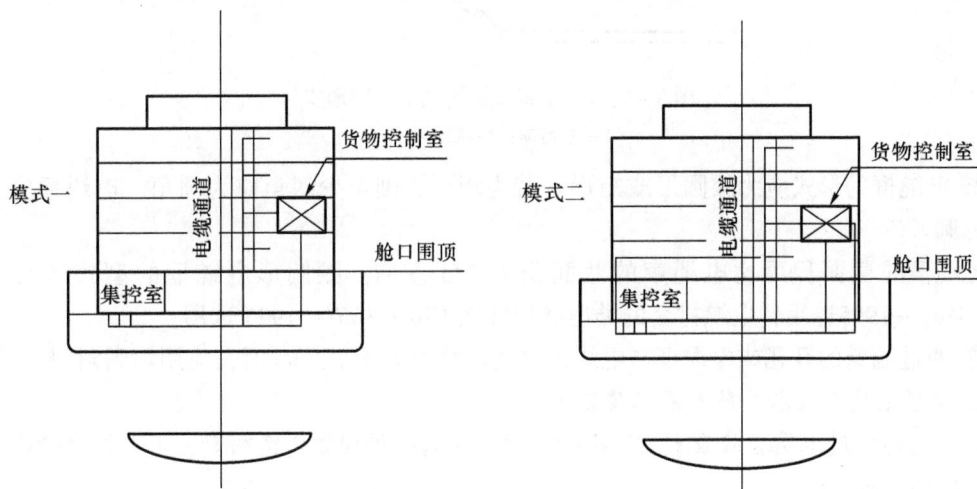

图 3-3-6 机舱和居住舱室的电缆敷设模式

3.3.3 电缆拉敷原则

① 每个方向电缆的拉敷原则上分为左右两束。在具体拉敷时，按自上而下、由主干到局部或由大型设备到小型设备的顺序，以降低劳动强度。

② 机舱通往上层建筑的驾驶室方向的电缆拉敷时，一般是沿着隔舱壁行走；上层建筑甲板处的主干电缆一般均敷设在内走道里。

③ 现行设计的多数船舶上均设有专用的电缆舱，其内部不但可以敷设电缆，而且还可以安装一些不经常操作的配电装置，给安装、使用及维修带来了很大方便。

④ 局部电缆的敷设在不增加电缆长度的情况下，可以随主干电缆一起行走，能降低电缆紧固件及电缆贯穿件的消耗，减小拉敷的工作量。而公共场所及生活区的电缆布置，为了美观尽量采用暗线布置。

3.3.4 电缆穿过甲板、舱壁和船体构件

1. 电缆穿过非水密金属舱壁和船体构件

① 电缆穿过非水密金属舱壁和船体构件时，一般应设置电缆框或衬套，其安装形式如

图 3 – 3 – 7 所示。如舱壁和构件为铝质或厚度超过 6 mm 时，则可不设置电缆框，但开孔四周应无锐边和毛刺。

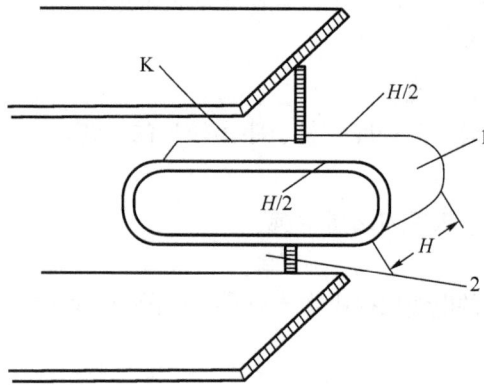

图 3 – 3 – 7　电缆框或衬套的安装形式
1—电缆框；2—船体构件

② 电缆框的形式应为腰圆形或矩形。若为矩形，则至少四角应为圆角。电缆框应无锐边和毛刺。

电缆框的截面积可比电缆束的截面积大 1/3 左右。腰圆形电缆框的型式和尺寸按 CB/T 3667—1995 选用，电缆衬套的类型和尺寸按 CB/T 3667—1995 选用。

③ 通过舱壁的开孔或电缆框与电缆束之间的缝隙大于 12 mm 时，应用填料封闭。

2. 单根电缆穿过木质舱壁或木质复板

单根电缆穿过木质舱壁或木质复板时，最好在开孔处设置电缆衬套，电缆衬套的内径应略大于电缆直径。

3. 电缆穿过水密舱壁

① 电缆穿过水密舱壁时，单根电缆应设置填料函，多根电缆应设置电缆盒，以保持舱壁原有的密封性能。

② 填料函和电缆盒中的填料，应由滞燃和无腐蚀性的材料制成；在有防火要求的场合，则应由不燃和无腐蚀性的材料制成。填料对电缆护套应有良好的附着性能，填料在压紧、填塞或灌注过程中，应不致损伤电缆。

③ 填料函和电缆盒的水密性能，应能承受 0.098 MPa（1 kgf/cm²）的水压，时间为 1 h 的水密性试验，而无漏水现象。

④ 填料函的类型和尺寸按 CB/T 3667—1995 选用；电缆盒可按本条第四点所推荐的型式选用。

4. 水密舱壁电缆填料盒基本型式

（1）组合式橡胶块填料盒

组合式橡胶块填料盒结构如图 3 – 3 – 8 所示。

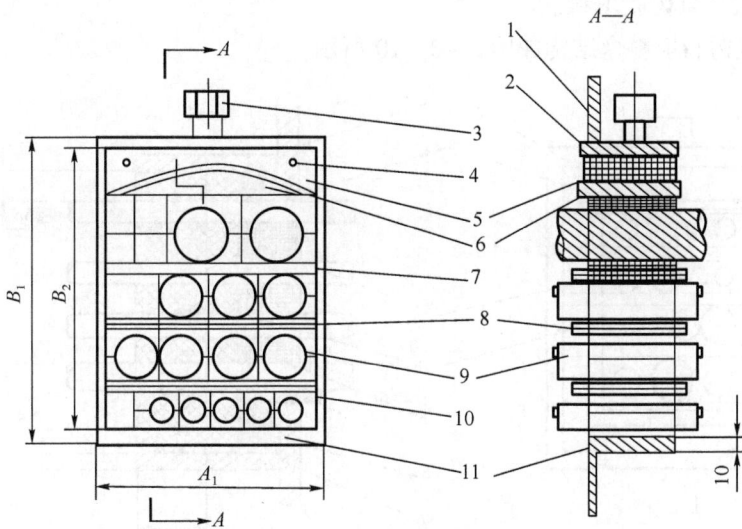

图 3 - 3 - 8　组合式橡胶块填料盒

1—隔壁簠；2—辅助橡胶块；3—压紧螺栓；4—螺栓、螺母；5—前、后夹板；
6—压块；7—填充橡胶块；8—隔板；9—电缆；10—橡胶块；11—填料盒壳体

　　组合式橡胶块填料盒的结构型式、尺寸规格、施工程序和工艺以及基本要求详见
CB/T 3667—1995。

　　（2）水密式 DMT - W 型填料盒

　　水密式 DMT - W 型填料盒结构如图 3 - 3 - 9 所示。DMT - W 型填料盒具有水密和防火
性能，其基本技术要求参照 CB/T 3667—1995 的规定。

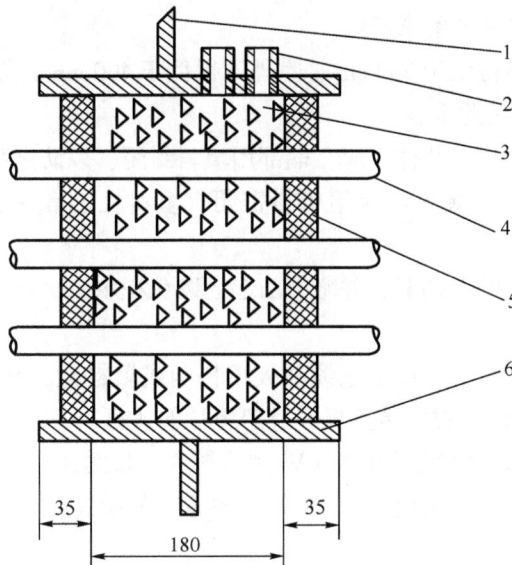

图 3 - 3 - 9　水密式 DMT - W 型填料盒

1—舱壁；2—浇冒口；3—无机填料；4—电缆；5—速固填料；6—填料盒本体

(3) 填入式环氧树脂填料盒

填入式环氧树脂填料盒结构如图 3 – 3 – 10 所示。

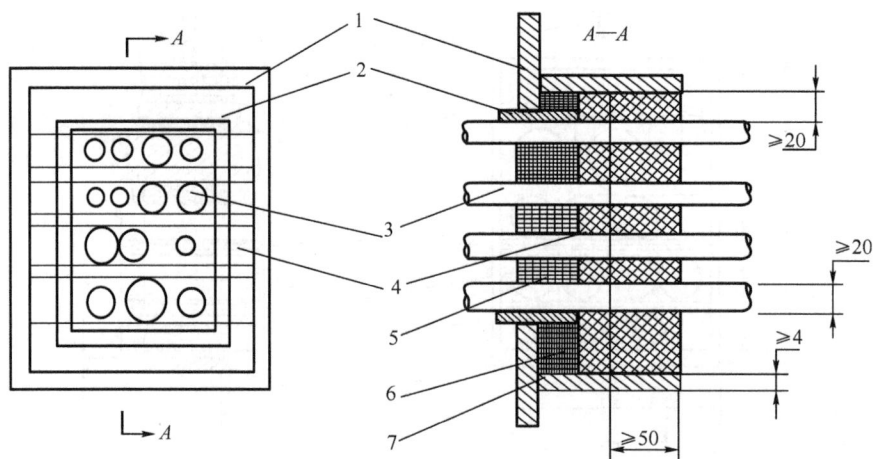

图 3 – 3 – 10　填入式环氧树脂填料盒结构

1—填料盒壳体；2—电缆框；3—电缆；4—填料；5—填充料；6—衬条；7—隔舱壁

5. 电缆穿过甲板

① 电缆穿过甲板时，应设置电缆管、电缆筒、填料盒。

② 安装形式。

a. 电缆筒的安装形式如图 3 – 3 – 11 所示，其类型和尺寸按 CB/T 3667—1995 选用。

b. 电缆框的安装形式、类型和尺寸按 CB/T 3667—1995 的规定。电缆框在焊接时应伸过甲板 10 ~ 20 mm。

c. 填料盒的安装形式见本条第四点。

③ 安装高度：室内不得低于 200 mm，室外不得低于 400 mm。如电气设备的进线孔高度小于上述尺寸时，则可不受此限制。

④ 非水密甲板上的上述安装件，应在端部用填料封闭，以防杂物掉入和电缆松动。

⑤ 水密甲板上的上述安装件，应用填料密闭，填料性能和密封要求同本条第三点的规定。

⑥ 填料应填在安装件的上端部，并略微凸起，以免积水。

6. 电缆穿过防火隔堵

① 电缆穿过防火隔堵时，应设置电缆防火填料函或填料盒，其防火性能应与电缆所贯穿的舱壁相一致，所有的防火贯穿装置要经过船级社的认可。

② 电缆穿过舱壁的防火隔堵用 DMT – W 型填料盒，如图 3 – 3 – 9 所示。

③ 电缆穿过甲板的防火隔堵用 DM – W 型填料盒，如图 3 – 3 – 12 所示。

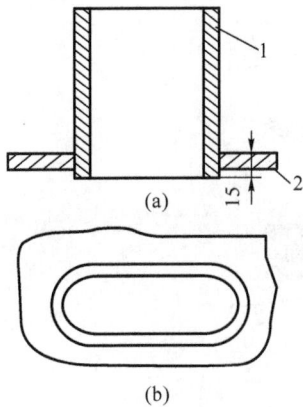

图 3 - 3 - 11　电缆筒的安装形式
1—电缆筒；2—甲板图

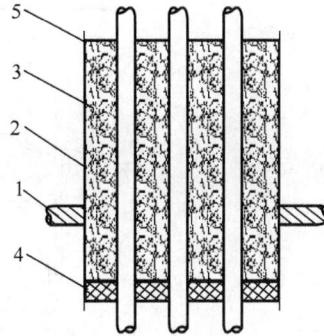

图 3 - 3 - 12　防火隔堵用 DM - W 型填料盒
1—甲板；2—无机防火填料；3—电缆；
4—速固堵料；5—填料盒本体

3.3.5　限制火焰沿成束电缆传播的措施

在船级社有要求时，电缆应采用成束滞燃型船用电缆（即通过 GB 9331.1 规定的有关试验）。如采用单根滞燃型电缆成束敷设时，必须采取阻止火馅沿成束电缆传播的措施：可在电缆表面加涂耐火涂料；也可在电缆束上设置挡火隔板。在通过具有防火性能的舱壁或甲板时，应使用具有经船级社认可的填料盒。

1. 电缆表面加涂耐火涂料

电缆在船舶上敷设后，除单根电缆和穿管敷设的电缆外，所有成束敷设的电缆，其外表面必须涂以船级社认可的耐火涂料。在水平敷设的电缆线路上，每隔 14 m 涂覆 1 m 的耐火涂料，对垂直敷设电缆，则需要在长度上加以涂覆。

2. 电缆束上设置挡火隔板

（1）挡火隔板设置的部位

① 主配电板与应急配电板上。

② 电缆进入主机控制室处。

③ 推进机器和重要辅机的集中控制板上。

④ 进入电缆槽处。

（2）在封闭和半封闭场所挡火隔板应设置的部位

① 对敷设于全封闭金属围壁的电缆，挡火隔板设于各围壁端点，如图 3 - 3 - 13 所示。

② 对垂直敷设于半封闭场所的电缆，挡火隔板至少设于每隔一层甲板处，但间隔不应超过 6 m，如图 3 - 3 - 14 所示。

③ 对水平敷设于半封闭场所的电缆，每隔 14 m 处设置挡火隔板，如图 3 - 3 - 15 所示。

（3）符合下列情况可以免设挡火隔板

① 如果电缆进入主配电板、应急配电板、推进机器和重要辅机的集中控制屏时已采取相应措施，则（1）中①、③规定的挡火隔板可以免设。

② 在货物区域的货舱及甲板下通道，挡火隔板仅设置于该处所的边界处。

（4）挡火隔板的构造

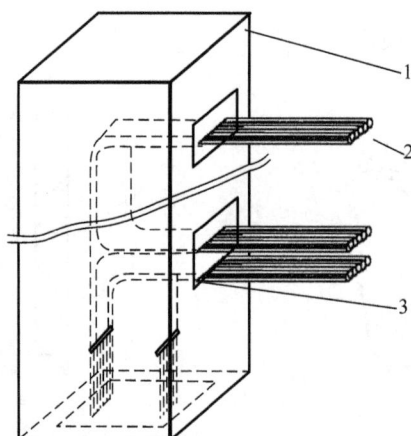

图 3 - 3 - 13　敷设于全封闭金属围壁的电缆的挡火隔板
1—全封闭的金属围壁；2—电缆束；3—挡火隔板

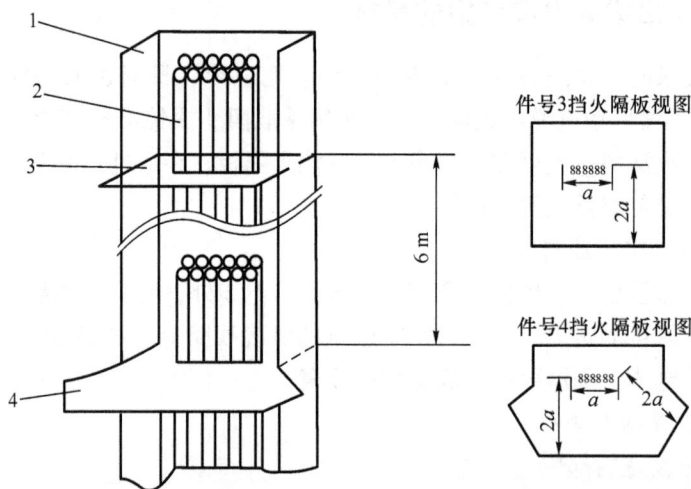

件号3挡火隔板视图

件号4挡火隔板视图

图 3 - 3 - 14　垂直敷设于半封闭场所的电缆的挡火隔板
1—半封闭的金属围板；2—电缆束；3，4—挡火隔板

当电缆贯穿装置需符合防火 B - 0 分隔的要求时，挡火隔板也应具有 B - 0 级分隔性能，隔板应用厚度至少为 3 mm 的钢板制成。挡火隔板应设计成围绕电缆束并延展一定距离，其延展的距离按下述规定，但不需延伸穿过天花板、甲板及舱室或围壁的固定边缘。

① 对垂直敷设的电缆，延展距离为电缆束宽度的 2 倍，对在半封闭场所的，如图 3 - 3 - 14 所示；对在开敞处所的，如图 3 - 3 - 16 所示。

② 对水平敷设的电缆，延展距离为电缆束宽度的 2 倍。对在半封闭场所的，如图 3 - 3 - 15 所示；对在开敞处所的，如图 3 - 3 - 17 所示。

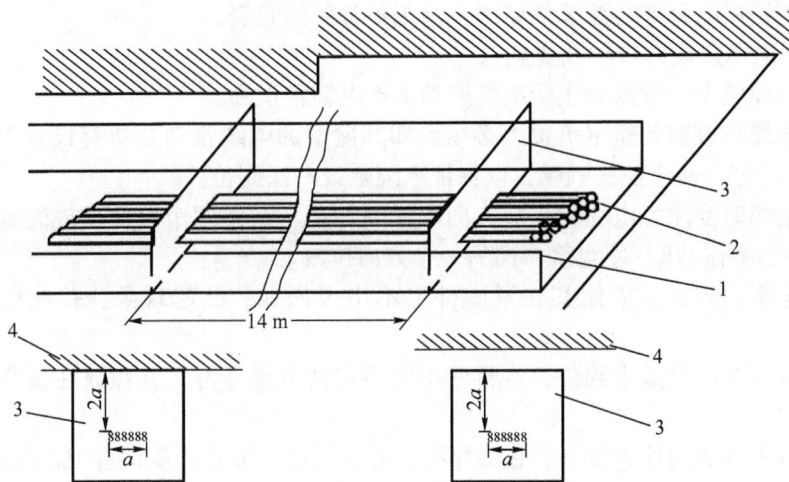

图 3 – 3 – 15　水平敷设于半封闭场所的电缆的挡火隔板
1—半封闭的金属围板；2—电缆束；3—挡火隔板；4—甲板

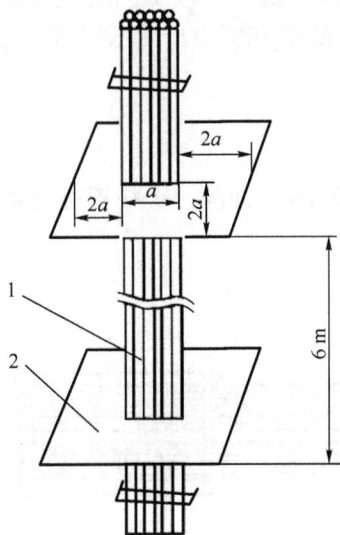

图 3 – 3 – 16　垂直敷设电缆在开敞处所
1—电缆束；2—挡火隔板

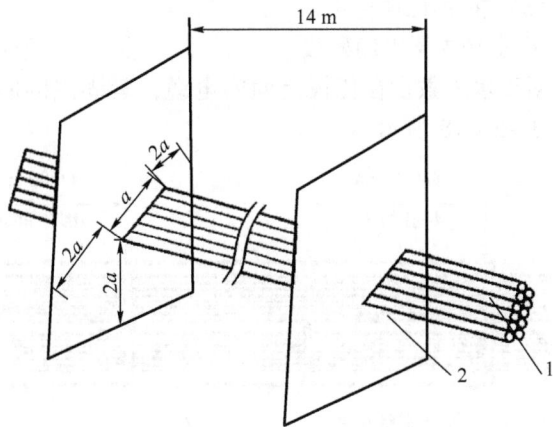

图 3 – 3 – 17　水平敷设电缆在开敞处所
1—电缆束；2—挡火隔板

3.3.6　电缆敷设

1. 主干电缆敷设

（1）主干电缆走向的一般要求

① 主干电缆束要尽量平直，力求减少不必要的弯头，防止连续拐弯以便于敷设。

② 主干电缆应避免通过房间，尽可能在走廊里敷设以便于检修。

③ 主干电缆避免通过冷藏库、水舱、报房及有爆炸性气体或介质的舱室。

④ 主干电缆不准通过油舱，也不要紧贴油舱、油柜表面敷设。

⑤ 主干电缆应尽量远离高热管路，如热水管、蒸汽管、排水管、锅炉等。一般也不适宜在其上方通过。电缆束与这些设备或管子的绝缘层表面的距离至少在 100 mm 以上。

⑥ 主干电缆避免敷设在可动的或可拆的结构件上。

⑦ 主干电缆束线路要考虑节约原则，避免不必要的兜绕。

（2）主干电缆敷设的步骤及要点

① 主干电缆敷设的依据是主干电缆册和主干电缆敷设图。

② 主干电缆拉放前各舱室负责人必须熟知其舱室的电缆走向及所有设备位置，并对各重要拐点做好标记，便于拉放顺畅，以保证电缆敷设一次到位。

③ 敷设电缆时要注意电缆的拉放方向和中间标记，需向两个方向拉放的电缆应在拉好一端后，其余电缆作"8"字盘绕再向另一个方向拉放。

④ 每根电缆拉放完，应使其在紧固件上不出现松弛、凸起现象，并使电缆平整、少交叉。

⑤ 电缆两端应尽量敷设到位，将暂时不能固定的电缆卷好，并盘放在适当的位置以备以后固定。

⑥ 电缆过电缆盒的地方按开孔板图穿孔，并应保证电缆盒两侧约有 150 mm 直线段，电缆穿过填料函时，其直线段不小于压紧螺母高度的 1.5 倍，过电缆框的地方电缆不可与电缆框卡的过紧。

⑦ 电缆敷设完成后，应检查其完好性。检查芯线的通断与绝缘，4 芯以上的芯线绝缘可按奇、偶数层之间和每层的奇、偶数芯间测量，绝缘电阻不低于 100 MΩ。检测完成后，用绝缘胶布扎电缆端头，保证密封。

（3）主干电缆敷设

① 水平主干电缆敷设。

对于水平敷设在托板上面的电缆，紧固点的间距为 600 mm，即隔一个托板进行紧固，如图 3 - 3 - 18 所示。

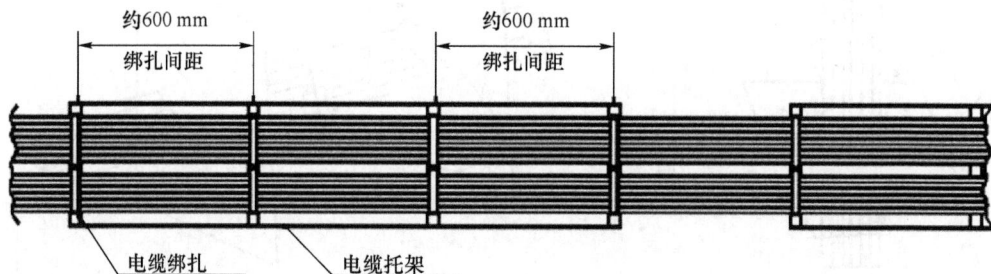

图 3 - 3 - 18　水平主干电缆敷设图

② 垂直主干电缆敷设。

电缆扎带间距 300 mm，如图 3 - 3 - 19 所示。

③ 主干电缆的转弯处理。

a. 同一层面敷设，如图 3 - 3 - 20 所示。

b. 不同层面敷设，如图 3 - 3 - 21 所示。

2. 分支电缆敷设

（1）FB 扁铁型电缆架

电缆应固定在直接焊接到船体结构的扁铁上，如图 3 - 3 - 22 所示。

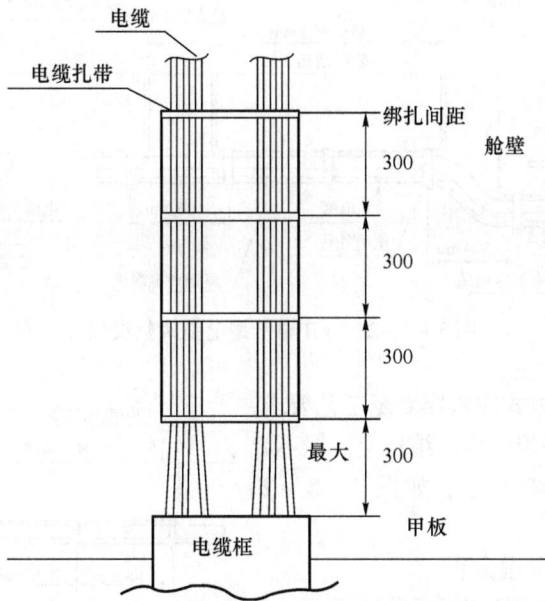

图 3 - 3 - 19　垂直主干电缆敷设图

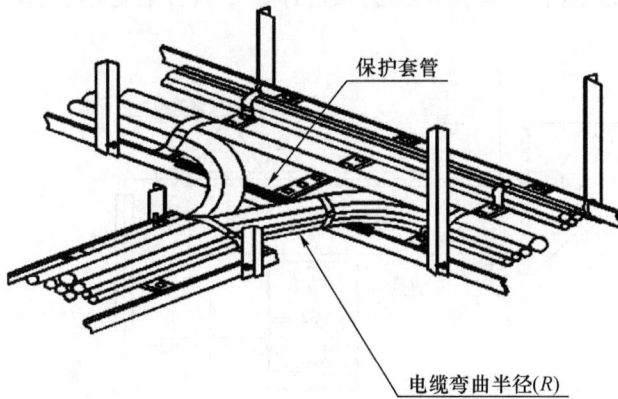

图 3 - 3 - 20　同一层面敷设主干电缆的转弯处理图

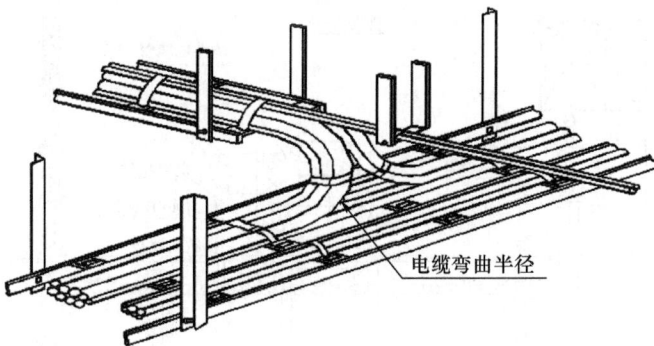

图 3 - 3 - 21　不同层面敷设主干电缆的转弯处理图

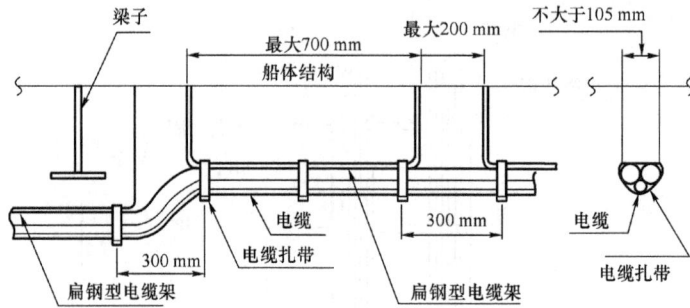

图 3 - 3 - 22　FB 扁铁型电缆架敷设图

（2）SF 型电缆架

SF 型电缆架的焊接方式应依照专船工艺要求，如没有特殊要求可直接焊接到船体结构上，但不允许焊接在船体外板（母材）上，如图 3 - 3 - 23 所示。

（3）花地板下分支电缆敷设

进入机舱、净油机室或类似场所花地板下的分支电缆敷设应使用 FB 扁铁型或 SF 型电缆架，电缆进入舱室时，应用挠性电缆管（普利卡套管）进行保护，挠性电缆管应高出花地板 200～400 mm，如图 3 - 3 - 24 所示。

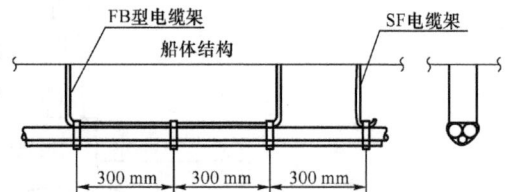

图 3 - 3 - 23　SF 型电缆架敷设图

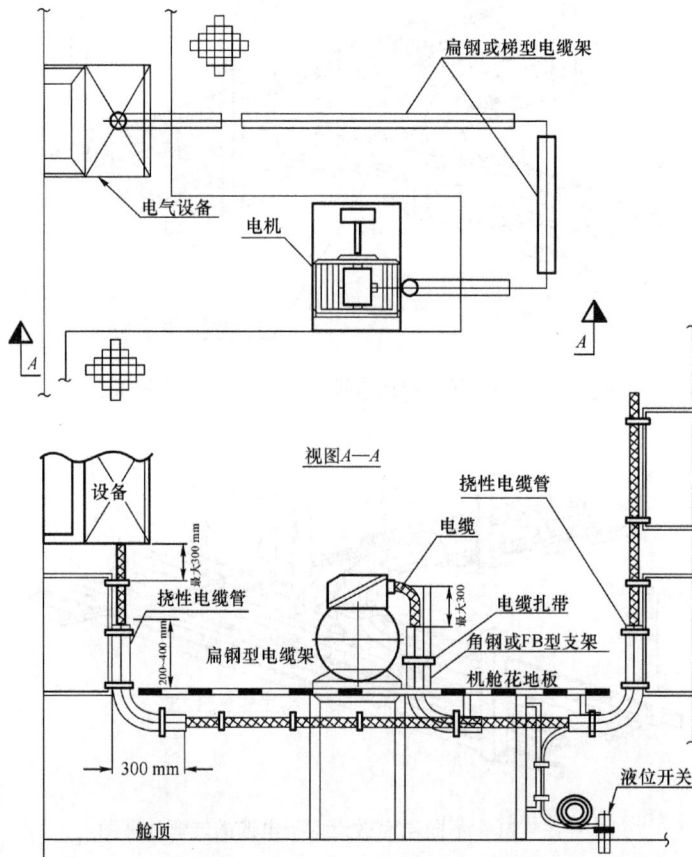

图 3 - 3 - 24　典型电缆敷设图

（4）非水密甲板下分支电缆敷设

非水密甲板下分支电缆敷设如图 3 - 3 - 25 所示。

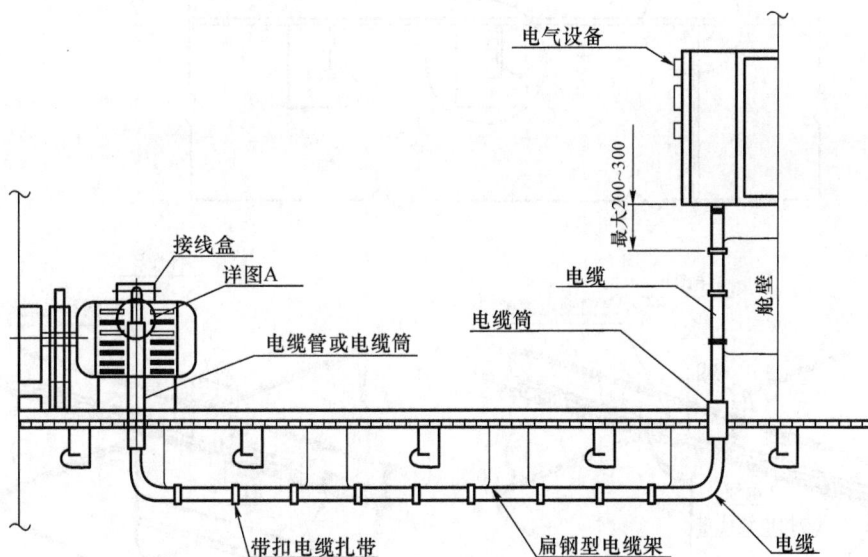

图 3 - 3 - 25　非水密甲板下分支电缆敷设图

注：如果露出甲板的电缆小于 300 mm 时，仅采用电缆筒。

（5）甲板上分支电缆敷设

在可能受到机械损伤的甲板上或机舱及类似场所敷设的电缆，应用电缆管加以保护，在电缆管的最低处设滴水孔 $\phi10$ mm，如图 3 - 3 - 26 所示。

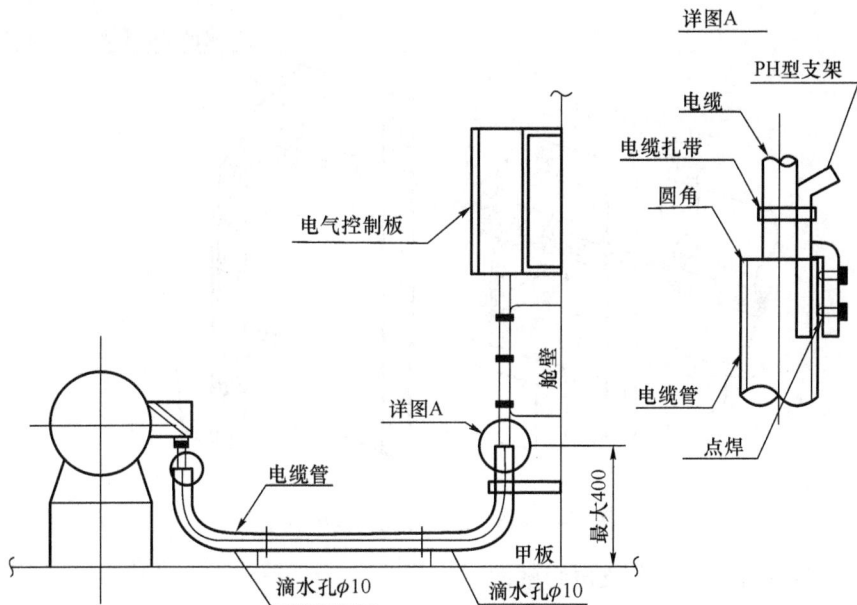

图 3 - 3 - 26　甲板上分支电缆敷设图

（6）通过穿越孔的分支电缆敷设

通过穿越孔的分支电缆敷设如图 3 - 3 - 27 所示。

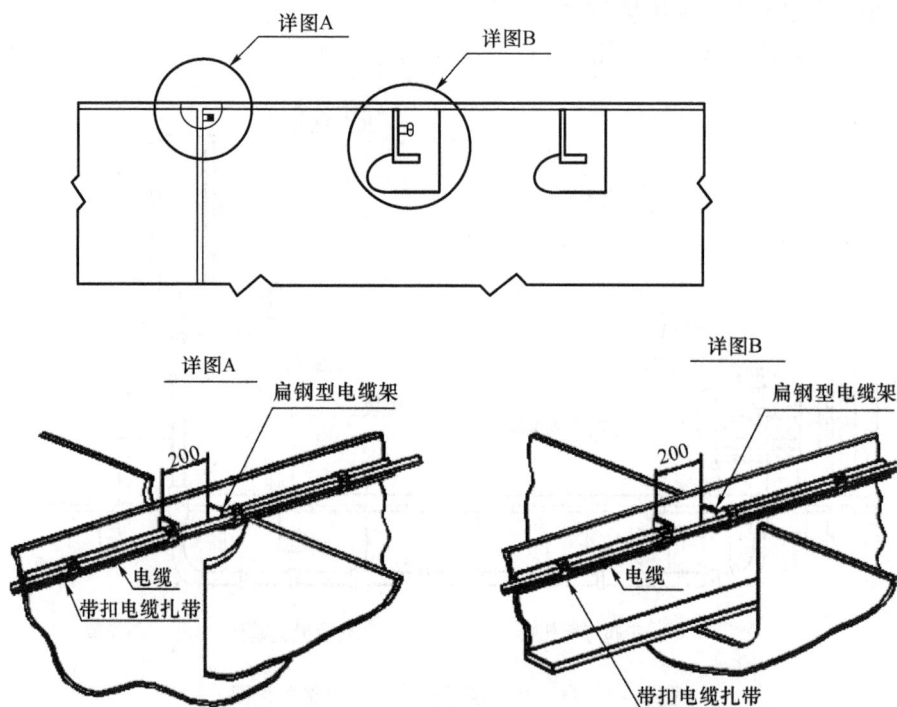

图 3 - 3 - 27　通过穿越孔的分支电缆敷设图

（7）舱壁分支电缆敷设

舱壁分支电缆敷设如图 3 - 3 - 28 所示。

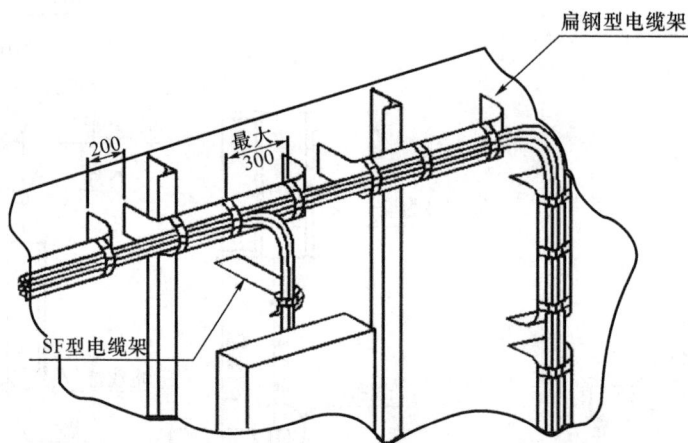

图 3 - 3 - 28　舱壁分支电缆敷设图

（8）防水插座和开关的分支电缆敷设

防水插座和开关的分支电缆敷设如图 3 - 3 - 29 所示。

（9）单层装饰板分支电缆敷设

单层装饰板分支电缆敷设如图 3 - 3 - 30 所示。

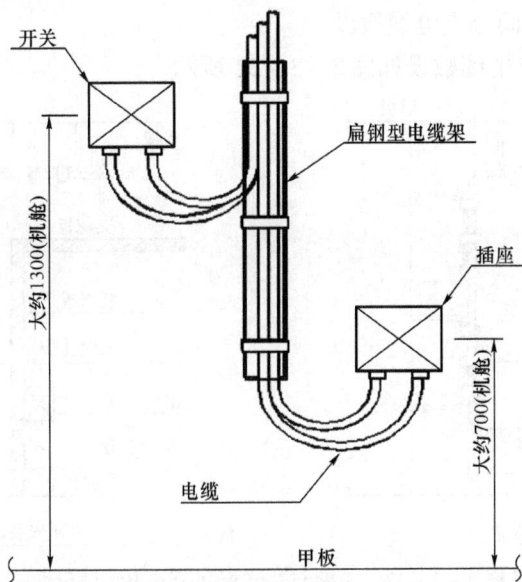

图 3 - 3 - 29　防水插座和开关的分支电缆敷设图

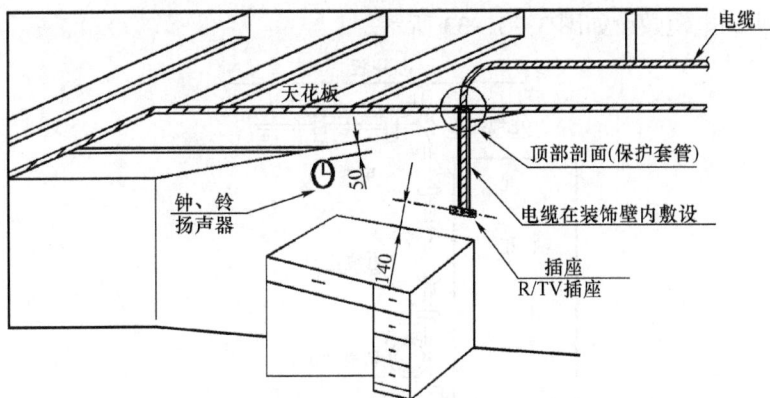

图 3 - 3 - 30　单层装饰板分支电缆敷设图

（10）住舱区域分支电缆敷设（天花板内）

住舱区域分支电缆敷设如图 3 - 3 - 31 所示。

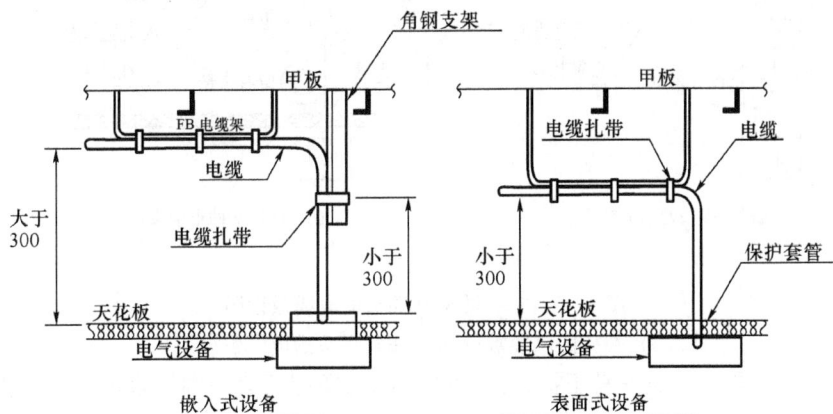

图 3 - 3 - 31　住舱区域分支电缆敷设图

（11）舱壁与装饰板间分支电缆敷设

舱壁与装饰板间分支电缆敷设如图3-3-32所示。

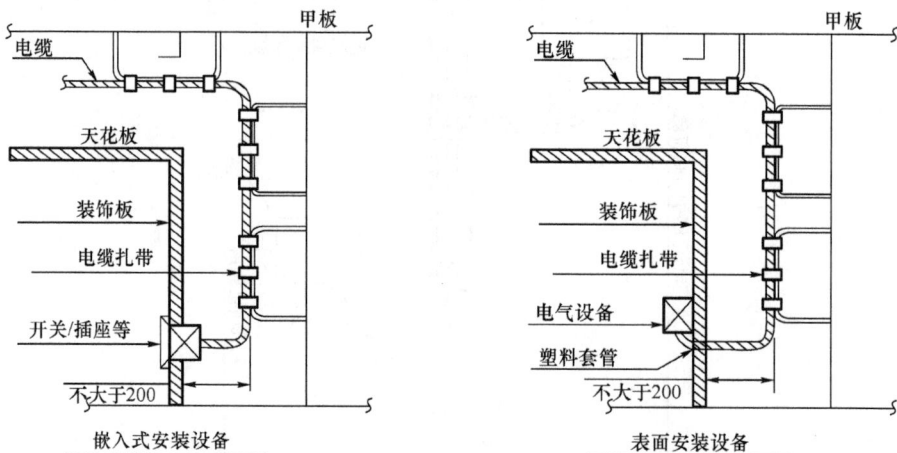

图3-3-32　舱壁与装饰板间分支电缆敷设图

（12）油柜和探头的电缆敷设

油柜和探头的电缆敷设如图3-3-33所示。

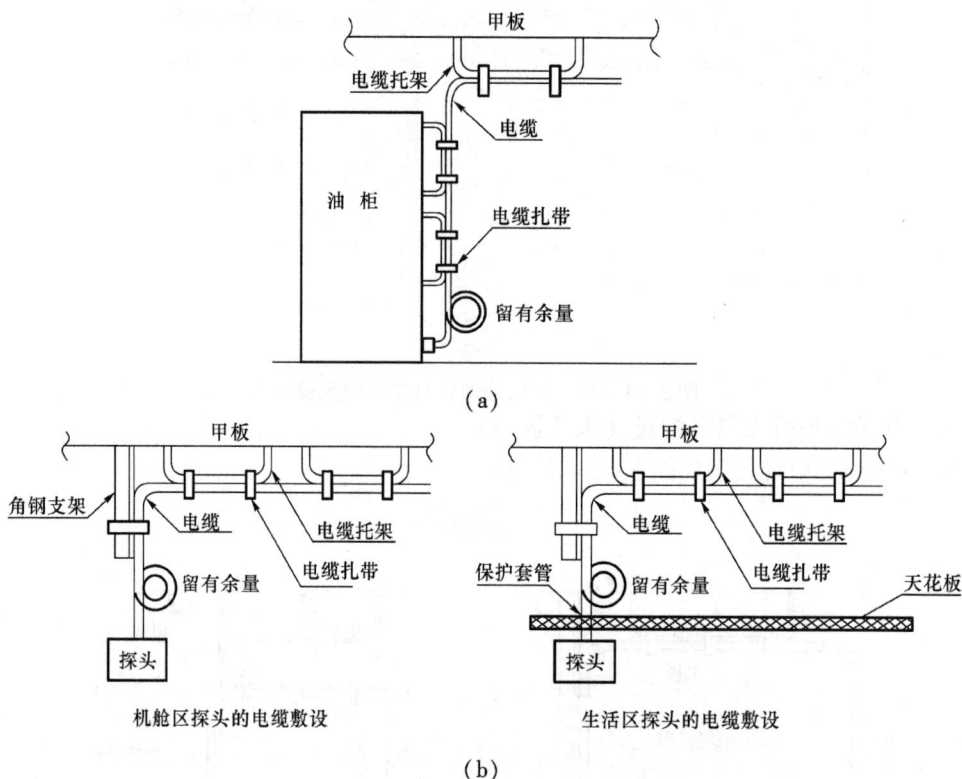

（a）

（b）

图3-3-33　油柜和探头的电缆敷设图

（a）油柜的电缆敷设图；（b）探头的电缆敷设图

接至各类传感器、仪表等易于拆卸的设备上的电缆应留有一圈的余量，圈的内径为电缆外径的9～10倍。

（13）舱壁或天花板镀锌板内电缆敷设

舱壁或天花板镀锌板内电缆敷设如图 3 - 3 - 34 所示。

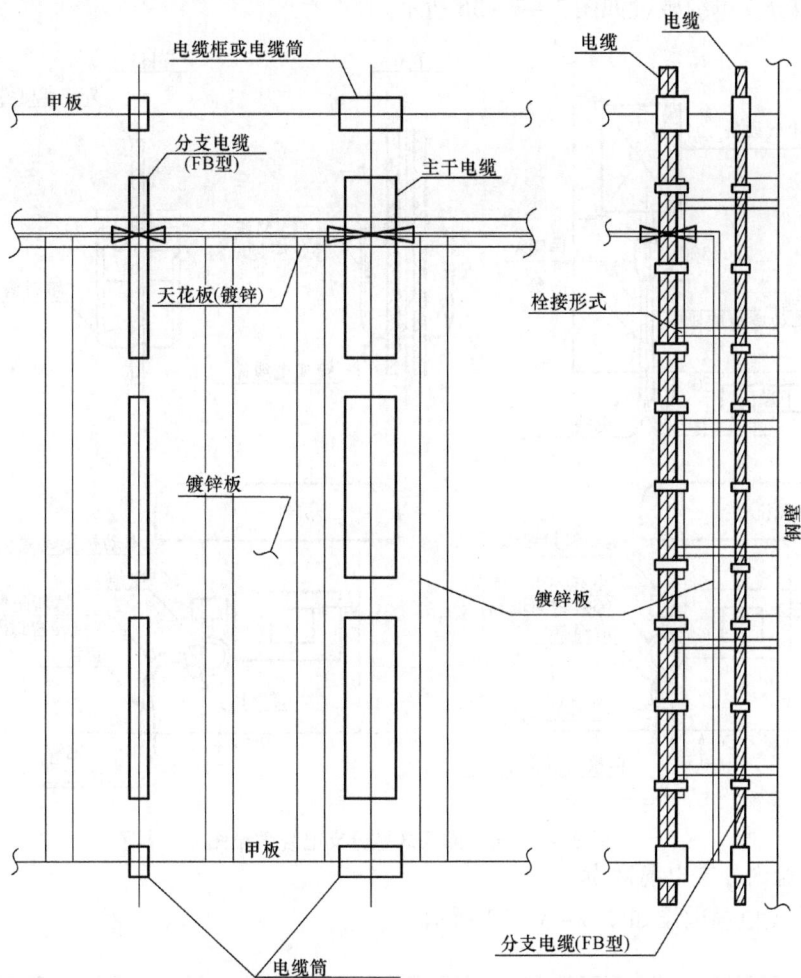

图 3 - 3 - 34　舱壁或天花板镀锌板内电缆敷设图

（14）露天区域的天线电缆敷设

穿过罗经平台、两翼的鹅颈式电缆管应通过扶手等结构进行加强，如图 3 - 3 - 35 所示。

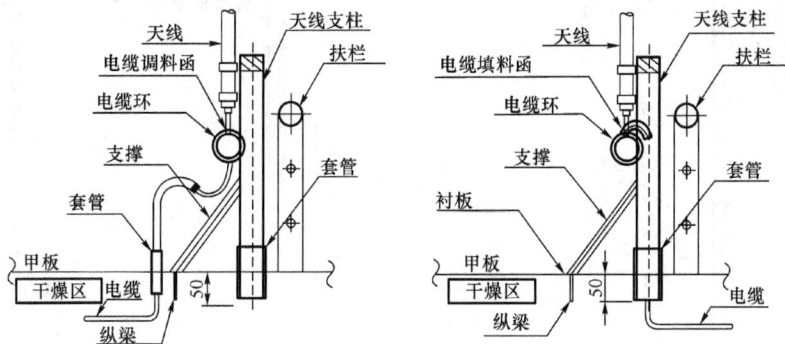

图 3 - 3 - 35　露天区域的天线电缆敷设图

（15）露天区域分支电缆敷设

露天区域分支电缆敷设如图 3 - 3 - 36 所示。

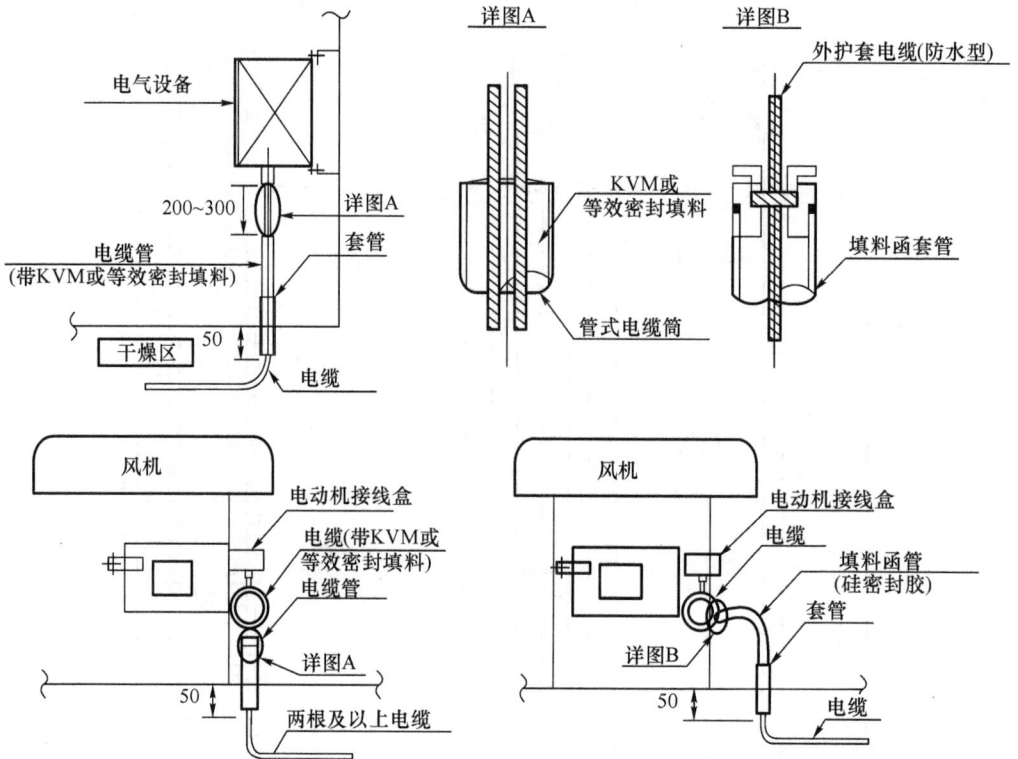

图 3 - 3 - 36　露天区域分支电缆敷设图

（16）机舱内分支电缆敷设

机舱内分支电缆敷设如图 3 - 3 - 37 所示。

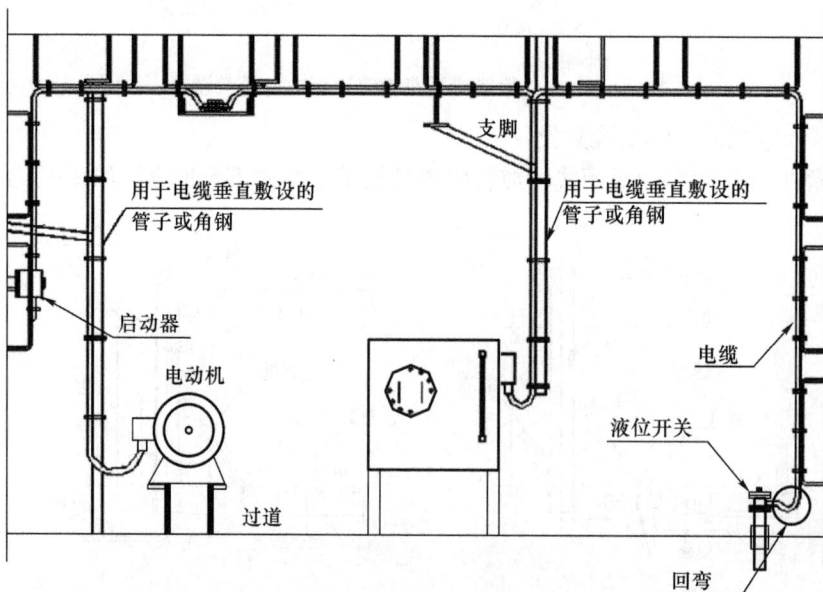

图 3 - 3 - 37　机舱内分支电缆敷设图

（17）冷藏区域内分支电缆敷设

冷藏区域内分支电缆敷设与不锈钢扎带敷设如图 3-3-38 所示。

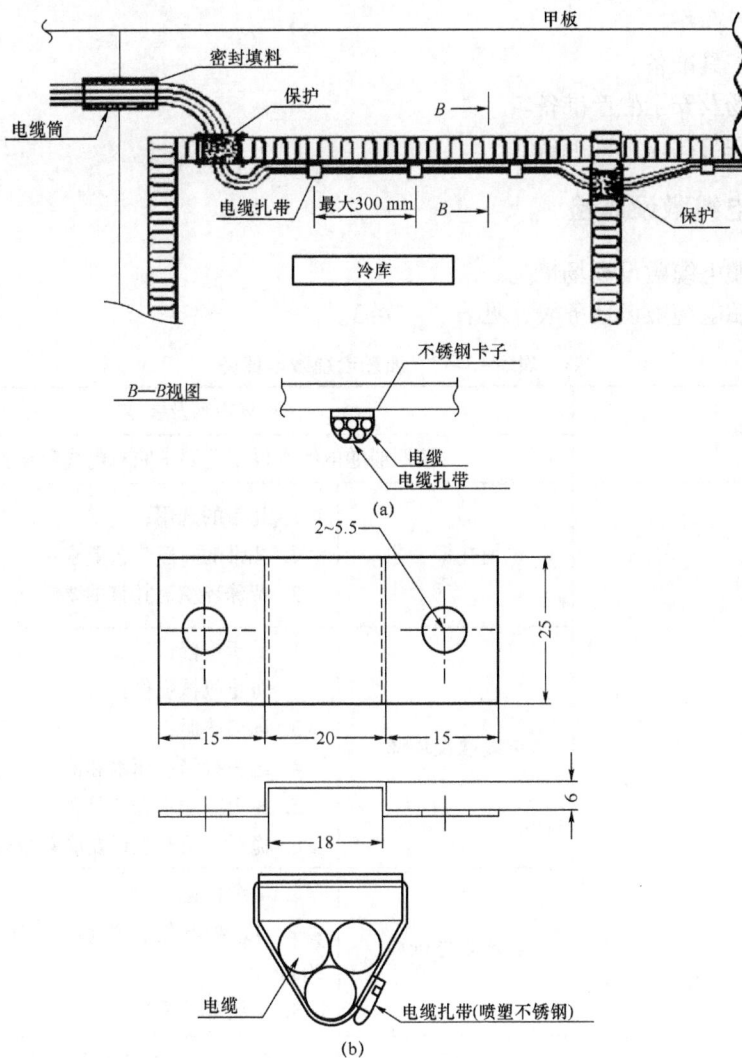

图 3-3-38　冷藏区域内分支电缆敷设图

（a）冷藏区域内分支电缆敷设；（b）冷藏区域内分支电缆不锈钢扎带敷设

【任务实施】

船舶电缆敷设

3.3.7　实训准备

1. 实训目的与要求

① 看懂电缆敷设图。

② 明确船舶电缆敷设工艺要求及方法。

③ 实际动手完成船舶电缆敷设施工。

2. 实训资料准备

① 材料与工具准备。

② 施工现场及安全生产准备。

③ 工艺文件与测评标准准备。

3.3.8 船舶电缆敷设质检

① 检查船舶电缆敷设现场情况。

② 填写船舶电缆敷设任务表，见表 3 - 3 - 3。

表 3 - 3 - 3　船舶电缆敷设任务

任务	考核内容及要求	
	按照船舶电缆敷设工艺要求完成电缆敷设施工	
船舶电缆敷设	电缆扎带工艺	1. 扎带的选用； 2. 扎带的一般工艺要求； 3. 特殊环境对扎带的要求
	电缆敷设环境	1. 易于检修； 2. 防止机械损伤； 3. 远离热源； 4. 避免凝结、滴水和油浸； 5. 避免穿越水仓、易燃、易爆场所； 6. 桅杆、吊杆敷设要隐蔽敷设
	电缆敷设排列	1. 电缆标记； 2. 成束电缆，宽度 < 250 mm，厚度 < 80 mm； 3. 电缆穿管系数 < 0.4
	干扰	1. 强电电缆和弱电电缆应分开捆扎，防止干扰； 2. 本质安全电缆与非本质安全电缆应分开敷设
	电缆贯穿	1. 非水密舱室工艺要求； 2. 水密性舱室工艺要求； 3. 穿过甲板工艺要求； 4. 穿过防火隔板工艺要求
	防火措施	1. 耐火涂料标准； 2. 挡火隔板标准

【任务测试】

根据所学习的知识结构，以及对船舶电气建造施工内容的了解，确定船舶电缆敷设施工流程，并详细列出各施工流程的船舶电缆敷设内容。船舶电缆敷设质检评分表见表 3 – 3 – 4。

表 3 – 3 – 4　船舶电缆敷设质检评分表

项目编号：				组号：　　　姓名：　　　总分：		
考核项目	考核内容	要求	分值	评分标准	得分	备注
船舶电缆敷设	根据实训室完成船舶电缆敷设情况，结合船舶电缆敷设工艺要求，对整个实训结果进行检验	遵循船舶电缆敷设工艺要求对实训室内船舶电缆敷设施工完成部分进行总体检查。抽查不少于 20 处	20 分	电缆扎带使用： 　1. 电缆扎带选择错误，每处扣 1 分； 　2. 电缆扎带使用错误，每处扣 1 分； 　3. 电缆扎带紧固不牢，每处扣 1 分； 　4. 电缆扎带收紧后多余部分没有切除，每处扣 1 分。 电缆敷设工艺要求： 　1. 明暗敷设错误，每处扣 1 分； 　2. 电缆敷设没有避免通过有振动、易燃、易爆、腐蚀性等环境，每处扣 1 分； 　3. 电缆敷设没有远离热源、冷凝环境，每处扣 1 分； 　4. 电缆敷设空间狭小不利于人员检修，每处扣 1 分； 　5. 电缆弯曲半径过小，每处扣 1 分； 　6. 不同材质外套电缆敷设在一起，每处扣 1 分； 　7. 成束电缆敷设不符合标准，每处扣 1 分； 　8. 电缆敷设不紧固，每处扣 1 分； 　9. 电缆间干扰没有避免或没有采取相应措施，每处扣 1 分； 　10. 施工过程中损坏电缆，每处扣 2 分。 电缆贯穿： 　1. 水密性贯穿无密封，每处扣 2 分； 　2. 电缆贯穿不符合电缆贯穿工艺，每处扣 1 分； 　3. 防火材料、隔堵使用错误，每处扣 1 分； 　4. 电缆贯穿施工过程中损坏电缆，每处扣 2 分		

任务四　船舶电缆密封

【知识链接】

电缆通过贯穿件穿过有水密、防火、防鼠等要求的场所时均需要进行密封工作，该项工作是在干线电缆拉敷完成，经过对穿过电缆盒、电缆筒等的电缆进行校对且无问题后，就可进行密封工作。

3.4.1　防火区域划分及电缆密封规范要求

1. 防火区域划分及防火等级

（1）船舶结构的防火等级和形式

根据 1974 年海上人命安全公约（SOLAS）及 1981 年和 1983 年修正案要求，规定了船舶结构的防火等级和形式，把不同船舶类型、不同船舶部位划分为 A、B、C 三级耐火程度，A 级划分四等，B 级划分二等，C 及不分等。在钢制海船入级与建造规范中，对耐火分隔级等分别给出了定义。

① A 级分隔。

A 级分隔的结构应在一小时的标准耐火试验至结束时，能防止烟和火焰通过，并且应用的不燃材料隔热使在下列时间内，其背火一面温度较原温度增高不超过 139℃，且在任何一点，包括任何接头在内的温度较原来不超过 180℃。

A—60 级：60 min；

A—30 级：30 min；

A—15 级：15 min；

A—0 级：0 min。

② B 级分隔。

B 级分隔的结构应在最初半小时耐火试验至结束时，能防止火焰通过，并且应具有这样的隔热等级，使在下列时间内，其背火面的平均温度较原温度不超过 139℃，且在任何一点，包括任何接头在的温度较原温度不超过 225℃。

B—15 级：15 min；

B—0 级：0 min。

③ C 级分隔。

C 级分隔采用认可的不燃材料。即材料通过规定的试验程序，加热至约 750 ℃时，既不燃烧，也不发出足量的造成自燃的易燃气体材料，并且不需要满足防止烟火通过及限止温升的要求。

（2）防火区域的一般要求

① 成束电缆穿过防水或 A 级防火的贯通式，要尽量做到均匀分布。

② 电缆穿过 B 级防火区时，贯通件应填阻燃密封填料。

③ 电缆穿过非水密甲板时所使用的电缆管或电缆筒，可不堵填料。但有防尘要求的场所应堵滞燃填料。

④ 穿过冷库舱壁单根电缆的贯通应满足制造厂的要求。

2. 电缆密封的规范要求

① 所有电缆水密贯穿件应符合密性检测要求。

② 所采用的填料应有验船部门型式认可证书。

③ 电缆进出防火分隔舱壁与甲板时，电缆贯穿件的型式应能符合该防火分隔的相应等级。

④ 电缆敷设在贯穿件内尽可能平直，不交叉。

⑤ 电缆贯穿件外敷设电缆的紧固件必须距贯穿件 200 ~ 300 mm，且此段电缆应保持直线。

3.4.2 电缆密封施工

1. 采用无机浇注式填料进行电缆密封

（1）电缆密封的规范要求

DMT – W 无机填料灌注要求：

① 防水防火舱壁和甲板的电缆筒，电缆框要一面满焊。

② DMT – W 型填料由 A 组分（粉状）与 B 组分（溶液）组成，施工时，将 B 组分倒入 A 组分，调配比例为 6∶4（重量比），调匀后使用。

③ 在灌注前应清洗电缆筒并放好电缆。

④ 在灌注前先将 PD100 膨胀堵料（片状）塞于电缆筒的底部（垂直筒）或电缆框两端封堵电缆与电缆的空隙，然后喷洒配套的阻燃促进剂，待膨胀块完全膨胀后（约 30 min），方可灌注 DMT – W 填料。

⑤ 灌注前要检查电缆是否已用膨胀堵料分开，电缆之间的距离在 5 ~ 8 mm 之间，电缆距贯通件内壁在 8 ~ 10 mm 之间，满足要求后，灌注 DMT – W 填料。

⑥ DMT – W 型填料调配好的混合液在环境温度 20℃ 左右时，应在 15 min 内灌完，时间过长会凝固。

⑦ 施工的环境温度为 –5℃ ~ 40℃。

（2）电缆密封施工

① PD100 膨胀堵料的施工。

a. 为灌注液态堵料的需要，先将防火电缆框两端或防火电缆筒下端填充膨胀堵料。

b. 用膨胀堵料填入每根电缆之间以及与贯穿件内壁之间，大的间隙可重叠堵塞，应使堵料与贯穿件端面相平，梳齿面必须向内放置，然后对膨胀堵料喷洒膨胀促进液，约 30 min 后即可封堵开口，灌注密封填料。

② DMT – W 型无机电缆密封填料的施工。

a. 填料的配制：填料的配方包括 A、B 两个组分，A 组分为粉料，B 组分为溶液，A 组分与 B 组分的调配比例为 6∶4（重量比），出厂时已按比例分别装于（A）、（B）两个容器内，施工时只需将 B 组分溶液倒入粉料中调匀后便可使用。

b. 填料的使用时间：填料在 -5℃ ~40℃ 配制环境温度下其固化时间为 30 min 左右，因此，配料后通常要在 15 min 内用完。

c. 填料的灌注：一般可一次或数次将电缆贯穿件灌满。灌注方法可以采用自流法或加压法，一般采用自流法，对电缆框（筒）如限于施工条件困难，不便采用自流法时，可采用加压法。压入空气压力保持在 0.05 MPa 左右，压力过大易造成喷溅。

d. 清洗：DMT - W 填料和 PD100 堵料，均为无机材料，施工完毕后工具和人手均可用自来水清洗干净。

2. RISE A - 60 耐火密封施工

（1）贯穿舱壁或甲板时型式

贯穿舱壁或甲板时型式如图 3 - 4 - 1 所示。

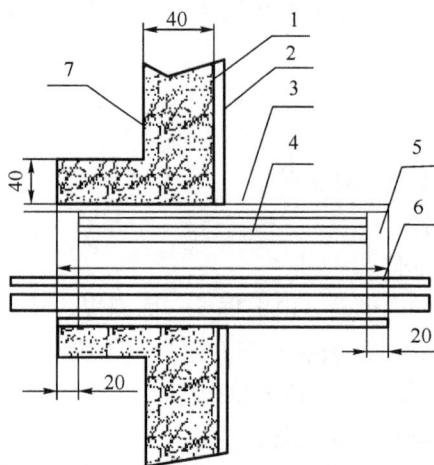

图 3 - 4 - 1　贯穿舱壁或甲板时型式图
1—硅酸铝毡；2—舱壁或甲板；3—电缆筒；4—RISE 空橡胶套管；
5—FIWA 密封胶；6—电缆；7—玻璃丝布

（2）RISE 电缆通舱件施工工艺

① 电缆随意穿过电缆筒，但不能拉敷太紧，以免妨碍后续的电缆分离工作。

② 所有电缆拉放完后，每根电缆套上相应的橡胶套管，推入电缆筒内，要求套管距电缆筒两端各 20 mm 距离。

③ 电缆筒内剩余空间用 27/19 和 18/12 的空套管填充，将套管推入电缆筒内，套管距电缆筒两端各 20 mm 距离。

④ 清除电缆筒两端及电缆表面的灰尘和油渍等脏物。

⑤ 电缆筒两端填充 20 mm 厚的 FIWA 密封胶。注意电缆与电缆之间一定要注满密封胶。

⑥ 由于部分密封胶会被挤入空套管内，因此要用 FIWA 密封胶（被认可型）适当过量填充电缆筒。

⑦ 在密封胶表面喷洒肥皂水，避免施工时粘连工具。

⑧ 用油灰刀将密封胶压入或用抹布喷上肥皂水沾压电缆筒两端的密封胶，确保电缆筒内密封胶均匀填充，表面平整。

⑨ 为了保证气密、水密，用抹刀将电缆间的密封胶压紧、抹平，电缆周围必须注满密封胶并压实。

⑩ 对于竖向贯穿的电缆，为防止橡胶套管下滑，可选用套管内径比电缆外径稍小的套管，或将填充橡胶套管相互勾连成一束后再填充。

后加电缆施工方法：用刀在电缆筒两侧切掉密封胶，切口要有锥度；后加电缆穿过空心套管或将套管取出穿过电缆后再加上套管；电缆筒两侧切口重新填满 FIWA 密封胶，压紧、抹平。

3. 采用橡胶块进行电缆密封（ROX 模块安装方法）

① ROX 模块安装按每条船所设计的电缆密封筒图册选用模块。

② ROX 模块安装前需检查该贯穿筒电缆根数是否与密封筒图册所标的相应筒电缆数量规格相同，确认相同后，方可进行模块安装。

③ ROX 楔形坚固套件的装配按图 3 - 4 - 2 进行。

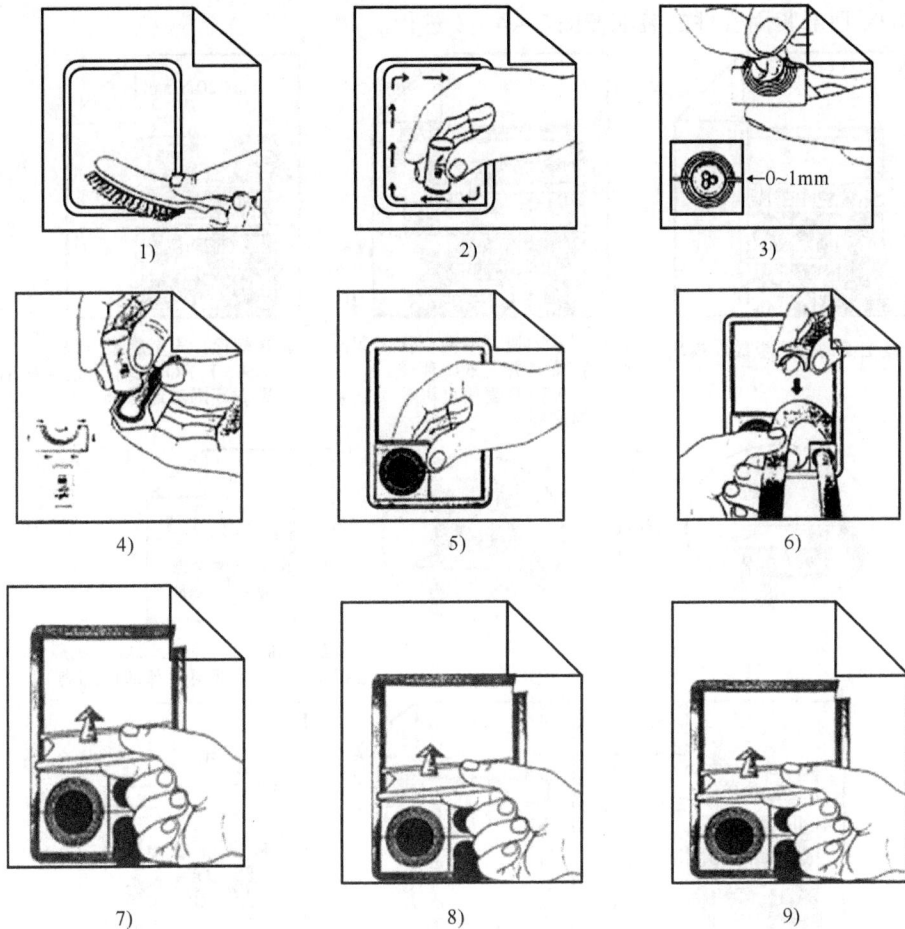

图 3 - 4 - 2　ROX 楔形坚固套件的装配

1）将框内彻底清洁到 0 ~ 1 mm；2）将框架内侧表面涂油润滑；3）当模块固定电缆管道时，尽可能使两个半模块的间隙大；4）将模块的内外表面涂以 ROX 润滑剂，全面润滑；5）根据穿隔平面格栅图填放模块，由最大模块开始；6）调节那些固定电缆或管道的模块，通过在电缆及管道测试以求合适值；7）在每排完成的模块上部加放一块隔层板；8）在填充空间内放置电缆、模块和隔层板；9）在填放最后一排模块前，加入两块隔层板

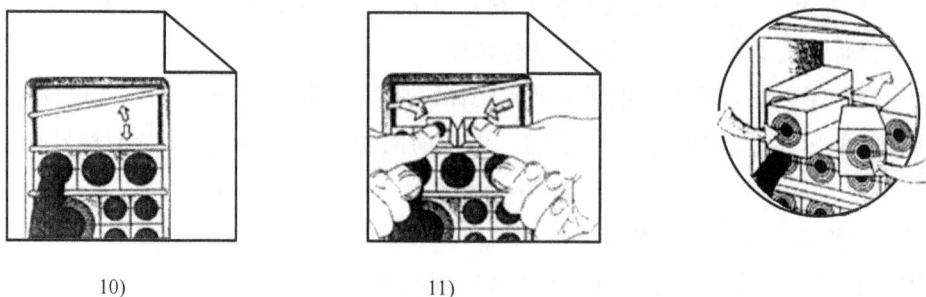

图 3 - 4 - 2   ROX 楔形坚固套件的装配（续）

10) 将两块隔层板分开；11) 两块隔层板之间放一排模块。建议：将最后两块

模块成 "∧" 形放在一起，先令顶端插入其他模块之间

④ ROX 顶部紧固套件的装配按图 3 - 4 - 3 进行。

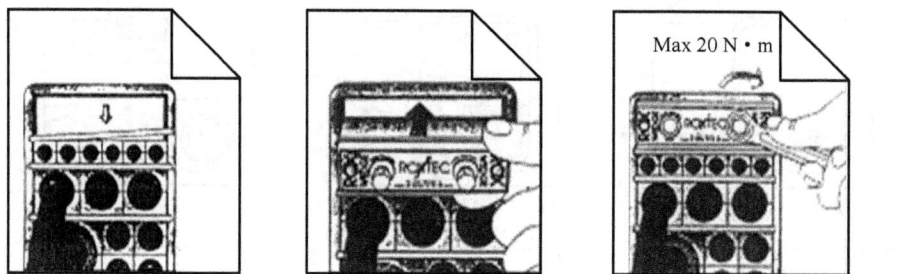

让最上面的隔层板放在模块   在楔形紧固块左右两侧涂上润滑   旋转螺栓，直至旋紧（最大
之上   油，并将其放入框架顶部。   20N·m）。ROX楔形块将压缩
   任选：楔形紧固块也可放入框架   并密封穿隔贯通系统
   的中部或底部

 任选    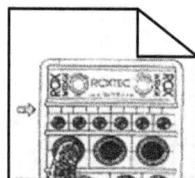

若多加一排RM10/0(在最后一块隔
层板下)可加大框架内部的压缩力

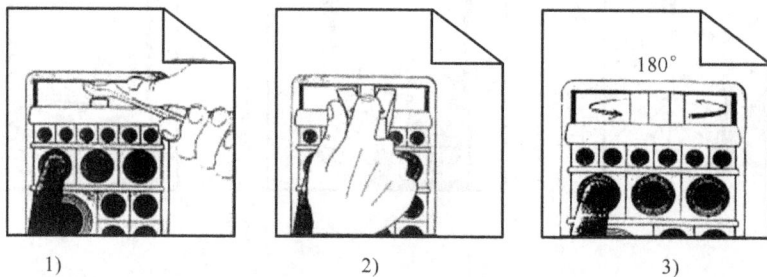

1)   2)   3)

图 3 - 4 - 3   ROX 顶部紧固套件的装配

1) 润滑压力板，将之直接放于模块顶部（无须隔层板）；2) 旋紧压力板上的螺栓，

润滑并放入顶组合块的中心体；3) 将中心体旋转180°

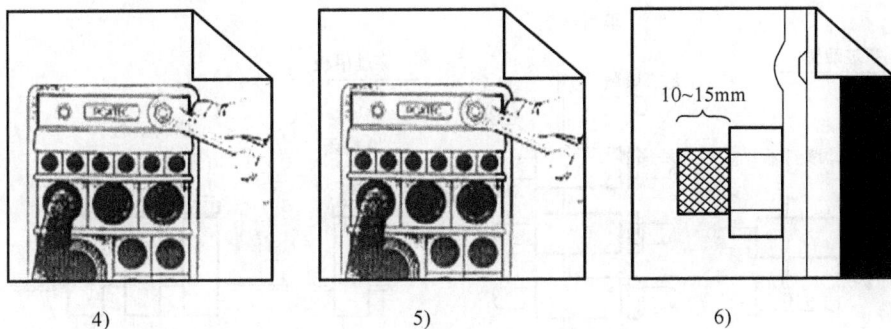

4) 5) 6)

图 3 - 4 - 3 ROX 顶部紧固套件的装配示图（续）

4）润滑并放入顶部组合块；5）旋紧顶部组合块上的螺母；6）直至 10 ~ 15 mm
的螺纹自螺母中露出

4. 采用填料函进行电缆密封

① 单根电缆通过水密甲板时使用电缆填料函。

② 单根电缆穿过水密舱壁时，采用硅胶密封防水贯通。

③ 当穿过绝缘墙或甲板时，管式填料函的长度不能小于 200 mm。

④ 电缆密封施工。

设备填料函的密封情况如图 3 - 4 - 4 所示。设备填料函的填料为橡皮圈。在电缆引入设备前，依次压紧螺母、钢质垫圈、橡皮圈等套入电缆。为了防止橡皮圈在密封中的轴向移动，可用黏性塑料带把橡皮圈与电缆缠绕在一起。在电缆引入设备时，将上述密封件一起推入填料函底部，旋紧螺母，压紧橡皮圈，直至电缆无轴向移动为止。要求压紧螺母不得全部旋入，并要留出 2 ~ 3 圈螺纹作为以后恢复性能时用。对于向上及水平方向的填料函，为了不使水积在电缆与压紧螺母的空隙内，需用填料填塞成半圆形。

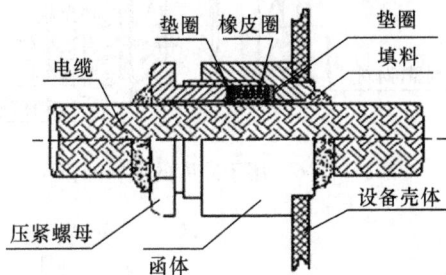

图 3 - 4 - 4 设备填料函的密封

a. 用于防水填料函如图 3 - 4 - 5 所示。

b. 用于冷库的填料函板如图 3 - 4 - 6 所示。

c. 用于 A0 - A60 防火区域的填料函板如图 3 - 4 - 7 所示。

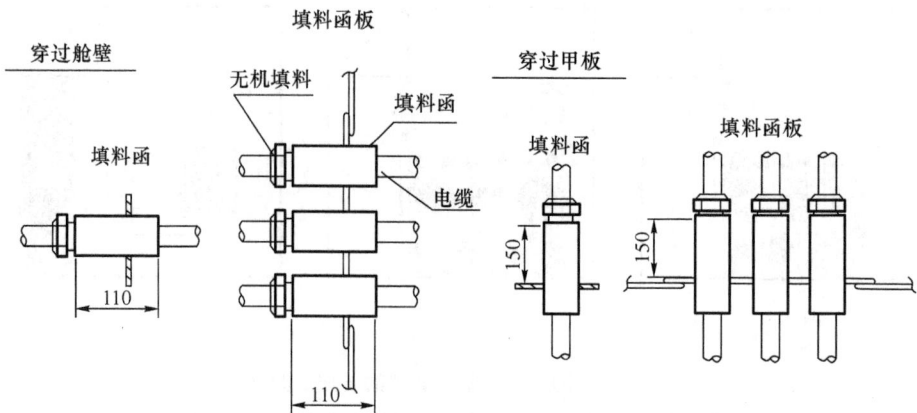

图 3 - 4 - 5　防水填料函穿过舱壁、甲板

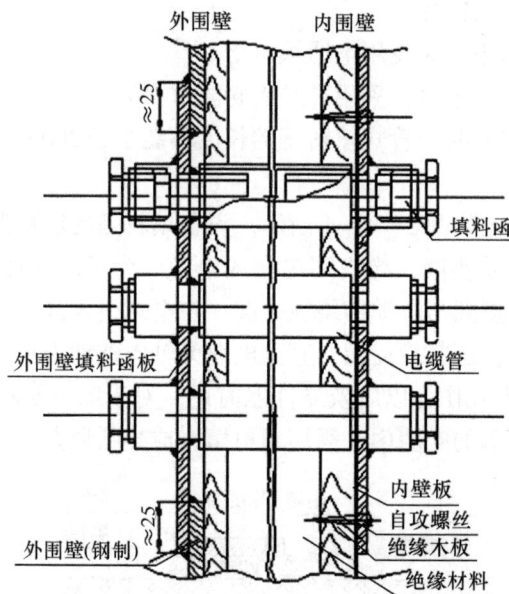

图 3 - 4 - 6　用于冷库的填料函板

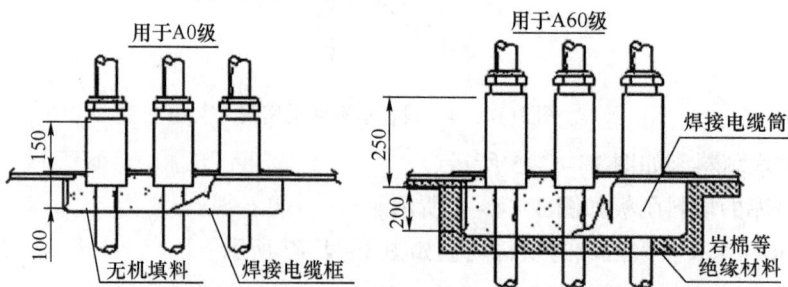

图 3 - 4 - 7　用于 A0 - A60 防火区域的填料函板

3.4.3 电缆贯通的形式

1. 垂直、水平电缆贯通

垂直、水平电缆贯通形式如图3-4-8、图3-4-9所示。

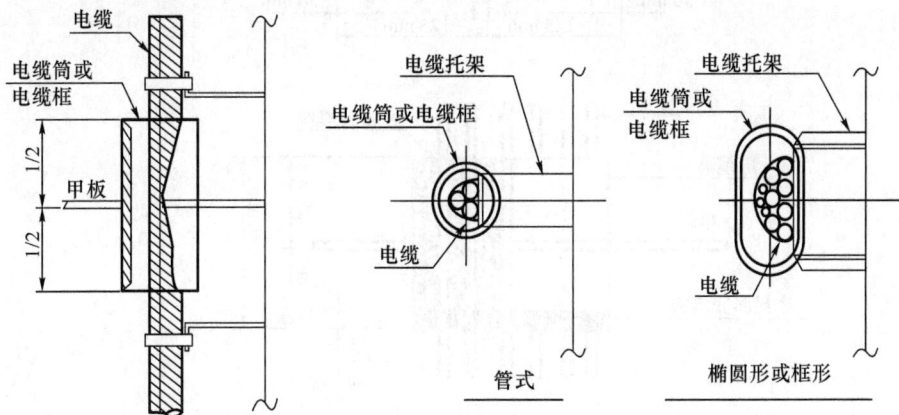

图 3-4-8 垂直电缆贯通图

注：图中管式电缆贯通件中电缆托架中心离贯通件底部距离应为贯通件内径的30%。

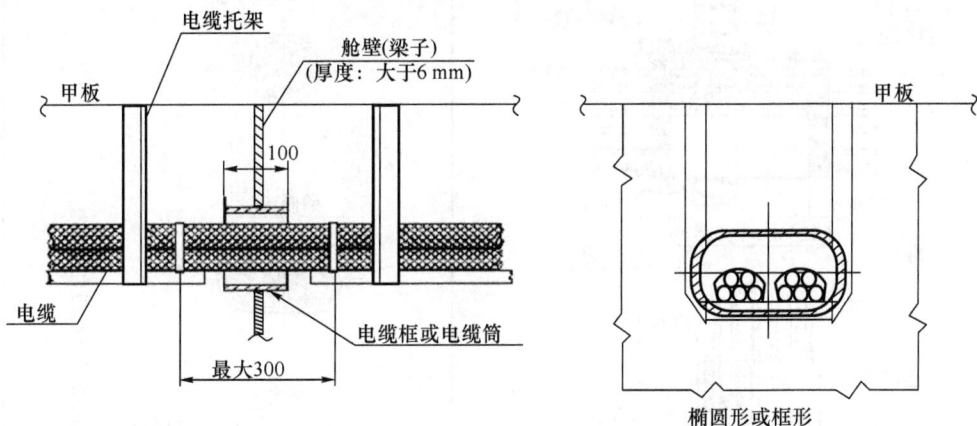

图 3-4-9 水平电缆贯通图

2. A级防火甲板的贯通与密封

① A-O级防火甲板的贯通与密封，如图3-4-10所示。

② A-60级防火甲板的贯通与密封。

a. 浇注式如图3-4-11所示。

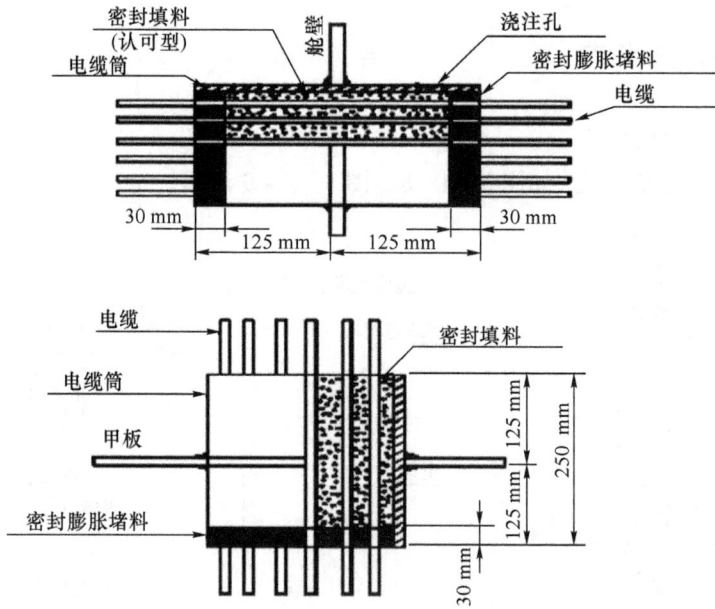

图 3 - 4 - 10　A - O 级防火甲板的贯通与密封图

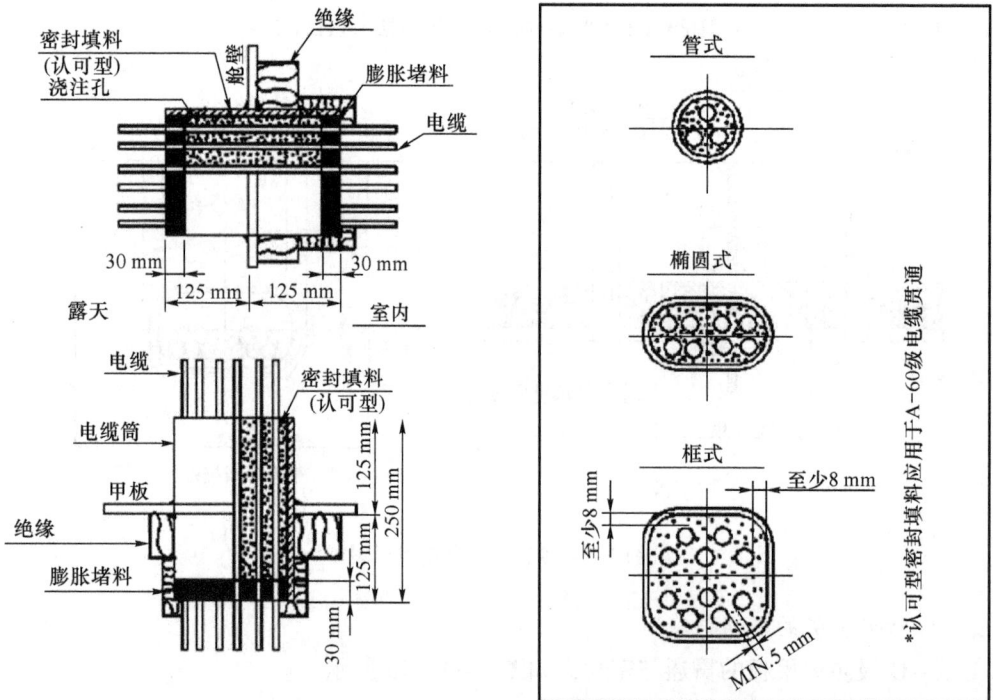

图 3 - 4 - 11　浇注式 A - 60 级防火甲板的贯通与密封图

b. MCT 式如图 3 - 4 - 12 所示。

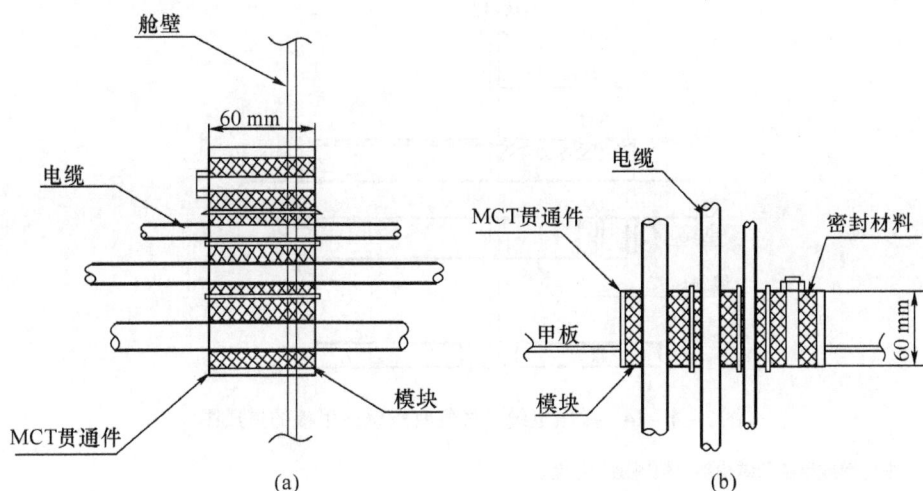

图 3 - 4 - 12　MCT 式 A - 60 级防火甲板的贯通与密封图

③ B 级防火甲板的贯通与密封。

穿过 B 级防火甲板的电缆贯通如图 3 - 4 - 13 所示。

通常，电缆框可用于 B15 级以上防火分隔处垂直电缆贯通。但在围井区为防止油浸使用电缆筒代替电缆框。

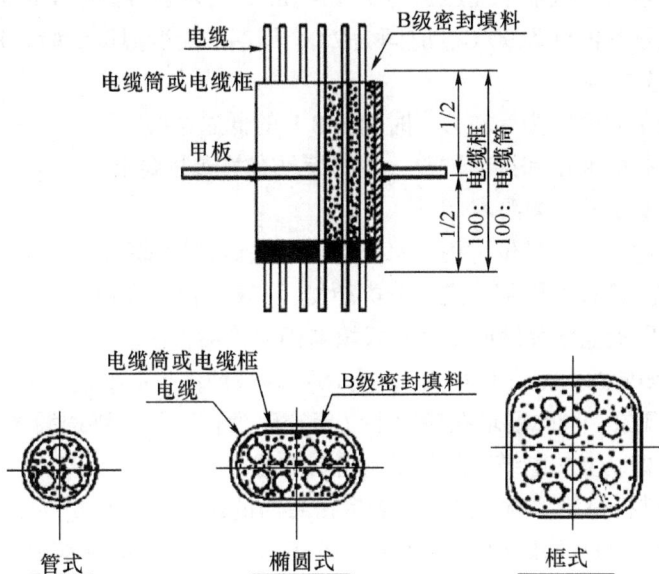

图 3 - 4 - 13　B 级防火甲板的贯通与密封图

④ 单根电缆穿过气密舱壁或甲板的贯通如图 3 - 4 - 14 所示。

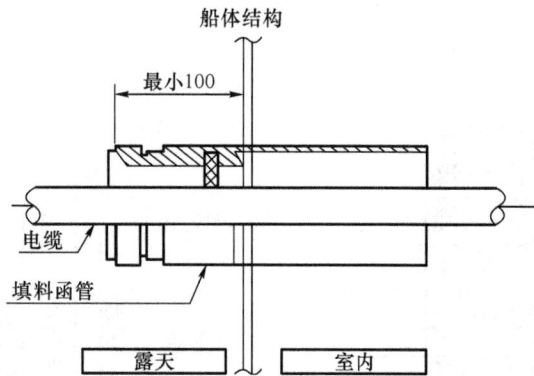

图 3 – 4 – 14　单根电缆穿过气密舱壁或甲板的贯通图

注：根据舱壁或甲板的结构确定填料函的长度。

3.4.4　电缆密封的效果检验

1. 基本技术要求

① 在电缆盒填料充分凝结后，其与电缆壳体和电缆之间均应牢固黏结，没有缝隙；填料表面光洁平滑且富有弹性，可用刀具轻易地撬开，并有可重新补充黏合的性能。

② 填料应能耐海水腐蚀，在其完全凝结时，浸入海水 12 h，应不发生溶解现象。

③ 填料应为滞燃、自熄和无腐蚀性的。

④ 在常温下，填料盒应能承受压强为 9.8 N/ mm² 的水密性试验 1 h 无漏水现象。

⑤ 填料盒应能承受温度为 90℃，时间为 20 个周期的交变温度试验。每一周期为 8 h 加热，16 h 自然冷却至常温。

⑥ 填料盒应能承受温度为 –25℃，时间为 8 h 的低温试验。

⑦ 填料盒应进行耐冲击和振动试验，并能满足有关参数要求。

2. 电缆密封装置密封检测要求

① 根据不同的电缆密封部位可用冲水或冲气方法做密性试验。

② 电缆密封装置应按不同部分进行分类检测，其检测方法如下。

a. 露天部位的甲板电缆套筒或单个管式填料函的检测方法。

用水压为 0.2 MPa 的水枪（口径为 12 或 16）离被冲面 1 m 处进行冲水 15 min，要求被冲背面无渗透漏水现象，同时要求在使用中（至交船为止）没有渗透漏水现象。

b. 主船体主甲板以上的电缆密封装置的检验方法。

用充气的方法进行检测，喷嘴到电缆装置密封面的距离为 L_0，L_0 为 100 mm 左右，对于标准排水量小于 500 t 的水面船舶，检验压力 $P = 0.01$ MPa，标准排水量大于等于 500 t 的船舶，检验压力 $P = 0.02$ MPa。

c. 主船体由主甲板以下至空载水线以上的电缆密封装置的检验方法。

用冲气的方法进行检测：

首先计算出空载水线上的电缆密封装置在船舶破损后可能承受的最大水压力 P_{max}。

$$P_{max} = (T_{max} - H_{min}) \times 0.01$$

式中　P_{max}——最大水压力，MPa；

T_{max}——破损后的最大吃水，m；

H_{min}——空载水线离开基线的距离，m。

冲气检验压力 P：

$$P = 1.2P_{max} = 1.2 \times (T_{max} - H_{min}) \times 0.01 \text{ MPa}$$

注：P 值进位到小数点后一位。

试验时，以冲气不渗漏为合格，一般用肥皂水检查，以无肥皂水泡为合格。

d. 空载水线以下的特殊低位电缆密封装置的检验方法。

用冲气的方法检测：

特殊低位电缆密封装置因每船数量系个别，所以每一个电缆密封装置都应确定可能承受的最大水压力 P_{max} 和冲气检验压力 P。

$$P_{max} = (T_{max} - H) \times 0.01 \text{ MPa}$$

式中　H——电缆密封装置的底部离基线的距离，m。

$$P = 1.2 \times (T_{max} - H) \times 0.01 \text{ MPa}$$

注：P 值进位到小数点后一位。

在试验时，以冲气不渗漏为合格，一般用肥皂水检查，以无肥皂水泡为合格。

e. 电缆管的检验方法。

电缆管用冲气的方法进行检验：

$$检验压力 P = 气泡压力 P_a = 可能承受的水压力 P_G$$

$$P_G = (T_{max} - H) \times 0.01 \text{ MPa}$$

式中　H——电缆管最低处离基线的距离，m。

检验电缆管可以每一个电缆管一个检验标准，也可以用最大的检验压力来检验每个电缆管。有放水孔的电缆管在放水孔进行充气检测；无放水孔的电缆管可在电缆施工时预埋充气管进行检测。

【任务实施】

船舶电缆密封

3.4.5　实训准备

1. 实训目的与要求

① 明确船舶电气建造各施工流程的具体施工内容。

② 了解常用船舶电缆密封件。

③ 掌握船舶电缆密封工艺要求及方法。

④ 实际动手完成船舶电缆密封全过程。

2. 实训资料准备

① 材料与工具准备。

② 施工现场及安全生产准备。

③ 工艺文件与测评标准准备。

3.4.6 船舶电缆密封质检

① 按照表中内容完成施工，见表 3 - 4 - 1。

② 检查船舶电缆密封现场情况。

表 3 - 4 - 1　船舶电缆密封任务

任务	考核内容及要求	
	按照船舶电缆密封工艺要求完成电缆密封施工	
船舶电缆密封	密封件识别与使用	1. 无机浇注式填料识别与使用； 2. RISE A - 60 耐火填料识别与使用； 3. 橡胶块识别与使用； 4. 填料函识别与使用
	电缆密封效果检验	1. 凝结后壳体和电缆是否牢固黏结，没有缝隙； 2. 填料表面光洁平滑且富有弹性； 3. 填料应能耐海水腐蚀； 4. 填料应为滞燃、自熄和无腐蚀性的； 5. 在常温下，填料盒应能承受一定压强的压力； 6. 填料盒应满足长时间高低温环境考验； 7. 填料盒应进行耐冲击和振动试验，并能满足有关参数要求

【任务测试】

根据所学习的知识结构，以及对船舶电气建造施工内容的了解，确定船舶电缆密封施工流程，并详细列出各施工流程的船舶电缆密封内容。船舶电缆密封质检评分表见表 3 - 4 - 2。

表 3 - 4 - 2　船舶电缆密封质检评分表

项目编号：　　　　　　　　组号：　　　　　姓名：　　　　　总分：

考核项目	考核内容	要求	分值	评分标准	得分	备注
船舶电缆密封	根据实训室完成船舶电缆密封情况，结合船舶电缆密封工艺要求，对整个实训结果进行检验	遵循电缆船舶电缆密封工艺要求对实训室内船舶电缆密封施工完成部分进行总体检查。抽查不少于20处	20分	1. 电缆水密贯穿件不符合气密性要求每处扣1分； 2. 电缆水密贯穿件不符合防火等级每处扣1分； 3. 电缆密封效果不符合技术要求每处扣1分； 4. 电缆扎带收紧后多余部分没有切除每处扣1分； 5. 无机浇注式填料识别错误或使用不当每处扣1分； 6. RISE A - 60 耐火填料识别错误或使用不当每处扣1分； 7. ROX 橡胶块识别错误或使用不当每处扣1分； 8. 填料函识别错误或使用不当每处扣1分		

【知识拓展】

3.5.1　特殊情况和场所电缆的敷设

1. 交流单芯电缆的敷设

交流电力系统应尽量采用双芯或多芯电缆，如果必须采用单芯电缆而线路电流又超过20 A 者，则应符合下列规定。

① 电缆应为非铠装的或以非磁性材料铠装和覆盖的。

② 属于同一线路的电缆应装于同一管子或管道或电缆槽内，各相电缆应紧固在一起。若紧固件以非磁性材料制成，则不受此限制。

③ 当由两根、三根或四根单芯电缆分别构成单相电路、三相电路或三相四线电路时，电缆应尽量相互紧贴敷设。在任何情况下，相邻两电缆外护层之间的间隙不应大于单根电缆的直径。

④ 额定电流大于 250 A 的单芯电缆，如果必须靠近钢质舱壁敷设时，电缆与舱壁之间至少应有 50 mm 的间隙，但不同相的单芯电缆按品字形敷设时，则可例外。

⑤ 磁性材料不应用于同一线路的一群单芯电缆之间。在电缆穿越铜板时，应将同一线路的所有电缆都在一起穿过钢板或填料函，其布置应使电缆之间无磁性材料存在。电缆和磁性材料之间的间隙不应小于 75 mm，但不同相的单芯电缆按品字形敷设时，则可例外。

⑥ 为使导线截面积等于或大于 185 mm^2 的单芯电缆所构成的相当长的三相线路的阻抗达到一定程度的平衡，应每隔 15 m，将各相电缆换位一次。亦可将三根不同相的单芯电缆按品字形敷设。如走线的长度不超过 30 m 者，则不必采取此措施。

⑦ 若线路中每相有几根单芯电缆并联时，所有电缆应具有相同的截面积，并沿相同的路径敷设。

此外，为了防止电流负载的分配不均匀，属于同相的电缆应尽量同其他相的电缆交错排，每相由 2 ~ 6 根电缆并联时，各相电缆的正确排列见表 3 – 5 – 1。

表 3 – 5 – 1　每相由 2 ~ 6 根电缆并联时的电缆排列

每相并联根数	一层排列次序	两层排列次序
2	ABC　　CBA	ABC CBA
3	—	ABCA BCABC
4	—	ABCABC CBACBA
5	—	ABCABCA BCABCABC
6	—	ABCABCABC CBACBACBA

2. 冷藏场所的电缆敷设

① 与冷藏场所无关的电缆，不应穿过冷藏场所。敷设在冷藏场所的电缆，均应具有水密或不透性的护套。若采用铠装电缆，应进一步采用耐潮覆盖层来防止腐蚀（除非铠装是镀过锌的）。在冷藏场所中一般不使用以聚氯乙烯为绝缘或护套的电缆，除非该聚氯乙烯混合物是适合于低温工作的。

② 冷藏场所的电缆应全部明线敷设，并在周围设置防护罩，以防机械损伤，电缆与冷藏室表面之间，应留有一定的空间。

③ 如电缆必须穿过冷藏场所的热绝缘层，则电缆应敷设在金属管子里垂直穿过，管子的两端应设置水密填料函。

④ 固定电缆的金属支撑件均应镀锌或采用其他防腐措施。

⑤ 应有避免在电缆上悬挂物品的预防措施。

3. 邻近无线电设备的电缆敷设

① 敷设在露天甲板和非金属上层建筑内的电缆要有金属护套或敷设在金属管子里、金属罩壳内。

② 所有进入无线电室的电缆和无线电助航仪系统的电缆，应有连续的金属护套。

③ 电缆金属护套和电缆金属管或罩壳至少应有两端可靠接地。

④ 与无线电室无关的电缆，不应穿过其室敷设，必须穿过者应敷设在连续的金属管或金属罩壳内，而金属管或罩壳应在穿过无线电室的两端可靠接地。

⑤ 在使用单芯电缆的场所，其回路导线应尽量相互紧靠在一起固定，并避免敷设成环形或局部环形。

4. 电缆在金属管子或管道内敷设

① 管子或管道的内壁应光滑无毛刺，管子内外表面应有防腐蚀护套。

② 管子或管道端部应无锐边和缺口，否则应设置护圈，以免损坏电缆护套。

③ 管子或管道的弯曲半径及内截面的选择，应保证电缆能容易地穿进和拉出。

④ 管子或管道的弯曲半径应保证所穿电缆的弯曲半径不小于允许值。外径大于 63 mm 的管子，其弯曲半径不应小于管子外径的 2 倍。

⑤ 穿管系数（电缆外径截面积的总和与管子内截面积之比）不应大于 0.4。一般可用电缆束束径计算，取管子的内径不小于电缆束最大外径的 1.6 倍。

⑥ 管子或管道应保证机械上和电气上的连续性，并应可靠接地。

⑦ 管子或管道的布置应使水不能在内部积聚（应考虑可能凝水）。

⑧ 管子或管道通过船体伸缩接头，或管子因过长而有断裂的可能时，则应设置伸缩接头。

⑨ 在油水容易进入的场所，管子或管道的两端应用填料密封，填料性能及密封要求按本节第三条第三点的规定。如果管子的端头与设备的进线口直接连接，则连接处同样应保持水密。

⑩ 无任何附加保护覆盖层的铅包电缆，不能安装在管子、管道或电缆槽内。

⑪ 用于冷阴极辉光夜光灯的电缆，除非用金属护套或屏蔽加以保护，否则均不应安装在金属管中。

5. 中压电缆敷设的附加要求

① 具有金属护套或铠装，并做有效接地的中压电缆可采用敞开敷设方式，例如敷设在导板上。

② 若采用既无金属护套也无铠装的中压电缆，则应敷设在金属管道或金属管中，并应保证这些金属管道或金属管接地的连续性，其他电缆不应和中压电缆敷设在同一金属管道或金属管中。

③ 中压电缆应尽可能远离低压电缆敷设，且应敷设在不易受到机械损伤的部位。

④ 中压电缆应尽量不经过起居处所敷设。

⑤ 中压电缆应在明显处作标志，以便识别。

6. 电磁兼容对电缆敷设的附加要求

为了满足船上电磁兼容的要求，对电缆敷设应采取下列措施，以减少由于电磁能量所产生的干扰，从而保证所有电气设备和电子设备在船舶电磁环境中能正常工作。

① 敷设在露天甲板上和非金属上层建筑内的电缆，应采用金属护套电缆，或敷设在金属管内或金属罩壳内。

② 所有航行设备的电缆和进入无线电室的电缆，应有连续的金属护套。

③ 以上提及的电缆金属护套及穿有电缆的金属管或罩壳，在电气设备上应是连续的，并至少应有两端可靠接地。

④ 与无线电室无关的电缆不应穿过无线电室敷设，如果必须穿过时，则应敷设在连续的金属管道内，金属管道在进、出无线电室处均应可靠接地。

⑤ 在使用单芯电缆的场合，其回路应尽量相互紧靠在一起固定，并应避免敷设成环形或局部环形。

7. 油船电缆敷设的附加要求

① 暴露在货油、油蒸气或气体中的所有电缆，至少应具有下列护套的一种：铜护套（仅用于矿物绝缘电缆）；铝合金护套外加机械防护（例如铠装或非金属不透性护套）；非金属不透性护套加铠装（用作机械防护和接地检测）。

② 若估计到会发生腐蚀，则在电缆的金属护套或铠装外面必须加上非金属不透性外护套。

③ 在危险区域处所，不应敷设电缆，如要敷设，需经船检部门许可。

④ 电缆敷设时应与甲板、舱室、油舱以及各种管子离开足够的距离（一般应为50 mm），电缆穿过舱壁时与蒸汽管法兰的距离，当蒸汽管直径大于75 mm时，不应小于450 mm；当蒸汽管直径等于或小于75 mm时，不应小于300 mm。

⑤ 敷设在甲板上或首尾向步桥上的电缆应作保护，防止其遭受机械性损伤。所敷设的电缆应避免擦伤和产生应力，且应考虑到船体结构的膨胀或位移而留有适当的余量，当设有膨胀弯头时，应能接近，以便维护。

⑥ 电缆或电缆管穿越分隔危险与非危险区域或处所的气密舱室或甲板时，其布置不应破坏舱壁或甲板的气密完整性。

⑦ 每个本质安全电路应具有各自的专用电缆，并与非本质安全电路的电缆分开敷设，例如，不应束聚在一起，不应放在同一罩壳或管道内，也不应用同一紧固件来固定。

⑧ 连接可移式电气器具的移动式软电缆或电线，不应通过危险区域处所，但本质安全电路的软电缆或电线可以除外。

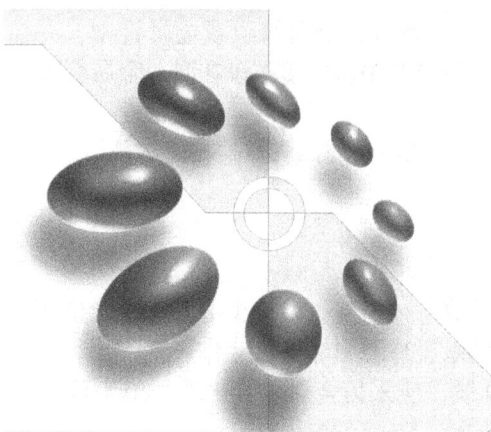

项目四 船舶电气设备的安装

【任务描述】

船舶电气设备安装贯穿船舶建造整个过程。船舶电气设备是船舶的重要组成部分，在船舶电力传输、电气控制、航行辅助、无线电通信、日常生活等方面必不可少。由于船舶工作环境的特殊性，船舶电气设备极易受到外界环境影响，船舶电气设备安装工艺、电气接地工艺、特殊防护工艺的好坏直接影响船舶航行的可靠性。

【项目目标】

① 船舶电气设备安装。
② 船舶电气接地。

【教学任务】

① 掌握船舶电气设备安装的规范要求。
② 掌握船舶电气设备的安装方法，不同设备安装方法的选择。
③ 电气设备安装的作业施工。
④ 了解船舶电气接地的分类，接地范围，设备及电缆的接地施工。

任务一　船舶电气设备安装

【知识链接】

4.1.1　船舶电气设备安装概述

1. 船舶电气设备安装的总体要求

① 符合规范。

船舶航行于不同国家或地区的海域、河流中，航行区域广泛。由于船舶用途的不同，船舶的种类繁多，有货船、油船、客船、拖船、军舰，等等。为了利于船舶检验部门的统一监督和管理，船舶电气设备的安装和施工务必要符合我国或国际的造船规范，这样，船舶的可航行性才能得到国内或国际的航运和港务部门的广泛认可，船舶才能获准投入运营。

② 安全可靠。

由于船舶航行条件比较恶劣，要经受海浪的袭击以及海水盐雾和机舱中的油、水、蒸汽等的侵蚀，再有一些设备在航行中不便检修，如舵机、泵系统、航行灯、信号灯等，所以船舶电气设备的选择和安装必须要可靠耐用，否则，船舶随时都有发生事故的可能。

③ 布局合理。

船舶的空间位置极为有限，要想充分利用空间，必须合理地布置和安装船舶电气设备。在布置和安装的过程中，要确保电气设备的可操纵性、可维修性，以达到最佳的利用率；同时还要兼顾相邻电气设备之间的联系，并使全船电气设备之间的顺序合理。

④ 经济美观。

船舶电气设备从计划到施工安装的整个过程中，需要精心设计、减少消耗、注重提高经济效益。与此同时，船舶电气设备在安装时还需考虑美观大方，因为船员长期生活在海上，需要美观舒适的环境，这样，既可以提高工作效率，又能够消除船员的疲劳。

2. 船舶电气设备安装基本原则

① 设备安装必须拆装方便，高度适宜，设备门应能自由回转90°以上，以便于对设备内部元器件进行维护和保养。

② 设备安装必须使用方便，原则上要做到就近控制，以便能及时迅速地通断电源。如电动机的控制器，在安装时应尽量靠近它所控制的电动机。

③ 设备安装应尽量避开高温和剧烈振动的场所，并注意防止水、油、潮气、蒸汽等有害物质的侵蚀，避免设备上方有液体或气体的管接头，潮湿场合其进线填料函应避免朝上。对于可能产生易燃气体的场所，必须安装防爆电气设备。

④ 设备安装应整齐、无歪斜现象，不应使设备箱体结构因受外部应力作用而发生变形。覆板上质量20 kg以上的设备应有预埋件，以提高设备安装的可靠性；覆板内的设备应有可拆卸且带有标记的盖板，以便于维护和识别。

⑤ 设备安装时电缆的引进要方便简捷、节省材料，并符合电缆弯曲半径的要求。若电

缆弯曲半径为 R，电缆的外径为 D，则至少应满足 $R \geqslant 4D$。

⑥ 任何电气设备不能直接焊装在主甲板和水线以下的船壳板上，以防止降低船体的机械强度和水密性。

⑦ 电动机在安装时，其转轴应分别平行于船舶的艏艉线或垂直于船舶的水线平面，以避免其工作时给船舶航行带来影响。机组应有共同的底座，传动带、链或联轴器等机构应设有防护罩。布局上应考虑有足够的维修空间。

⑧ 当船舶主配电板在安装时，其前后应分别留有宽度不少于 0.8 m 和 0.6 m 通道，且应铺有橡皮绝缘踏板。当配电板（海船上）的长度超过 4 m 时，其两端均应设门，以便在应急情况下能通、断电源。配电板附近原则上不应敷设各种液体、气体管道，若不能避免，则管子不应有可拆的管接头。

⑨ 工作电压、工作温度较高的电气设备，应进行安全防护，以防止触电或烫伤，发热量大时，应考虑防火问题。

⑩ 对于经常操作的电气设备，其操作位置中心的高度一般为 1.5 m。大小不一的几个设备安装时可以其底面为统一基面进行布置。

⑪ 电压超过 50 V 的带电部分应进行防护，发热的电气设备应考虑防火，外壳温度超过 80℃ 的电气设备应加防护罩。

⑫ 不得在水密舱室壁板及甲板上打孔安装设备。

⑬ 电气设备和电缆不得安装在船体的外板上。

⑭ 电气设备的金属外壳必须与船体进行可靠的连接。

⑮ 当一种金属支架的电气设备要安装到另一种金属的基板上时，其接触面应加绝缘衬垫，以防止电解腐蚀。

⑯ 在应急报警电气设备的安装时，其操作部分的标志或标牌应使用醒目的颜色。

3. 设备防护要求

① 设备的 IP 防护等级（外壳防护等级）的区分。

按照 IP 国际防护和防水试验标准，将电器依其防尘防湿气的特性加以分级。这里所指的外物含工具、人的手指等均不可接触到电器内之带电部分，以免触电。IP 防护等级是由 IP（INGRESS PROTECTION）加上两个数字所组成，第 1 个数字表示电器防尘、防止外物侵入的等级，第 2 个数字表示电器防湿气、防水侵入的密闭程度。船舶设计和船舶施工均应按 IP 防护等级的要求进行。防护等级具体内容见表 4-1-1。

表 4-1-1 防护等级具体内容

第一位	防护等级简述（固体）	第二位	防护等级简述（液体）
0	无防护	0	无防护
1	防护 50 mm 直径和更大的固体外来物。防护表面积大的物体比如手（不防护蓄意侵入）	1	防护水滴（垂直落下的水滴）

第一位	防护等级简述（固体）	第二位	防护等级简述（液体）
2	防护 12 mm 直径和更大的固体外来物。防护手指或其他长度不超过 80 mm 的物体	2	设备倾斜 15°时，防护水滴。垂直落下的水滴不应引起损害
3	防护 2.5 mm 直径和更大的固体外来物。防护直径或厚度超过 2.5 mm 的工具、金属线等	3	防护溅出的水。以 60°角从垂直线两侧溅出的水不应引起损害
4	防护 1.0 mm 直径和更大的固体外来物。防护厚度大于 1.0 mm 的金属线或条状物	4	防护喷水。当设备倾斜正常位置 15°时，从任何方向对准设备的水不应引起损害
5	防护灰尘。不可能完全阻止灰尘进入，但灰尘进入的数量不会影响设备的正常运行	5	防护射水。从任何方向对准设备的射水不应引起损害
6	不透灰尘，无灰尘进入	6	防护大浪。大浪或强射水进入设备的水量不应引起损害
		7	防护浸水。在定义的压力和时间下浸入水中时，不应有能引起损害的水量侵入
		8	防护水淹没。在制造商附有说明的条件下设备可长时间浸入水中

② 安装位置的防护等级举例，见表 4 - 1 - 2。

表 4 - 1 - 2　安装位置的防护等级举例（最低要求）

安装位置举例	安装位置的状况	防护等级设计
油船；蓄电池室；油漆储藏室	有爆炸危险	合格安全型（指需要提出附加要求）
干燥的居住处所、干燥的控制室	仅有接触带电部件的危险	IP 20
控制室（驾驶室）；花铁板以上的机炉舱；舵机舱；应急发电机室；一般储藏室；配餐室	有滴液和（或）中等机械损伤危险	IP 22

续表

安装位置举例	安装位置的状况	防护等级设计
盆浴室淋浴室； 花铁板以下的机炉舱	增加了滴液和（或）机械损伤危险	IP 34
压载泵舱； 冷藏舱； 厨房和洗衣室	增加了滴液和机械操作危险	IP 44
双层底中的轴隧或管隧一般货舱	有液体喷射危险，有灰尘，有严重的机械损伤，有腐蚀性烟雾	IP 55
露天甲板	有大量液体的危险	IP 56

4.1.2 船舶电气设备安装方法

为了使安装到船舶上的电气设备便于维护、保养和更换，电气设备应具有可拆装性，而且一般不能直接装焊到船体结构上。通常采用的安装方法很多，现分别说明如下。

1. 安装前的准备工作

① 首先根据电气设备的布置图和明细表，确定所要安装的设备，从配套库领出，并进行认真检查核对；然后，根据安装工艺要求到船上进行设备的实际定位，标出设备的安装位置、名称和代号。

② 设备运吊上船时，应临时拆除其上面的精度较高、易于损坏、易于遗失的电气器材，如仪器仪表、照明灯泡、玻璃或陶瓷制品等，并作好记录，以便设备安装完后再复装。

③ 设备安装的进行，应在船体火工校正结束后才能开始。此时，设备的支架、基座等都应烧焊完毕，大型设备的基座可采用样板烧焊。

④ 对于与设备接地处锡箔垫相连接的设备底脚、减震器等的接触面要磨出金属光泽，以确保接地的可靠性。

⑤ 安装设备所用的螺栓、垫圈等紧固件，若为铁质或钢质材料，因其易于生锈，故应一律进行镀锌处理。

⑥ 紧固螺栓长度的选择要求是在螺母紧固后，其螺纹应露出 2~3 个螺距，最长不超过该螺栓的直径。此外，紧固螺栓还应有防止因振动而松脱的措施。

2. 设备安装的基本方法

① 直接固定在设备支架或基座上。

一般船上的主配电板、发电机、电动机、各种箱体等多用此方法。图 4-1-1 所示为设备采用支架安装的方法，图 4-1-2 所示为设备采用基座安装的方法。

② 用木垫或橡皮固定在基座或甲板上。

一些较贵重的设备为防潮和减振，可用木垫或橡皮作垫来进行固定，如雷达、电罗经、自动操舵仪等，如图 4-1-3 所示。

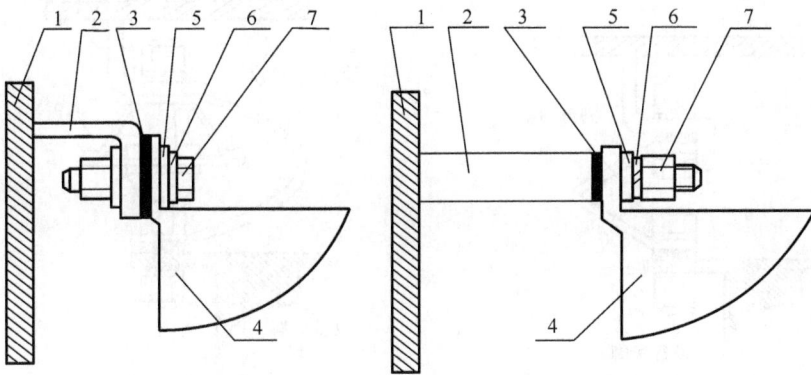

图 4-1-1 设备支架安装

1—船体或金属结构；2—设备支架；3—锡箔；4—设备；

5—平垫圈；6—弹簧垫圈；7—螺栓

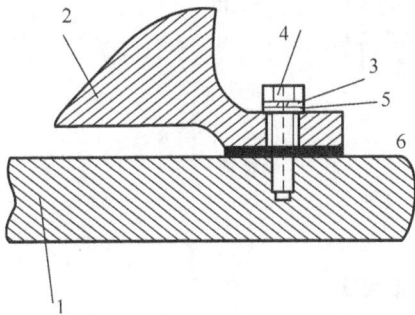

图 4-1-2 基座安装

1—基座；2—设备底脚；3—弹簧垫圈；

4—螺栓；5—平垫圈；6—锡箔

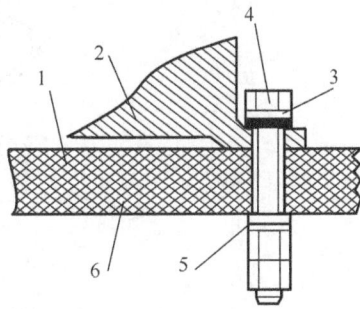

图 4-1-3 木垫或橡皮垫安装

1—木垫或橡皮；2—设备底脚；3—平垫圈

4—螺栓；5—锡箔；6—基座

③ 用减震器固定在支架或基座上。

船舶在工作时，靠近主机、发电机、起货机、锚机、绞缆机等设备处振动是比较强烈的，对于抗振性能较差的设备，如电子仪器、白炽灯泡等，在安装时必须要采用减震器。一般情况下，轻型设备如照明灯具等，可采用弹簧式（T型）减震器；小型设备如小型变流机等，可采用平板式（E型）减震器；中大型设备如电台等，要采用保护式（BE型）减震器。设备也可采用钢丝减震器固定在基座上，其安装方法分别如图 4-1-4 ~ 图 4-1-6 所示。

轻型设备如照明灯具等，可采用弹簧式（T型）减震器，其安装方法如图 4-1-4 所示。

小型设备如小型变流机等，可采用平板式（E型）减震器，其安装方法如图 4-1-5 所示。

中大型设备如电台等，要采用保护式（BE型）减震器，其安装方法如图 4-1-6 所示。

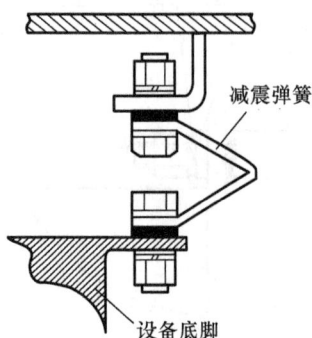

图 4 - 1 - 4 弹簧减震器

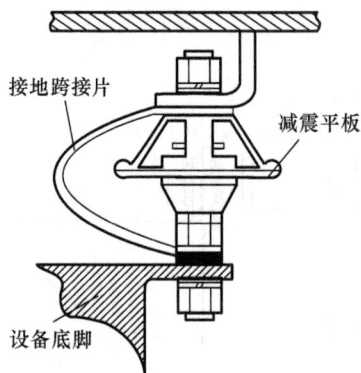

图 4 - 1 - 5 平板式减震器

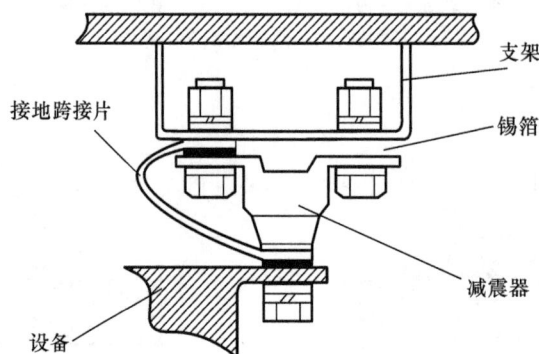

图 4 - 1 - 6 保护式减震器

1—锡箔；2—接地跨接片；3—设备底脚；4—支架；5—保护式减震器

用减震器安装设备时要满足以下工艺要求。

a. 检查减震器的型号、规格或数量是否符合设计图纸的要求。

b. 安装前逐一检查减震器的质量，应无裂痕及老化现象。

c. 减震器安装时应高度一致，无歪斜现象且受力应均匀。

d. 减震器安装时应保证设备工作时不致因振动而触及舱壁或其他设备，在安装设备的接地装置时要考虑设备在各方位上留有不小于 50 mm 的自由位移。

e. 引入减震设备的导线或导管应在减震器安装完 24 h 以后再进行安装。

f. 减震器所需的数目是由设备的重量和减震器的标称负重量来决定的。减震器的标称负重量是指在设备垂直安装时每只减震器所能承担的安全负重。若减震器垂直安装但主机转速高、重心高时或减震器侧向安装时，则减震器的标称负重量的安全系数应选大 1~4 倍。

g. 采用 BE 型和 E 型减震器安装时，减震器的布置如图 4-1-7 所示。

④ 固定在木质板壁（或硅酸钙板）上。

船舶上的许多电气设备安装在舱室内，如图 4-1-8 所示。

图 4-1-8（a）为用木螺丝将设备直接固定在木板上的方法；图 4-1-8（b）为设备固定在外层有木质护板的舱壁上的方法，固定时要采用设备支架。

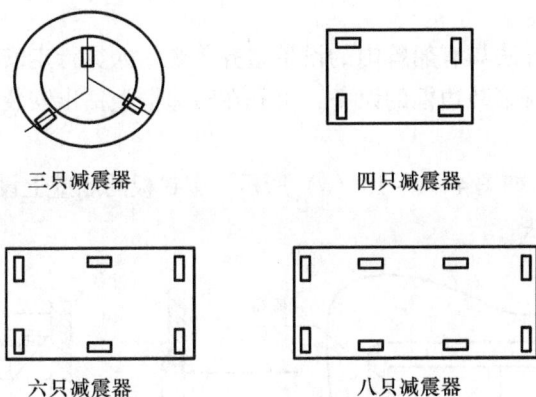

图 4 - 1 - 7 减震器布置图

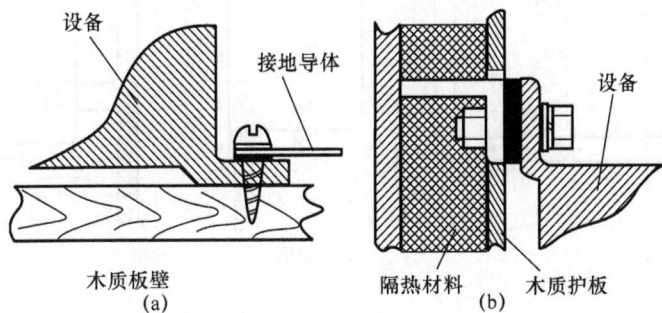

图 4 - 1 - 8 固定在木板上或木护板的铁壁上

⑤ 固定在铝质轻围壁上。

在进行设备安装时，可采用击心铝铆钉将支架固定在铝质轻围板上，在设备底脚和铝质轻围板间应加垫上锡箔。为了使接地可靠，应在设备底脚上另外引出接地导体。该方法可用于轻型设备的安装，如图 4 - 1 - 9 所示。

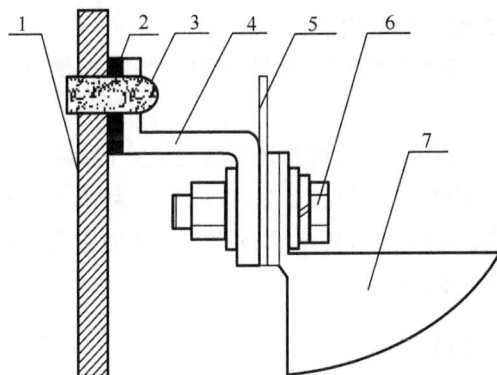

图 4 - 1 - 9 固定在铝质轻围板上
1—铝质轻围板；2—锡箔；3—铆钉；4—设备支架；
5—接地导体；6—螺栓；7—设备底脚

⑥ 设备的暗式安装。

设备的暗式安装的方法具有船舱内的设备整齐美观、人员行走安全方便、电缆暗敷及施工方便的优点。自身带有暗装边框的设备，可先在暗边框上钻出安装孔，然后用螺钉将其固定在舱壁上。

设备的暗式安装方法如图4-1-10（a）所示。有封板的舱壁上设备的安装，可采用如图4-1-10（b）所示的方法。

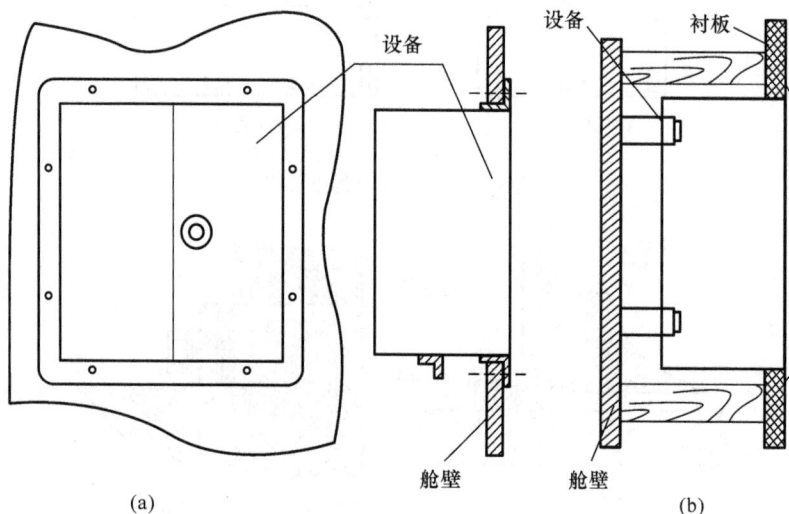

图4-1-10　设备的暗式安装方法

⑦ 设备安装的紧固要求。

船舶电气设备安装的正确与否，关系到其能否安全可靠地使用，在紧固安装时必须符合以下要求。

a. 设备支架的选择要有足够的强度。

b. 设备支架或基座的焊接应牢靠。当设备安装在支架上进行焊接时，应注意设备外壳，特别是尼龙材料的外壳不要被电焊所灼伤。

c. 在设备紧固时应该设置弹簧垫圈，弹簧垫圈应紧固在螺母的一侧，平垫圈应该设在紧固螺钉的两侧。

d. 螺丝、螺母紧固后，螺纹应伸出螺母不少于2~3个螺距。

e. 固定在木质板壁内的设备，质量在1 kg以内时可利用木螺丝固定在木质板壁上，质量在1~5 kg时木质板壁应在加固后再用木螺丝固定，而质量在5 kg以上时木质板壁内应焊接金属支架，如图4-1-8所示。

4.1.3　住舱电气设备的布置

1. 住舱内电气设备安装高度

住舱内电气设备安装高度，见表4-1-3。

表 4 – 1 – 3 住舱内电气设备安装高度

设备类型		标准高度/mm	从	到	备注
分电板		1 850 ~ 2 000	地板	设备顶部	
天篷灯	有天花板	—	—	—	安装在天花板上
	无天花板	2 100	地板	灯底部	
甲板灯	便携式	—	写字台顶面	—	写字台上
	壁式	350	写字台顶面	台灯顶部	
床头灯		1 100	地板	灯底部	单层
		750/750	床垫底	灯底部	双层
镜前灯			镜子顶部		专用型
壁灯		1 700	地板	灯中心线	
走廊灯	有天花板	—	—	—	安装在天花板上
	无天花板	2 100	地板	灯底部	
	走廊拐角	—	—	—	安装在靠近拐角
开关		1 300	地板	开关中心线	
钟		50	天花板	钟顶部	
扬声器、铃等		50	天花板	设备顶部	
按钮		1 300	地板	按钮中心线	
电话	台式	—	—	—	写字台上
	壁式	1 500	地板	电话中心线	
插座（无线/电话）		140	写字台顶面	插座中心线	写字台上
烟及热探头		—	—	—	安装在天花板上
延伸报警板 轮机员呼叫板		1 500	地板	板中心线	
蜂鸣器		1 800	地板	蜂鸣器中心线	
插座	洗衣设备 厨房设备	300	机器顶部	插座中心线	
	喷水式饮水机	500	机器顶部	插座中心线	
	一般用途	500	地板	插座中心线	
	一般用途	140	写字台顶面	插座中心线	
	冰箱	—	—	—	冰箱上部
	厨房/洗衣等潮湿区	1 000	地板	插座中心线	
两套及以上按钮或开关		1 250 ~ 1 500	地板	设备中心线	
接线盒		位于易接近但不主要的位置 集中在走廊天花板			

2. 住舱内电气设备的典型布置

住舱内电气设备的典型布置形式如图 4 – 1 – 11 所示。

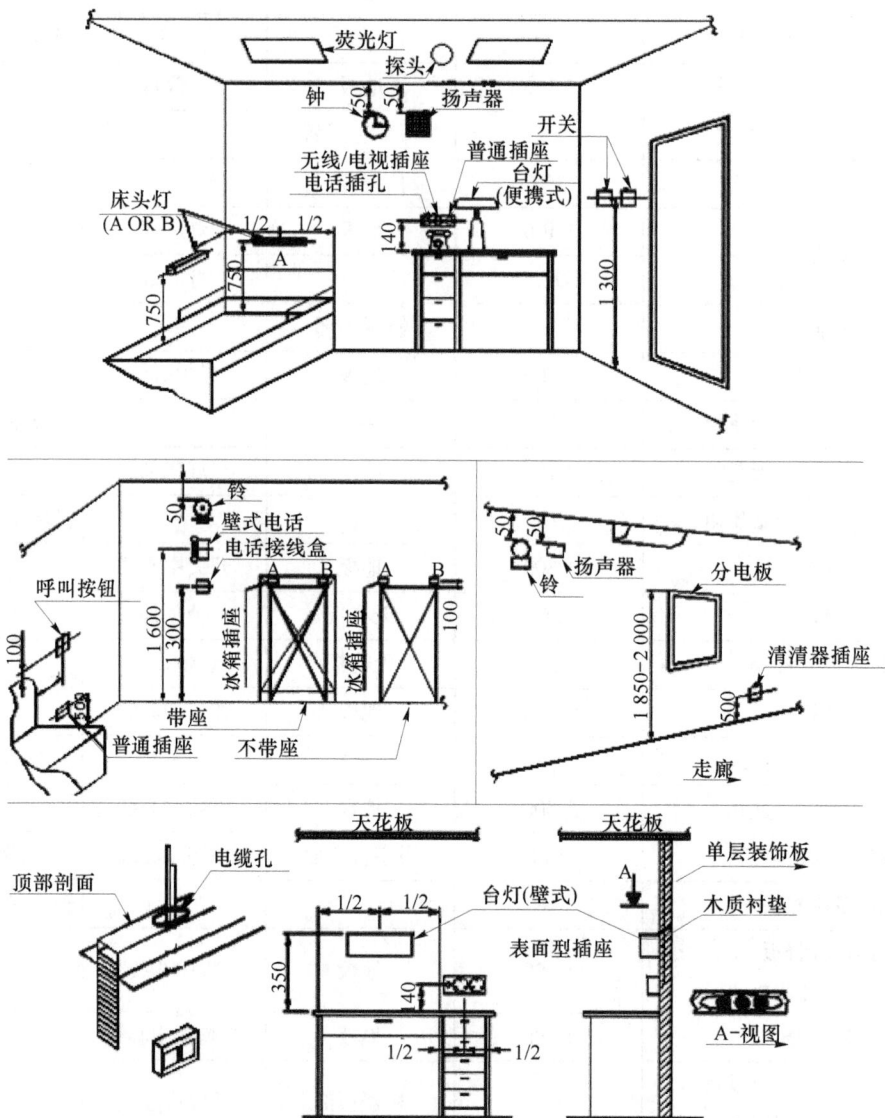

图 4 – 1 – 11　住舱内电气设备的典型布置图

3. 住舱周围设备安装高度

① 住舱周围设备安装高度，见表 4 – 1 – 4。

表 4 – 1 – 4　住舱周围设备安装高度表

代码	设备	高度/mm	备注
1	白炽灯	2 200 ~ 2 400	
2	荧光灯	2 200 ~ 2 400	

续表

代码	设备	高度/mm	备注
3	天线支架	2 000	
4	指示器	2 200~2 400	
5	按钮	1 300	±100 mm
6	强光灯		
7	荧光灯	2 200~2 400	
8	搜索灯（旋转型）		

② 住舱周围设备安装布置，如图 4-1-12（a）所示。

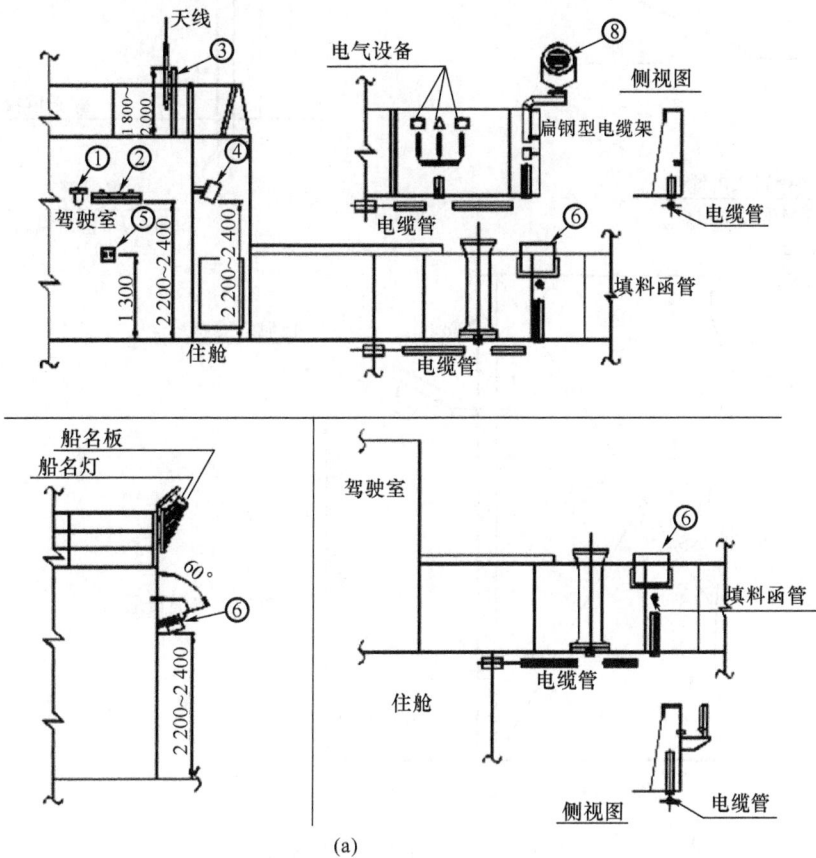

(a)

注：当外灯电缆穿过甲板或舱壁时，填料函至外灯底座之间的电缆应当留有一定下沉的弯度，已满足防水的要求，如图 4-1-11（b）所示。

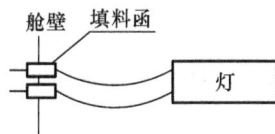

(b)

图 4-1-12　住舱周围设备安装布置

（a）住舱周围设备安装布置；（b）填料函至外灯底座之间的电缆安装布置

4. 舱室外的几个典型安装图

舱室外的几个典型安装如图 4 - 1 - 13 所示。

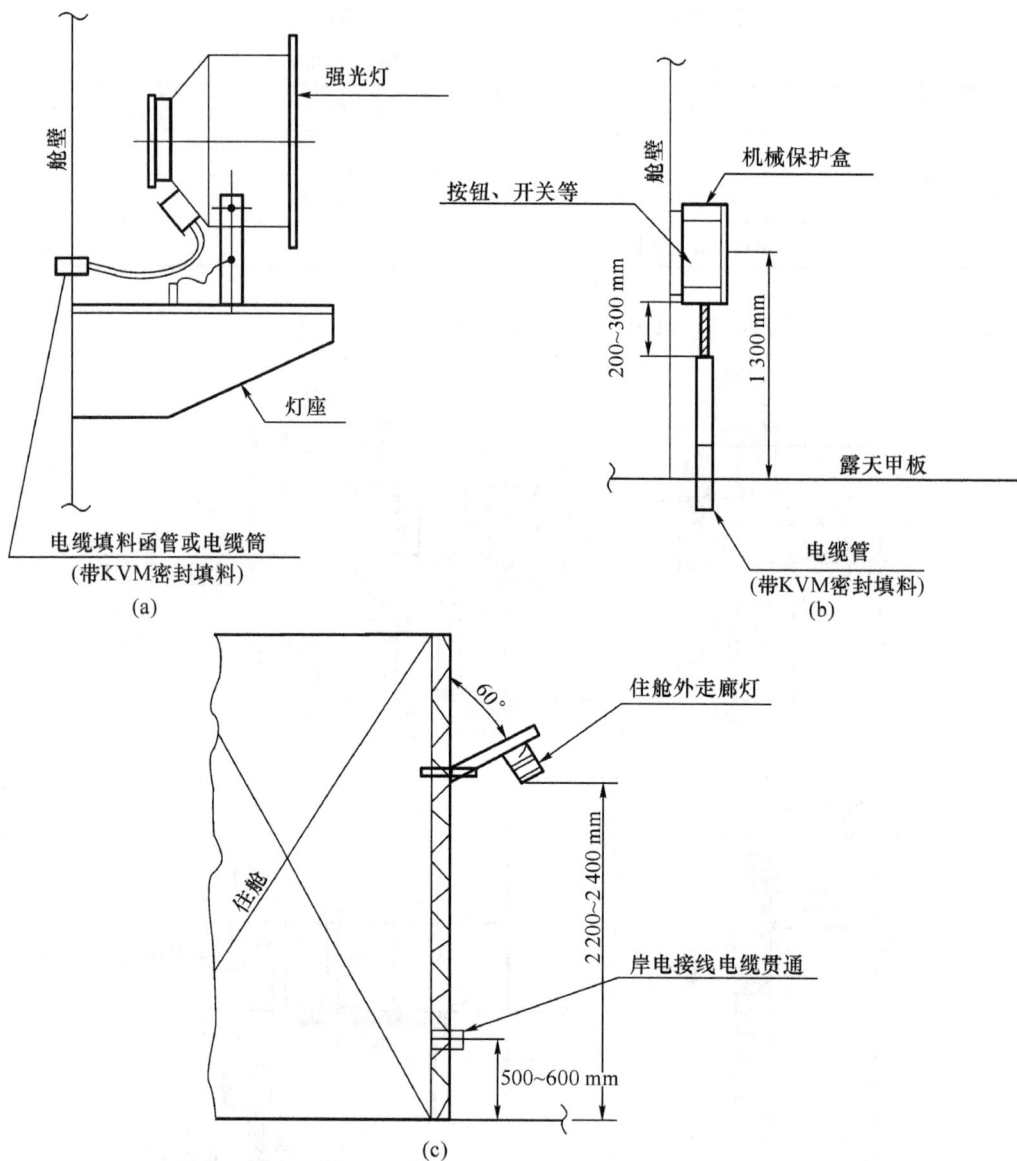

(a)　　　　　　　　　　　　　　　　　(b)

(c)

图 4 - 1 - 13　舱室外典型安装

4.1.4　机舱区域电气设备的布置

1. 机舱电气设备安装高度

机舱电气设备安装高度,见表 4 - 1 - 5。

表 4 - 1 - 5　机舱电气设备安装高度表

设备类型		标准高度/mm	从	到	备注
配电板组合启动器		座高度	地板/花地板	设备基座	落地式
控制板、分电板、本地启动器		1 850～2 000	地板	设备顶部	
灯	天花板	2 100～3 400	地板	最低表面	最小 2 100 mm
	壁式	2 100～3 400	地板	最低表面	最小 2 100 mm
开关（带插座）		1 300	地板	开关中心线	
插座		700	地板	插座中心线	
扬声器、铃		2 200～2 500	地板	设备中心线	
旋转灯		2 200～2 500	地板	设备底部	
按钮		1 300	天花板	设备中心线	
电话		1 500	地板	电话中心线	
变压器		座高度	地板	设备基座	
小接线盒、压力传感器		易接近位置			
烟或热探头		500～1 000	上层甲板下	设备顶部	安装时尽量避开风道口
		2 100～3 000	地板	设备顶部	
两个或以上按钮或开关		1 250～1 500	地板	设备中心线	

2. 机舱局部电气设备典型布置图

机舱局部电气设备典型布置如图 4 - 1 - 14 所示。

3. 机舱灯安装详图

吊式灯具可应用于机舱、机舱围井、水手长仓库及舵机室等有防震要求的场所，如图 4 - 1 - 15 所示。

4. 航行灯、信号灯典型布置

航行灯、信号灯典型布置如图 4 – 1 – 16 所示。图中所示航行灯、信号灯可视角度和颜色见表 4 – 1 – 6。

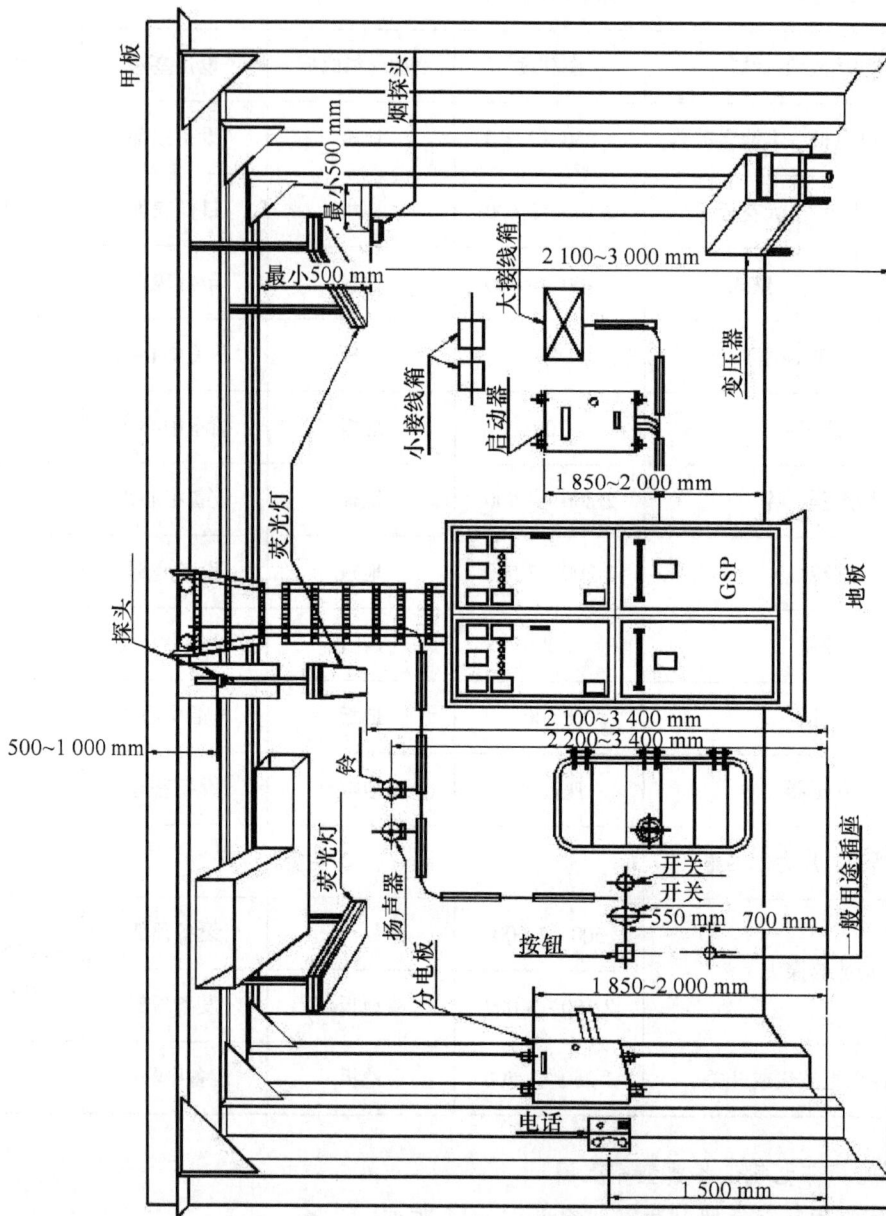

图 4 – 1 – 14　机舱局部电气设备典型布置图

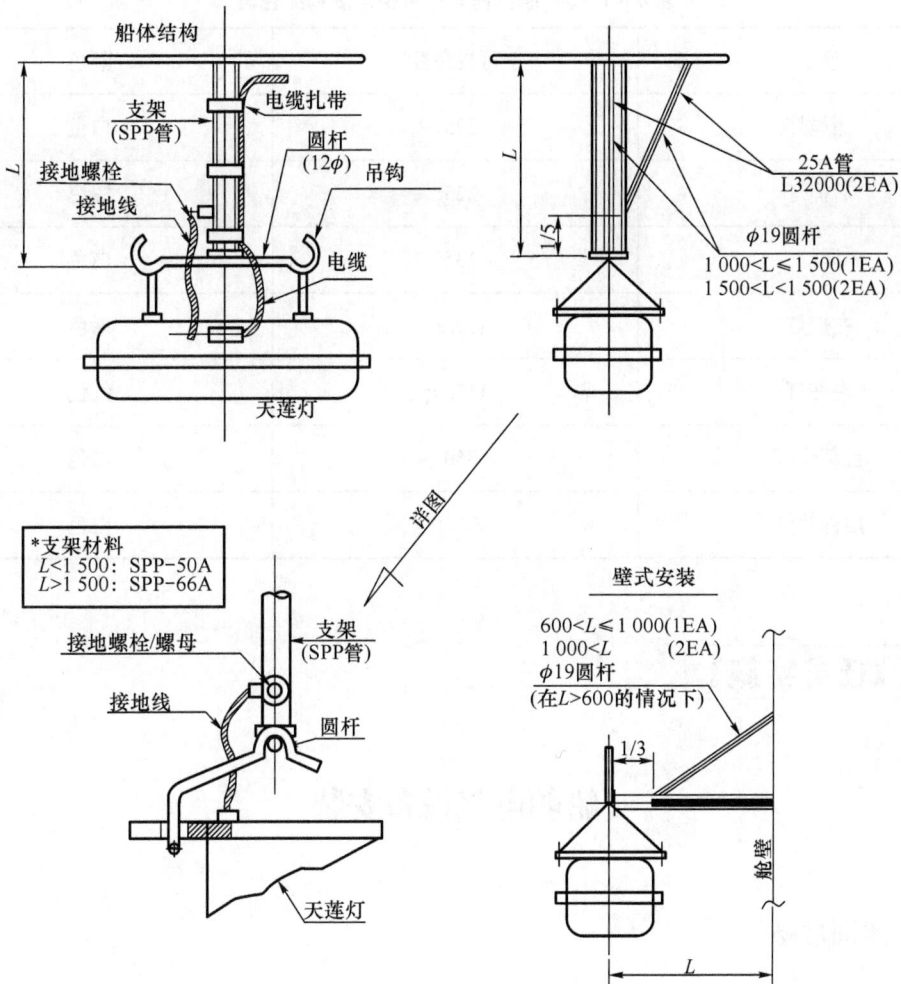

图 4 - 1 - 15 机舱灯安装详图

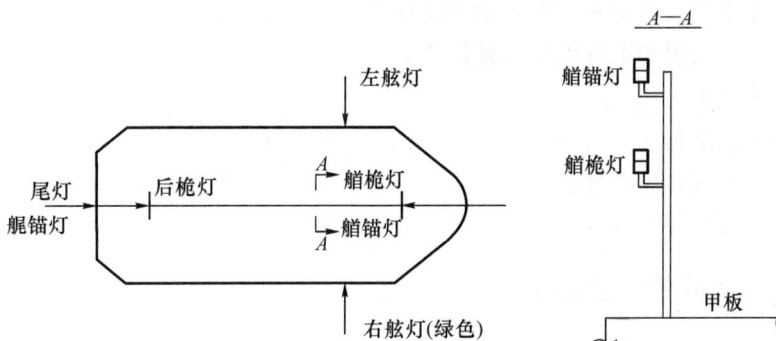

图 4 - 1 - 16 航行灯、信号灯典型布置图

表 4 – 1 – 6　航行信号灯可视角度和颜色表

项目	可视角度	颜色
艏桅灯	225°	白色
后桅灯	225°	白色
尾灯	135°	白色
右舷灯	112.5°	绿色
左舷灯	112.5°	红色
首部锚灯	360°	白色
尾部锚灯	360°	白色

【任务实施】

船舶电气设备安装

4.1.5　实训准备

1. 实训目的与要求

① 明确船舶电气建造各施工流程的具体施工内容。

② 掌握船舶电气设备安装工艺要求及安装方法。

③ 实际动手完成船舶电气设备安装施工。

2. 实训资料准备

① 材料与工具准备。

② 施工现场及安全生产准备。

③ 工艺文件与测评标准准备。

4.1.6　船舶电气设备安装施工

① 按表 4 – 1 – 7 中要求完成各个舱室内船舶电气设备安装施工。

② 检查船舶电气设备安装现场情况。

表 4 - 1 - 7　船舶电气设备安装任务

任务	考核内容及要求	
	按照电气安装工艺要求完成以下舱室电气设备安装	
船舶电气设备安装	机舱室	1. 主配电板安装; 2. 应急配电板安装; 3. 照明分电板安装; 4. 动力分电板安装
	生活舱	1. 小型设备安装; (室内区域的开关、插座按钮、铃、电话、小型控制板等) 2. 生活家电安装
	驾驶舱	1. 机舱集控台安装; 2. 航行设备安装; 3. 通信设备安装; 4. 助航设备安装
	甲板	1. 露天区域或危险气体区域的设备安装; 2. 电气设备安装

【任务测试】

根据所学习的知识结构,以及对船舶电气建造施工内容的了解,确定船舶电气设备安装施工流程,并详细列出各施工流程的船舶电气设备安装内容。船舶电气设备安装见表 4 - 1 - 8。

表 4 - 1 - 8　船舶电气设备安装质检评分表

项目编号:		组号:	姓名:	总分:		
考核项目	考核内容	要求	评分标准		得分	备注
船舶电气设备安装 (25分)	结合实训室建设情况,完成船舶电气设备安装。 根据船舶电气设备安装工艺要求,对整个实训结果进行检验	遵循船舶电气设备安装工艺要求对实训室内船舶电气设备安装施工完成部分进行总体检查。抽查不少于30处	1. 设备安装点不便于检修,易受损伤和腐蚀处每处扣1分; 2. 设备安装不整齐、歪斜每处扣1分; 3. 设备安装后不便于电缆引入每处扣1分; 4. 设备工作电压、工作温度较高安装无安全防护措施每处扣1分; 5. 设备安装妨碍其他设备使用及人员通过每处扣1分; 6. 在有高温、震动、腐蚀环境安装设备无防护设施每处扣1分; 7. 经常使用设备安装后不利于使用每处扣1分; 8. 在舱室壁板、甲板上打孔安装设备每处扣1分; 9. 接地线长度过长每处扣1分; 10. 设备安装后无明显标示每处扣1分; 11. 特殊设备安装无颜色标示每处扣1分; 12. 设备安装过程中浪费材料每处扣1分; 13. 需加绝缘设备无绝缘措施每处扣1分			

任务二　船舶电气接地

【知识链接】

4.2.1　电气接地概述

　　船舶电气设备或电缆的接地就是把设备或电缆的金属外壳与船体的金属结构之间进行可靠的电气连接。其目的之一是保证船舶电气系统的正常工作；另一个目的在于保证船舶上的操作人员与设备的安全，减少设备的电气干扰，提高设备工作的稳定性。

　　船舶电缆和电气设备接地示意图如图 4-2-1 所示。

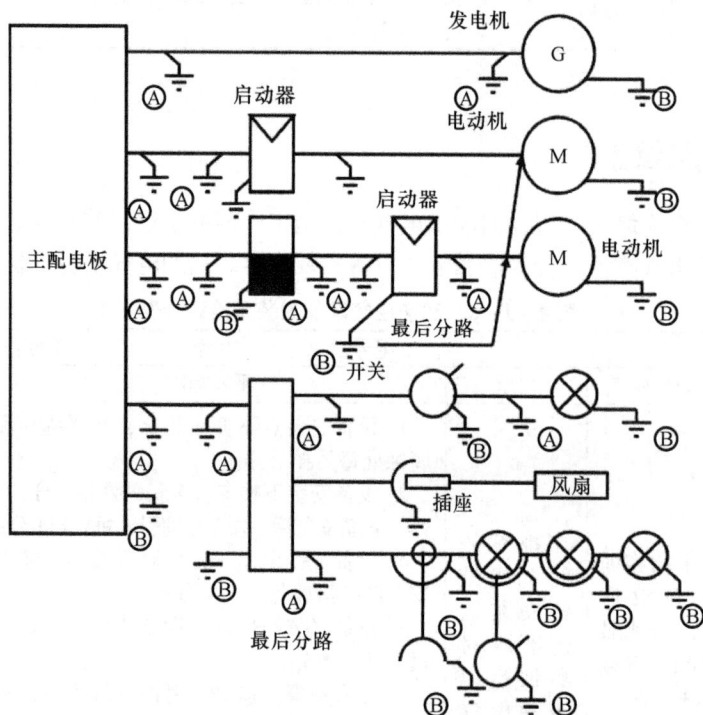

图 4-2-1　电缆和电气设备接地系统示意图

A—电缆接地；B—电气设备接地；〜—接地线的连接

　　1. 接地的分类

　　① 保护接地。

　　所谓保护接地，是指将电气设备不带电的金属部分与船体钢结构件之间作良好的电气连接，避免因电气设备外壳绝缘损坏而可能发生的人身触电事故和电气火灾，以保护人身和财产的安全。

② 工作接地。

工作接地是指在直流供电、单相交流供电或三相四线制供电网络中，以船体金属结构件作为其中一极（负极或中线）的电流通路，为此需将电网的某些点通过接地装置与船体金属结构件作可靠的电气连接。这样可以达到节省电缆、降低成本的目的；但船舶运行的安全性和可靠性却要随之有一定程度的降低。

③ 防雷和防静电接地。

所谓防雷和防静电接地是指将可能受到雷电或静电危害的设备或装置与船体的金属结构之间进行可靠的连接。船舶在广阔的海洋上航行时，位置较高的桅杆或上层建筑很容易遭受到雷击；再有，船舶在航行作业时，因物体间的摩擦而引起静电荷的积聚形成火花放电。这都直接威胁着船上人员的人身安全及船舶的安全航行。

④ 抗干扰接地。

抗干扰接地是指将船舶上的无线电通信设备、助航设备及其配电箱、电源线、信号线等的外壳或电缆屏蔽层与船体结构之间进行可靠的电气连接。这样可以减小或避免上述设备工作时可能受到的干扰，提高其工作的可靠性。

2. 接地设备的范围

① 根据我国钢质海船规范的要求，额定工作电压交流≥50 V、直流≥50 V 的电气设备的金属外壳应进行保护接地。

② 船舶上的通信、导航设备的外壳，与之有关的电源、信号电缆的金属护套以及露天甲板上电缆的金属护套均应进行抗干扰接地。

③ 有电火花干扰的电气设备外壳及与之相关电缆的金属护套均应进行抗干扰接地。

④ 装有设备的钢质或木质桅杆应采用可靠接地的避雷针来进行防雷保护；对于油船上可能产生静电的装置，也应进行可靠的防静电接地。

3. 接地的工艺要求

① 无论何种接地形式，接地线均应接到船体永久性钢质构件或与船体相焊接的基座、支架上，也可接到已可靠接地的设备的金属外壳或填料函上。接地电阻应不大于 0.02 Ω。

② 所有接地装置或器件的接触面均应刮掉油漆或锈斑，露出金属光泽，并使光泽面平贴，以保证接触良好。

③ 利用底脚接地的电气设备，应在其底脚与支架或基座之间垫以厚度不小于 0.5 mm、面积略大于接触面的锡箔垫；

④ 接在接线柱上的专用接地导体，其铜接头的两侧应垫镀锡铜垫圈。

⑤ 所有接地装置的紧固要牢固可靠，并应设有弹簧垫圈或锁紧螺母，以防止松动。

⑥ 在接地装置紧固之后，应该随即在接地导体的四周涂上防锈漆进行封闭，以防止其导电接触面氧化生锈。

⑦ 采用设备底脚接地时，对于四个或四个以上底脚的设备，应取对角两脚接地；对于三个或三个以下底脚的设备，则可任选一脚接地。

⑧ 工作接地线的长度应尽量短，勿使用裸线；工作接地不能与保护接地共用接地线和接地螺钉。

⑨ 凡是具有电源插头的设备，均应采用插头的接地极进行接地。

⑩ 接地点要选择在便于检修、不易受到机械损伤和油水等浸渍的地方，但绝不允许固

定在船壳板上。

⑪ 接地导体可选用不低于紫铜导电性能的材料，成束电缆如采用公共接地导体接地，则截面积按该束电缆中最大载流导体的截面积选取。专用接地导体截面积可按表4-2-1来选择。

表4-2-1　电气设备接地导体截面积的规定　　　　　　　　　　　　单位：mm²

设备电源线截面积 S	接地导体的最小截面积 Q
$S \leqslant 2.5$	$Q = S$，且 $Q \geqslant 1.5$
$1.5 < S \leqslant 120$	$Q = 0.5S$，且 $Q \geqslant 4$
$S > 120$	$Q = 70$

⑫ 避雷针应以直径不小于12 mm的铜杆或直径不小于25 mm的铁杆制成，亦可选择截面不小于70 mm²的铜排或截面不小于100 mm²的铁条，其表面应镀锡或镀锌。

⑬ 避雷针的安装高度应至少高出桅顶或桅顶上的电气设备300 mm以上。

⑭ 钢桅上的避雷针应直接焊到桅杆上，而木桅上的避雷针所选的铜排或铁条应与船体作可靠的电气连接，且应尽量敷成直线。

⑮ 船舶上的活络桅杆与船体结构之间应有可靠的电气连接，其连接软铜线的截面积应不小于70 mm²。

⑯ 油船上的桅索等可能产生静电的装置应与船体结构有可靠的电气连接。

⑰ 油船上所有金属活动件（如钢质门窗、舱口盖及扶梯等连接处）之间及油、气、水管的法兰连接处均应有可靠的电气连接。

⑱ 油船上的桅索或金属活动件接地时，其接地电缆的截面积应不小于16 mm²。

⑲ 对于经过无线电室的金属管道内的电缆，应在其进、出无线电室处进行可靠接地，以防止无线电干扰的引入和引出。

⑳ 对于无线电设备分电箱、无线电助航仪器分电箱、无线电室内的电气设备、滤波器的金属外壳、电缆的金属护套及敷设电缆的金属管道等，均应进行可靠接地，其电缆至少应在两端可靠接地。

㉑ 电缆的金属护套一般均应在两端作有效接地；但在安全区域里，最后分支电缆的金属护套，允许仅在靠近电源一端作可靠接地。

㉒ 对于本质安全（控制和仪表信号）电缆，可以依据设备技术说明书的要求，若一端接地较为有效时，则无须两端接地。

㉓ 电缆接地的导体截面积见表4-2-2。

表4-2-2　电缆接地导体截面积的规定　　　　　　　　　　　　单位：mm²

电缆截面积 S	接地导体的最小截面积 Q
$S \leqslant 16$	$Q = S$，且 $Q \geqslant 1.5$
$16 < S \leqslant 120$	$Q = 0.5S$，且 $Q \geqslant 16$
$S > 120$	$Q = 70$

㉔ 接地点的位置应选择在便于检修、维护，并保证接地线本身不易受到机械损伤和腐蚀的部位。

㉕ 铅护套电缆不得用铅护套作为接地的唯一措施，应另设导体接地。

㉖ 单芯电缆只准在一端接地。

㉗ 所有电缆的金属护套，在其全长上应保证其导电的连续性。

㉘ 所有电气设备内部的接地线，均应套上特殊颜色的塑料套管，以便于识别和绝缘。一般选用绿、黄相间的颜色。

4.2.2　电气设备的接地方法

1. 专用接地导线的连接方法

① 应用：用于接地要求较高、接地难以处理或安装在绝缘座上设备的接地。在进行接地线的选择和处理时，要注意接地线的强度和保护。

② 方法：与船体结构的连接一般是通过接地柱或接地板来进行过渡，而与设备的连接是在加垫锡箔垫后通过紧固螺栓来完成的。专用接地线与设备的连接方法，如图4-2-2所示。

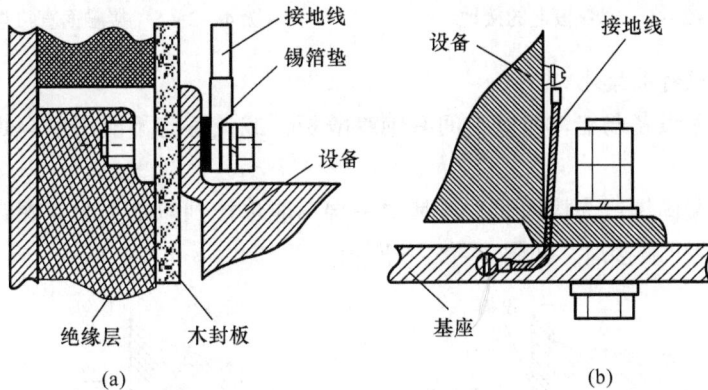

(a)　　　　　　　　　　　　　　　　(b)

图4-2-2　专用接地线与设备的连接

专用接地线与船体结构的连接方法，如图4-2-3所示。

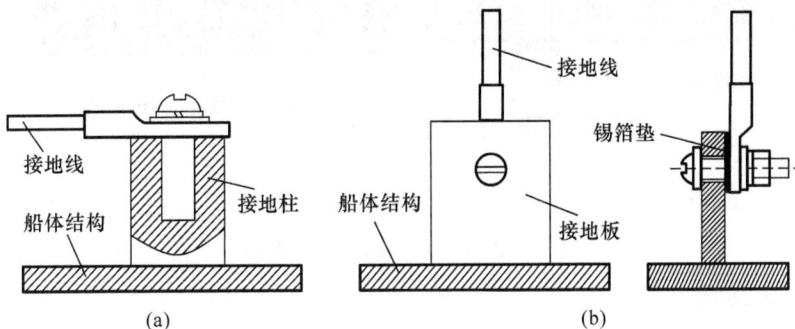

(a)　　　　　　　　　　　　　　(b)

图4-2-3　专用接地线与船体结构的连接

2. 木封板上用长条铜皮进行接地

① 应用：绝缘封板上安装设备时可采用此方法来接地。

② 方法：长条铜皮一端与设备底脚相连，并要加上锡箔垫，另一端与船体结构相连，如图 4-2-4 所示。

3. 利用设备底脚与底座间的接触面来接地

① 应用：适于支架焊到船体结构上的电气设备的安装。

② 方法：采用锡箔垫来完成接地，如图 4-2-5 所示。

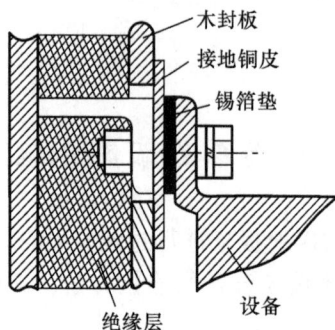

图 4-2-4　木封板上的接地　　　　　图 4-2-5　接触面直接接地

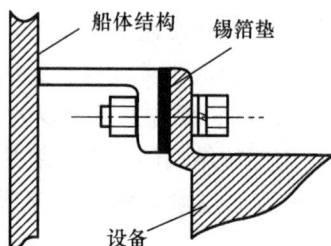

4. 利用固定螺钉来接地

① 应用：适于设备与船体舱壁之间有绝缘隔板，或设备与不能用电焊焊接的金属舱壁之间的接地。

② 方法：以紧固螺钉为接地线，若其中一端不能焊接到舱壁上时，螺钉的两端均应垫上锡箔垫，以确保可靠接地，如图 4-2-6 所示。

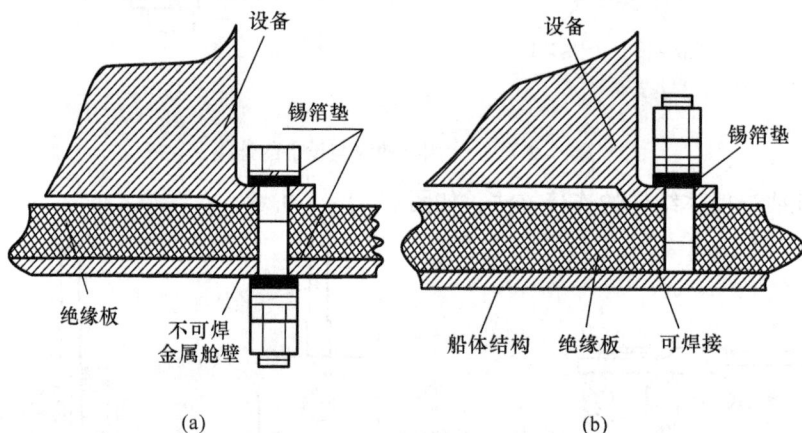

(a)　　　　　　　　　　　　　　(b)

图 4-2-6　利用固定螺钉接地

5. 减震器的接地

① 应用：适于有减震器的设备的接地。

② 方法：利用减震弹簧本身或接地跨接铜皮等来完成接地，在连接处要加上锡箔垫，如图 4-2-7 所示。

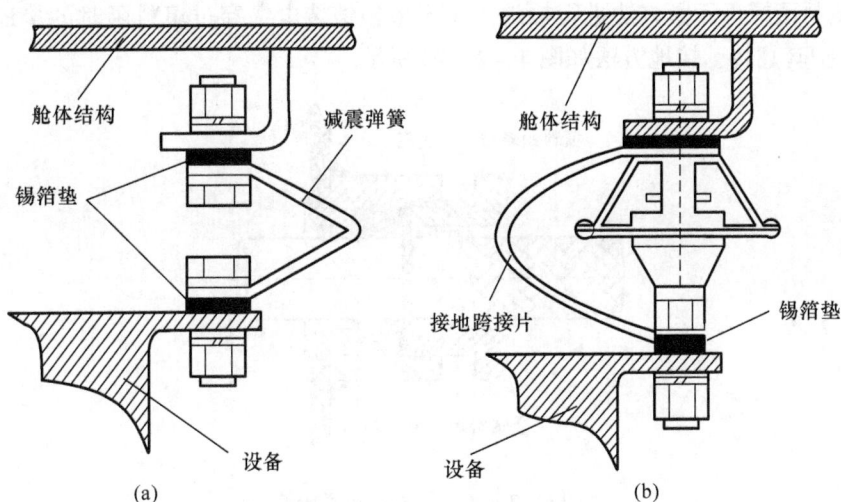

图 4-2-7 减震器的接地

4.2.3 电缆金属护套的接地

1. 接地形式

① 用金属夹箍进行接地：用于铠装电缆敷设时的接地，接地时要在铠装电缆与金属夹箍之间包绕几层锡箔，接地方法如图 4-2-8 所示。

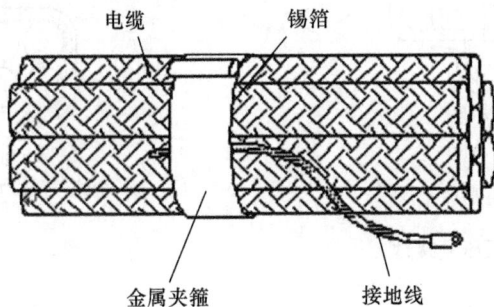

图 4-2-8 用金属夹箍接地

② 用金属护套编成辫子进行接地：用于单根小型铠装电缆的接地，在编织过程中，不要使之断线，接地方法如图 4-2-9 所示。

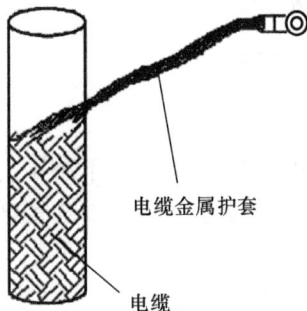

图 4-2-9 编成辫子接地图

③ 用填料函螺母压紧方法进行接地：用于单根铠装电缆穿过填料函时的接地，电缆引入时使金属护套翻转，接地方法如图 4-2-10 所示。

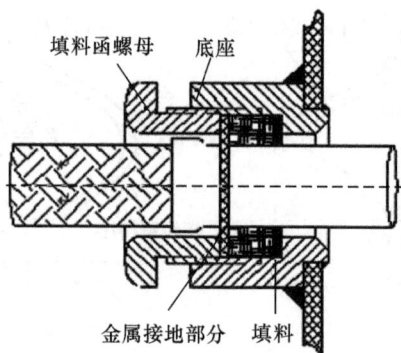

图 4-2-10　填料函压紧接地

④ 用卡线板压紧方法进行接地：用于单根或多根电缆敷设时的接地，接地方法如图 4-2-11 所示。

⑤ 用紧钩进行电缆接地：用于单根或多根电缆敷设时的接地，采用此方法时电缆的敷设与接地处理均较为方便，接地方法如图 4-2-12 所示。

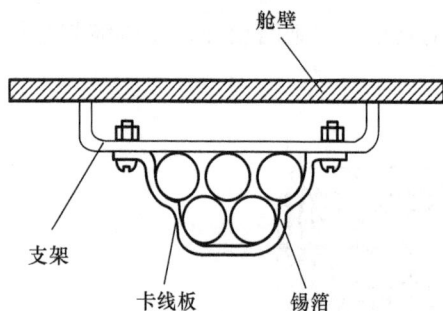

图 4-2-11　卡线板压紧接地

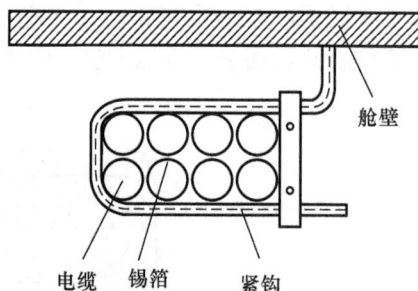

图 4-2-12　用紧钩接地

2. 接地工艺

① 清除接触面处的油污、油漆等，露出金属光泽。

② 在电缆束的层间及外围绕包 3~5 层锡箔。

③ 收紧电缆紧固件，压紧电缆束。

④ 在接地体周围涂防锈漆，以防止生锈。

4.2.4　电气设备和电缆的接地方式

1. 通则

① 除了设备电压不超过交流 50 V 和直流 50 V 不需要接地以外，所有电气设备非载流的金属部件均需接到船体结构实现可靠接地，接地方式根据情况采用特殊垫片或接地元件连接。

② 接地方式为金属连接接地或接地线接地。

金属连接接地模式，是为了保证设备框架与船体结构之间的可靠电气连接。

接地线方式是指通过接地线保证设备框架与船体结构之间的良好电气连接。
接地线材料为铜质。

2. 应用

电气设备和电缆接地应用见表 4 – 2 – 3。

表 4 – 2 – 3　电气设备和电缆接地应用

模式	电气设备	典型图
独立接地线接地	1. 主配电板； 2. 应急配电板； 3. 机舱集控台； 4. 驾驶室控制台； 5. 货油控制台或压载控制台（每屏均需接地）	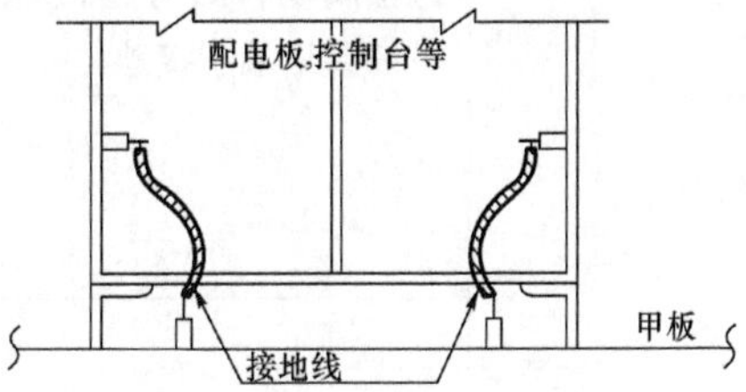
	1. 微处理器电气设备； 2. 电气控制板（大型控制板如辅机控制板，MGPG 等）； 3. 动力分电板； 4. 照明分电板； 5. 就地启动板	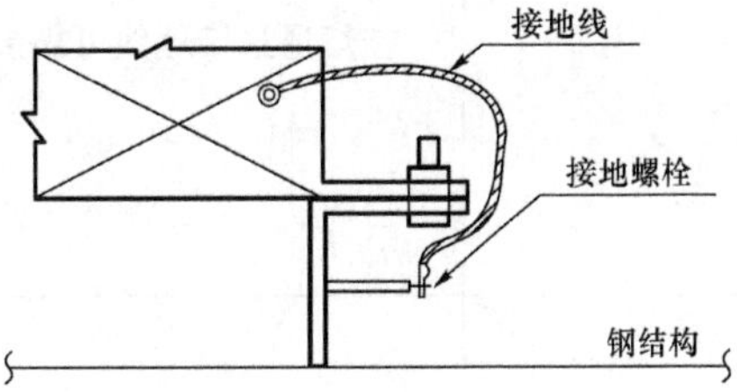
	1. 发电机； 2. 电动机； 3. 变压器	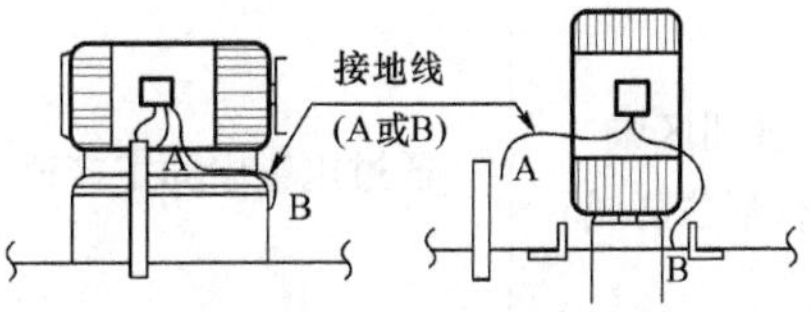
	露天区域或危险气体区域的电气设备均需用独立的接地线接地（包括照明灯具及小型设备）	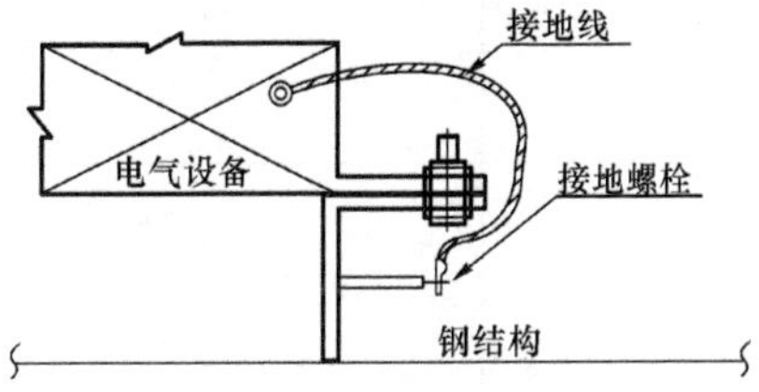
	带减震垫的电气设备需用独立接地线接地	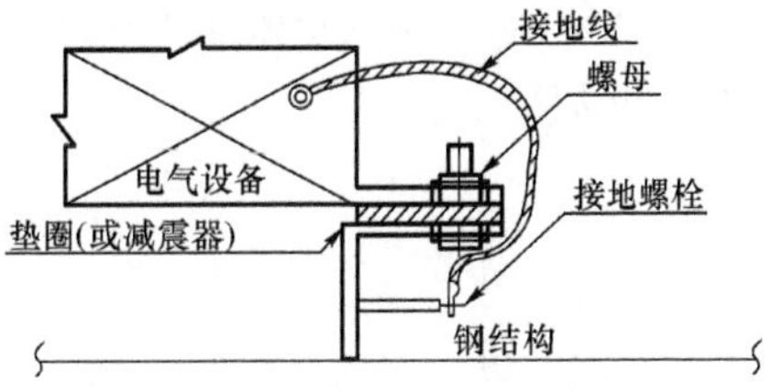

模式	电气设备	典型图
	安装在装饰板或木垫上的电气设备需用独立接地线接地（小型设备可通过金属填料函与金属编织网或电气设备的接地端子接地）	
	挂灯通过接地线可靠接地	
照明区域（仅居住区域）	通过电缆中固定接地芯线接地	
如果是动力设备则采用3芯电缆（仅居住区域）	通过电缆中固定接地芯线接地	

模式	电气设备	典型图
接地线或其他	航行和通信设备	根据设备说明书要求
通过梅花垫接地	梅花垫应设置在设备和安装基座的接触表面，并且与安装表面不加弹簧垫直接接触，由螺栓压紧。 　　小型设备（室内区域的开关、插座按钮、铃、电话、小型控制板等）	
接地线或特殊处理	通过无线电设备	根据制造厂家的要求
电缆通过防金属腐蚀的不锈钢扎带有效地与铠装外壳和电缆托架或扁钢连接接地	铠装电缆不带 PVC 外保护套	
电缆通过固定在铠装电缆上的金属夹与电气设备内部或外部的接地端子接地	带有外护套的铠装电缆	

3. 梅花垫接地

① 梅花垫将安装在设备和安装件的接触表面，并且与安装表面不通过弹簧垫直接接触由螺栓压紧。

② 梅花垫的尺寸及示图见表4 – 2 – 4 及图4 – 2 – 13。

表4 – 2 – 4　梅花垫尺寸　　　　　　　　　　　　单位：mm

螺栓尺寸	d	D	t	牙数
8	8.4	15	0.8	12
10	10.5	18	0.9	12
12	12.5	21	1.0	12
14	14.5	23	1.0	12
16	16.5	26	1.2	14

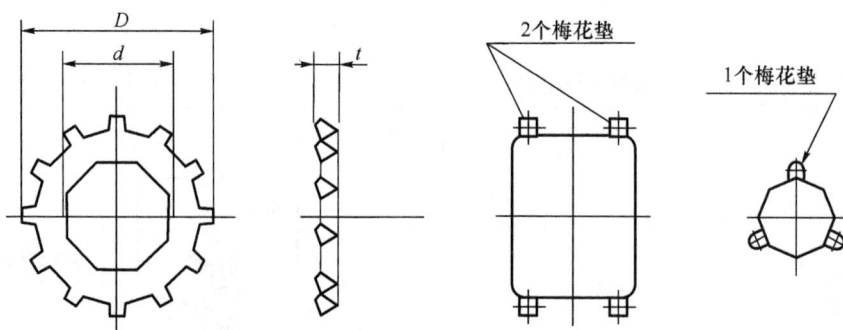

图4 – 2 – 13　梅花垫示图

4. 接地线接地

设备通过设备外壳与船体结构之间的连接导线（接地柱）接地。

接地导线的规格应根据设备的主要电缆规格选择，见表4 – 2 – 5。

表4 – 2 – 5　接地导线规格　　　　　　　　　　　单位：mm²

接地连接形式		载流导体的截面积	接地导线的最小截面积
软电缆或芯线接地导线	A1	$Q \leqslant 16$	Q
	A2	$16 < Q \leqslant 32$	16
	A3	$Q > 32$	$Q/2$
固定电缆接地导线		电缆带有独立的接地导线	
	B1a	$Q \leqslant 1.5$	1.5
	B1b	$1.5 < Q \leqslant 16$	Q
	B1c	$16 < Q \leqslant 32$	1.6
	B1d	$Q > 32$	$Q/2$
		电缆接地芯线直接连接到导线护套	
	B2a	$Q \leqslant 2.5$	1
	B2b	$2.5 < Q \leqslant 6$	1.5

接地连接形式		载流导体的截面积	接地导线的最小截面积
独立的接地导线	C1a	$Q \leqslant 2.5$	标准接地导线 1.5
	C1b		非标准接地导线 2.5
	C2	$2.5 < Q \leqslant 8$	4
	C3	$8 < Q \leqslant 120$	$Q/2$

5. 接地柱

（1）接地柱

接地柱如图 4 - 2 - 14 所示，其规格见表 4 - 2 - 6。

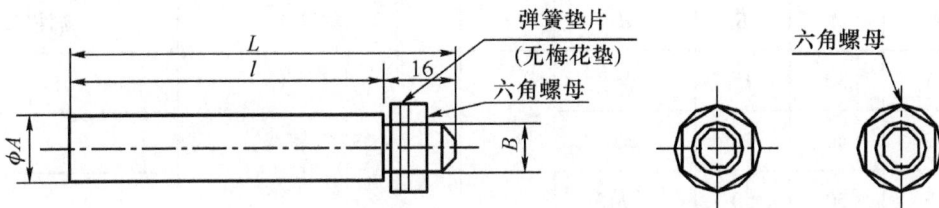

图 4 - 2 - 14　接地柱示图

表 4 - 2 - 6　接地柱规格

型号	L	l	D	B	材料	备注
EB - 1A			$\phi 9$	M6		无绝缘（带 B, BM M6 螺母）
EB - 1B	31	15	$\phi 12$	M8	镀锌钢 (Q235A)	无绝缘（带 B, BM M8 螺母）
EB - 1C			$\phi 16$	M12		无绝缘（带 B, BM M12 螺母）
EB - 2A			$\phi 9$	M6		25 mm 绝缘（带 B, BM M6 螺母）
EB - 2B	44	28	$\phi 12$	M8	—	绝缘（带 B, BM M8 螺母）
EB - 2C			$\phi 16$	M12		绝缘（带 B, BM M12 螺母）
EB - 3A			$\phi 9$	M6		50 mm 绝缘（带 B, BM M6 螺母）
EB - 3B	69	53	$\phi 12$	M8	—	绝缘（带 B, BM M8 螺母）
EB - 3C			$\phi 16$	M12		绝缘（带 B, BM M12 螺母）
EB - 4A			$\phi 9$	M6		75 mm 绝缘（带 B, BM M6 螺母）
EB - 4B	94	78	$\phi 12$	M8	—	绝缘（带 B, BM M8 螺母）
EB - 4C			$\phi 16$	M12		绝缘（带 B, BM M12 螺母）

（2）接地板

接地板如图 4 - 2 - 15 所示，其规格见表 4 - 2 - 7。

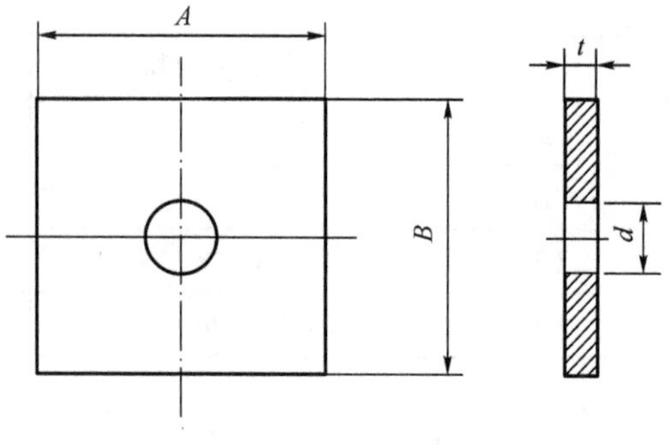

图 4 - 2 - 15 接地板示图

表 4 - 2 - 7 接地板规格   单位：mm

型号	A	B	d	t	材料	备注
EP - 1	30	15	$\phi6$			
EP - 2	40	20	$\phi8$	3.2	Q235A(镀锌)	
EP - 3	50	50	$>\phi10$			

（3）金属护套电缆的接地

① 电气电缆应在两端有效接地，除非末端分支电路仅在供电端接地，如图 4 - 2 - 16 所示。

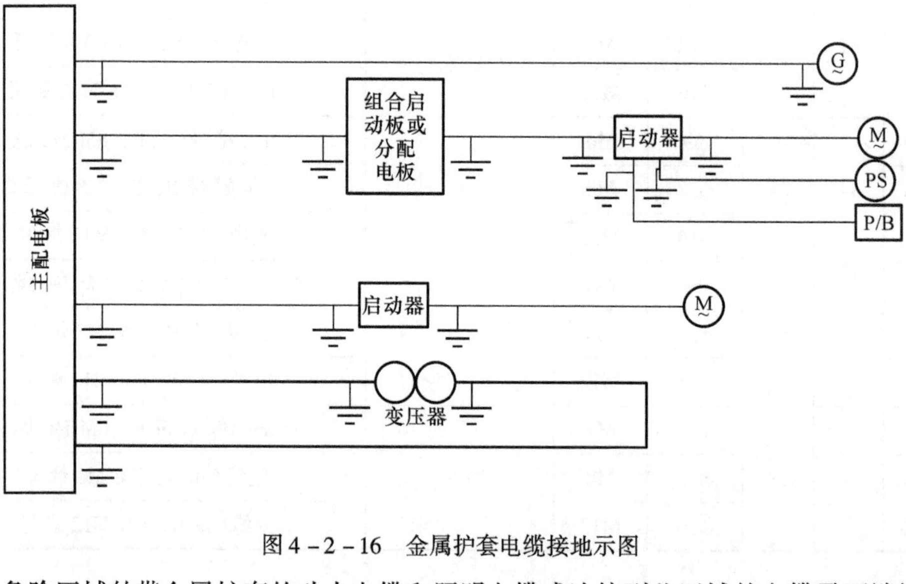

图 4 - 2 - 16 金属护套电缆接地示图

② 危险区域的带金属护套的动力电缆和照明电缆或连接到此区域的电缆需两端接地。

③ 电器的通信设备、仪表和本安回路仅在一端接地，如图 4 - 2 - 17 所示。

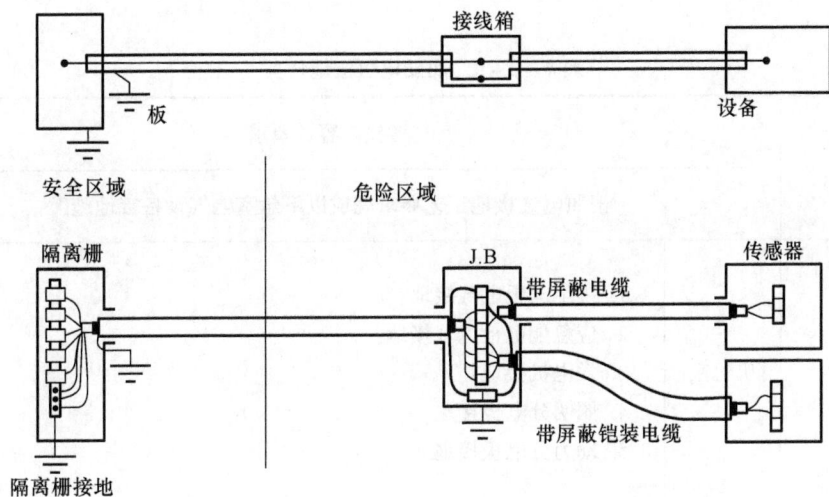

图 4 - 2 - 17　电器的通信设备、仪表和本安回路接地示图

【任务实施】

船舶电气接地

4.2.5　实训准备

1. 实训目的与要求
① 明确船舶电气建造各施工流程的具体施工内容。
② 掌握船舶电气接地工艺要求及方法。
③ 实际动手完成船舶电气接地施工。

2. 实训资料准备
① 材料与工具准备。
② 施工现场及安全生产准备。
③ 工艺文件与测评标准准备。

4.2.6　船舶电气接地施工

① 按表 4 - 2 - 8 中内容完成船舶电气接地施工任务。
② 检查船舶电气接地现场情况。

表 4 – 2 – 8　船舶电气接地任务

任务	考核内容及要求	
	按照电气接地工艺要求完成以下舱室电气设备接地施工	
船舶电气接地	机舱室	1. 主配电板电气接地； 2. 应急配电板电气接地； 3. 发电机接地； 4. 照明分电板接地； 5. 动力分电板接地
	生活舱	1. 小型设备接地（室内区域的开关、插座按钮、铃、电话、小型控制板等）； 2. 洗衣设备接地； 3. 厨房设备接地； 4. 生活小家电设备接地
	驾驶舱	1. 航行设备接地； 2. 通信设备接地； 3. 助航设备接地； 4. 显示仪表设备接地； 5. 带有外护套的铠装电缆
	甲板	1. 桅杆接地； 2. 避雷设备接地； 3. 露天区域或危险气体区域的电气设备均需用； 4. 独立的接地线接地（包括照明灯具及小型设备）

【任务测试】

　　根据所学习的知识结构，以及对船舶电气建造施工内容的了解，确定船舶电气接地施工流程，并详细列出各施工流程的船舶电气接地内容。质检评分表见表 4 – 2 – 9。

表 4 − 2 − 9 船舶电气接地质检评分表

项目编号：			组号： 姓名： 总分：		
考核项目	考核内容	要求	评分标准	得分	备注
船舶电气接地（25分）	结合实训室船舶电气接地情况，根据船舶电气接地工艺要求，对整个实训结果进行检验	遵循船舶电气接地工艺要求对实训室内船舶电气接地施工完成部分进行总体检查。抽查不少于30处	1. 接地电阻值超过规定范围每处扣 1 分； 2. 接地设备与接触面没有除锈或油漆接触不良每处扣 1 分； 3. 在需要垫圈处无垫圈每处扣 1 分； 4. 螺母松动不紧固每处扣 1 分； 5. 没有做防锈处理每处扣 1 分； 6. 保护接地与工作接地共用接地每处扣 1 分； 7. 使用裸线每处扣 1 分； 8. 接地线长度过长每处扣 1 分； 9. 接地点不便于检修，易受损伤和腐蚀每处扣 1 分； 10. 接线后无颜色标示每处扣 1 分； 11. 对于无线设备与易受干扰设备无接地每处扣 1 分； 12. 有金属护套电缆无接地每处扣 1 分； 13. 舱外设备无接地每处扣 1 分		

【知识拓展】

4.3.1 油船电气设备安装的附加要求

1. 第一类舱室

第一类舱室主要包括货油舱和垂直隔离空舱。

① 油船的第一类舱室禁止安装一切电气设备。

② 若不可避免安装电气设备，则只允许在垂直隔离空舱内安装测深仪振荡器。振荡器必须安装在坚固、气密的围阱内，而且围阱不得贴近隔舱壁。

2. 第二类舱室

第二类舱室主要包括水平隔离空舱；与货油舱、垂直隔离空舱上面直接相邻的舱室；货油泵舱；储藏输油软管的舱室；在离爆炸性气体 3 m 以上的露天区域，货油舱向船首或向船尾延伸 3 m 及离甲板上 2.4 m 高度以内的区域；邻近于货油舱的竖井、通道和舱室等。

① 本类舱室只能安装防爆式电气设备，但不得安装任何类型的插座。

② 本类舱室的照明开关，应设在第三类舱室的单独控制箱内，其开关应能切断所有绝缘极，并在控制箱上设有指示灯。

③ 本类舱室的照明，可在第三类舱室用非防爆灯具进行隔壁照明，但照明舱的结构应

坚固，且为气密式，还应有防止机械损伤的保护栅。

④ 如在油舱内安装测深仪振荡器，其要求同第一类舱室。

⑤ 非防爆式电气设备与货舱透气出口端的距离一般应不小于 3 m。透气管与桅杆上的灯具之间的距离若无法达到上述要求，其出口端应高出灯具不小于 1 m。

3. 第三类舱室

第三类舱室指除了第一类和第二类舱室以外的其他舱室的空间。

① 安装在本类露天空间的插座，应为设有能切断所有绝缘极的开关插座，而且插头应与开关联锁，能保证当开关在接通位置时，插头不能插入和拔出，或者当开关在接通位置时，插头不能拔出，插头拔出后开关不能接通。

② 本类舱室的独立回路，如柴油机启动蓄电池电路等，允许工作接地。

项目五　船舶电气设备接线施工

【任务描述】

　　船舶电气设备接线施工是按照船舶电力系统图与接线图对船舶电缆引入设备的形式和工艺要求，电缆的切割、标记及线芯包扎，电缆引入设备的方法，电缆纵向密封施工等工序的介绍。船舶电气设备接线是利用电缆将用电设备与船舶供电系统连接在一起，接线工艺直接影响用电设备工作的性能，它是保证船舶电气设备正常工作的纽带，所以船舶电气设备接线是船舶电工施工中重要的一环。

【项目目标】

① 电缆引入设备的形式和工艺要求。
② 电缆的切割、标记及线芯包扎。
③ 电缆引入设备的方法。
④ 电缆纵向密封施工。
⑤ 电力一次系统图和接线图的识读。

【教学任务】

① 了解并掌握电缆引入设备的形式和工艺要求。
② 掌握电缆的切割、标记及线芯包扎施工技能。
③ 掌握电缆引入设备的方法及施工。
④ 掌握电缆纵向密封施工方法和技能。
⑤ 具备电力一次系统图和接线图的识读能力。

任务一　电缆引入设备

【知识链接】

5.1.1　电缆引入设备的工艺程序及要求

1. 电缆引入、切割、接线的工艺程序

电缆引入、切割、接线工作是在电气设备安装和电缆敷设工作结束后开始进行的，此项工作的质量直接关系到电气设备使用的可靠性，对电气安装工作质量来说是关键的环节。

在着手进行切割、接线之前，首先根据图纸核对电缆标记、根数、芯数、截面是否符合要求。此外，还必须核对设备内部接线柱的数量、位置是否正确，如有问题应及时解决。

电缆引入、切割、接线的工艺程序如下。

① 打开设备，了解其内部的线路。

② 确定电缆引入设备的弯曲半径及芯线长度，并切除电缆的多余部分。

③ 对每根电缆划出剥割记号。

④ 依上述剥割记号，剥去金属编织层及护套直到芯线绝缘。

⑤ 根据需要在芯线上套上套管或包扎绝缘带，做好芯线标记。

⑥ 切除芯线绝缘，清洁金属线芯，做好接线端头。

⑦ 配铜接头，进行冷压连接或搪锡。

⑧ 芯线整理捆扎。

⑨ 芯线接入。

⑩ 检查接线的正确性。

2. 电缆引入设备的工艺要求

① 敷设到电气设备的电缆，其最后一个紧固件（卡线板、紧钩、绑带或直接从木质壁开孔出来）与设备进线孔间的距离要符合下列要求。

a. 引入电气设备的弯曲半径，应不小于表 5 - 1 - 1 中的规定值。

表 5 - 1 - 1　引入电气设备电缆弯曲半径的规定值

电缆外护层	电缆外径 D/mm	最小弯曲半径
金属护套、铠装层	任何值	$6D$
其他护层	$D \leqslant 25$	$4D$
	$D > 25$	$6D$

b. 电缆引入防水式设备时，在填料函前的电缆应有一段直线部分（如图 5 - 1 - 1 所示），其长度应大于或等于填料函螺母高度 H 的 1.5 倍，以便于填料函螺母拧出。

(a)

(b)

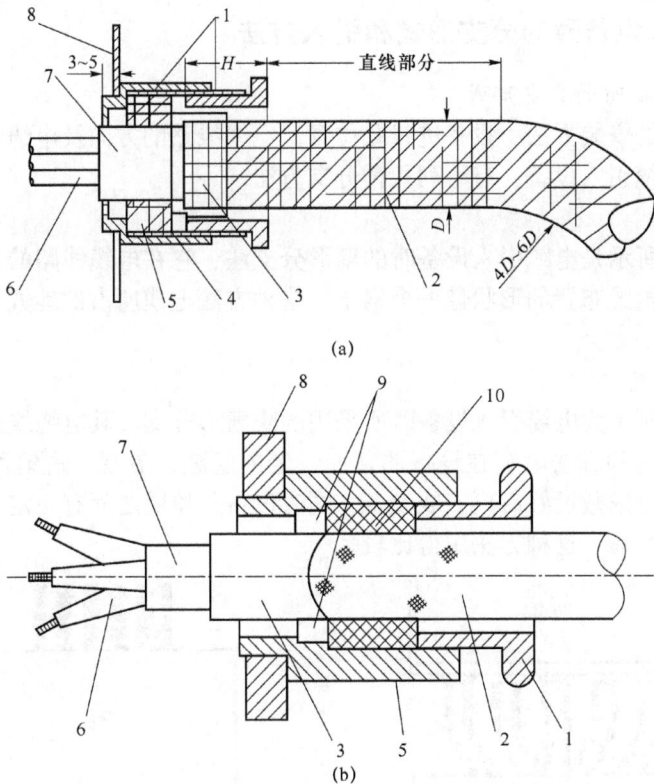

图 5 - 1 - 1　填料函前的电缆的直线部分

1—填料函；2—电缆；3—塑料胶带；4—填料；5—平垫圈；6—电缆芯线

7—电缆护套；8—设备壁；9—锥形垫圈；10—橡胶卷

② 电缆端部设有永久性标牌的应齐全，成束电缆上的永久性标牌，其可见部分应放置在同一直线上，标记号码应向外，如图 5 - 1 - 2 所示。

③ 电缆引入非水密设备时，为了使引入电缆牢固及保护设备，在进线孔外需设有封口板及托线板，封口板应按引入电缆（或电缆束）的外径钻孔，其孔径应比电缆边缘大 1 ~ 2 mm，在电缆进入设备后，应在托线板上用卡线板固定，如图 5 - 1 - 2 所示。

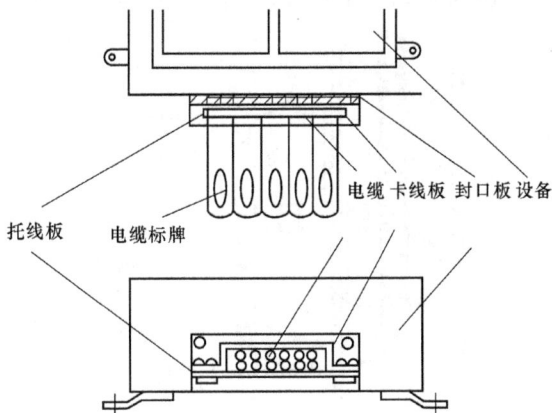

图 5 - 1 - 2　电缆端部设有的永久性标牌

5.1.2　电缆引入设备时的分支形式和引入方法

1. 电缆引入设备时的分支形式

根据电气设备的安装方法、设备进线孔位置、电缆线路的方向及电缆的型号、规格和数量的不同来决定电缆引入设备，有下列几种分支方法。

(1) 扇形分支

如图5－1－3所示是电缆引入设备时的扇形分支法，它在电缆线路的方向正对着设备上的进线孔时采用，电缆布置的形状像一个扇子。这种方法电缆所占的地方易受损伤，所以应尽量避免采用。

(2) 隐扇形分支

如图5－1－4所示为电缆引入设备时所采用的隐扇形分支，其电缆线路的方向与设备进线孔的方向相反。这种方法电缆在设备的背面，走向隐蔽、美观，占地面积小，不易被碰伤。这种方法是在电缆敷设好后再安装设备，同时设备与舱壁之间有一定的距离。要保证电缆通过和弯曲半径≥4d，这种方法用得比较多。

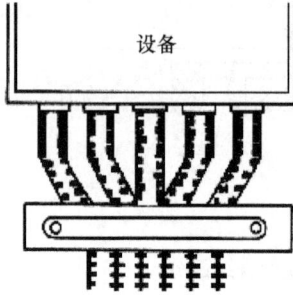

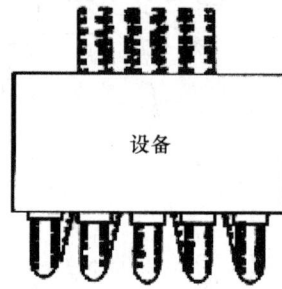

图5－1－3　扇形分支　　　　　　　　图5－1－4　隐扇形分支

这种方法还有一种形式是暗式走线引入设备。若是多根电缆也形成一个隐扇形分支，电缆从木封板通过孔引出来。首先根据电缆的外径选好塑料衬套，再根据衬套的外径在木封板上选择好电缆进入设备的距离，按前面的工艺要求钻好孔，将电缆从木封板通过孔引出来，套上相应的塑料衬套插到木封板上。单根线也可这样进行施工。目前船上驾驶室后壁设备的安装引电缆都采用此工艺。设备有的是通过木螺丝直接固定在木壁上，重的设备有的通过木封板内加强木方进行固定，如图5－1－5所示。

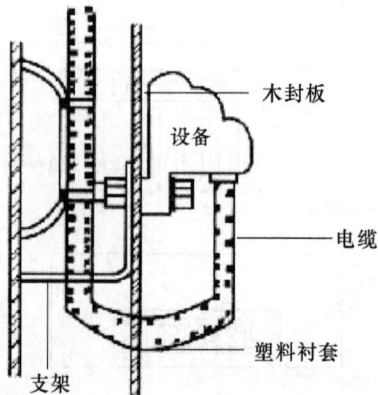

图5－1－5　固定方式

（3）混合分支

设备的填料函不但向下有分支，侧边也有分支，再根据电缆线路的方向结合上述方法混合使用，如图 5 - 1 - 6 所示。

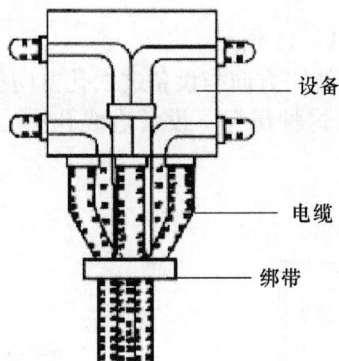

图 5 - 1 - 6　混合分支

2. 电缆引入设备的方法

（1）直接引入

直接引入法如图 5 - 1 - 7 所示，此种方法用于电缆的芯线截面较大、硬度大，在短距离内弯曲比较困难时。这种方法要求设备的进线孔与电缆在同一直线上。

（2）不完全"S"形引入

不完全"S"形引入法如图 5 - 1 - 8 所示。

当设备的进线孔与电缆在与舱壁垂直的同一平面上，而两者中线距离小于电缆弯曲半径的两倍时，采用不完全"S"形引入。

（3）完全"S"形引入

完全"S"形引入法如图 5 - 1 - 9 所示。

当设备的进线孔中心线与电缆中心线间距离为电缆弯曲半径的两倍以上时，采用完全"S"形引入。

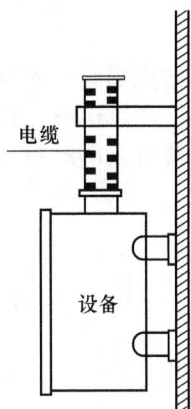

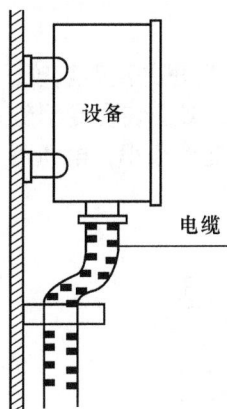

图 5 - 1 - 7　直接引入　　　　图 5 - 1 - 8　不完全"S"形引入　　　　图 5 - 1 - 9　完全"S"形引入

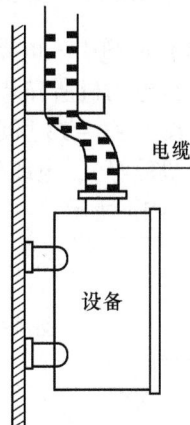

（4）180°转弯引入

180°转弯引入法如图 5 - 1 - 10 所示。

在设备进线孔的方向与电缆线路的方向相反时采用该方法。为了使电缆引入方便及保证弯曲半径，要求设备与舱壁间有足够的距离，且设备进线孔中心线、电缆中心线应在与舱壁垂直的平面上。

（5）斜180°转弯引入

斜180°转弯引入法如图5-1-11所示。

在设备距离舱壁较近、电缆线路方向与设备进线孔方向相反时，为了保证电缆的弯曲半径而采用斜180°转弯引入设备。这种情况下设备进线孔中心线与电缆中心线不在与舱壁垂直的平面上。

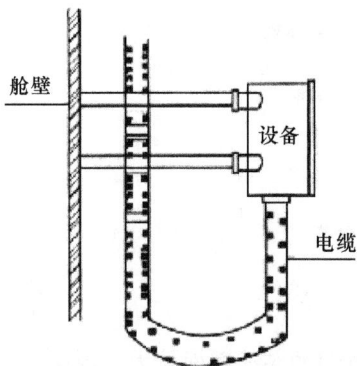

图5-1-10　180°转弯引入　　　　　　图5-1-11　斜180°转弯引入

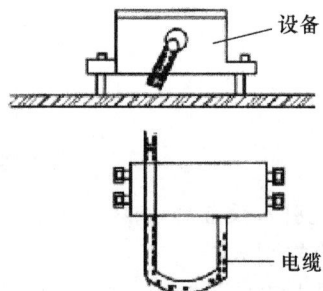

（6）90°转弯引入

90°转弯引入法如图5-1-12所示。

如果电缆线路方向与设备进线孔方向垂直，应采用90°转弯引入法。在这种情况下要求设备中心线与电缆线路有足够的距离。90°转弯引入时，占地面积大，且不美观，应尽量不采用。

在实际情况下，如上述几种电缆引入法都不能采用，可以任意引入，但要符合工艺要求，且要美观。

5.1.3　电缆引入部分设备举例

（1）电缆引入电动机

根据电动机所安装的位置，如果在机舱里并离船舷较远时，电缆是通过电缆管引入电动机，如图5-1-13所示。如果距船舷较近或安装在专用舱室（如机组室、通风机室、锚机室、舵机舱等），电缆受腐蚀和损伤的可能性很小，电缆可不通过管子直接引入电动机，如图5-1-14所示。

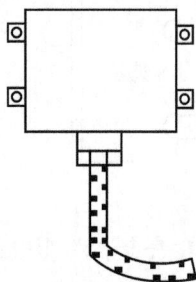

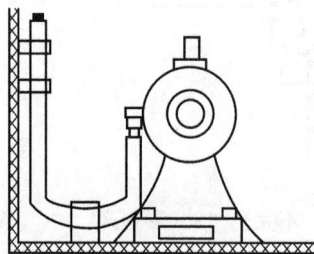

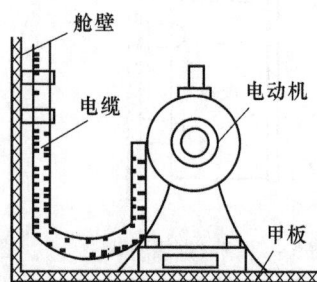

图5-1-12　90°转弯引入　图5-1-13　电缆通过电缆管引入电动机　图5-1-14　电缆直接引入电动机

　　如果是大功率电动机而且在机舱里（如电站、推进电动机等），所引入的电缆截面大，穿管困难。这种情况下电缆可以直接从舱顶针对电动机的填料函，设置一个电缆支架把电缆直接引入。注意电动机的填料函必须是向上的，如图5-1-15所示。同时，进入填料函封好后，在填料函上与电缆接触处用421 A或不干腻子填满，如果填料函是向侧面的，电缆可用90°转弯引入。

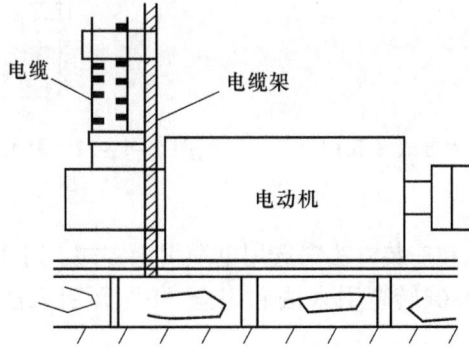

图5-1-15　电动机填料函

　　如果电动机安装在露天甲板上，锚机电缆基本都是从下层甲板的舱顶通过带填料函的电缆穿出本甲板而引入电动机。

　　(2) 电缆引入水密开关、插座、接线盒

　　从目前造船来看，电缆引入这些设备在大多数情况下是采用不完全"S"形引入及180°转弯引入，亦采用其他引入法，视其安装位置而定，如图5-1-16~图5-1-21所示。

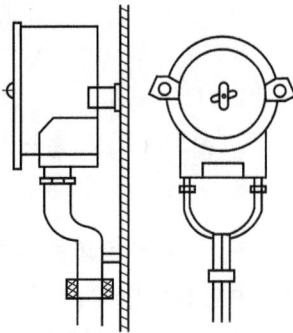

图5-1-16　引入方式（一）

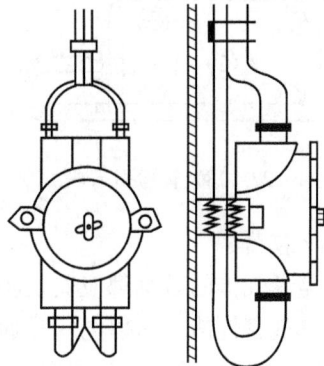

图5-1-17　引入方式（二）

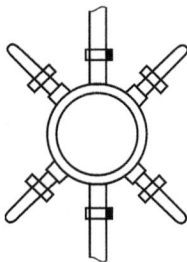

图5-1-18　引入方式（三）

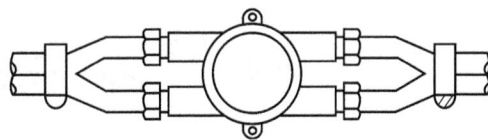

图5-1-19　引入方式（四）

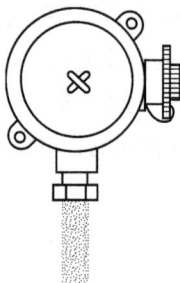

图 5 - 1 - 20　引入方式（五）　　　　　　图 5 - 1 - 21　引入方式（六）

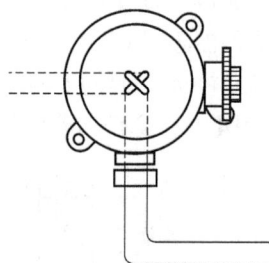

（3）电缆引入防水灯具

一般是根据灯具的形式和安装方法来选用电缆引入方式，对于带有弹簧减震器的灯具，为保证其减震效果而采用 180°转弯引入法和完全"S"形引入法较好，如图 5 - 1 - 22 和图 5 - 1 - 23 所示。

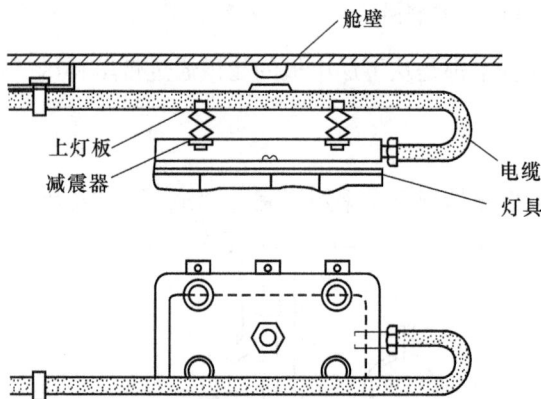

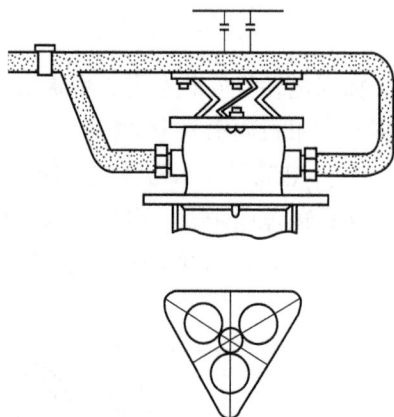

图 5 - 1 - 22　180°转弯引入法　　　　　　图 5 - 1 - 23　完全"S"形引入法

（4）电缆引入防爆灯

凡是能产生易爆气体的舱室都应安装防爆灯具，其开关、接线盒不能装在室内。安装的防爆灯不能破坏其气密性能。所以电缆是通过连接舱壁由灯具气密管内直接引入灯具内的，如图 5 - 1 - 24 所示。这种管子一头烧焊在舱壁上，另一头与防爆灯密封连接。

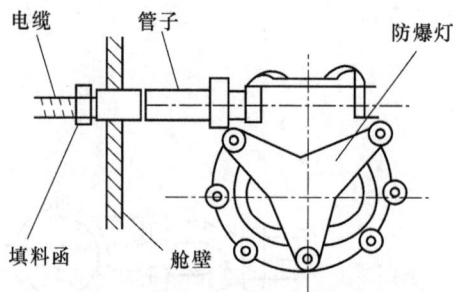

图 5 - 1 - 24　通过连接舱壁由灯具气密管内直接引入灯具内

（5）电缆引入落地安装的设备

落地安装的设备是指安装在露天甲板上的设备，都是防水结构形式。安装在室内的大多数为防溅式或保护式结构，如凸轮（主令）控制器、闪光信号灯、自动舵操舵台等设备。而电缆引入这类设备的方法与露天甲板电动机相似，即通过安装于甲板上并在设备外壳内的电缆管或电缆筒引入，如图 5 - 1 - 25 所示。

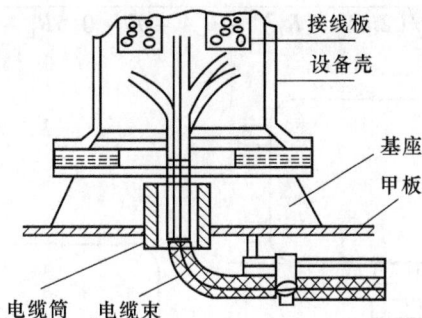

图 5 - 1 - 25　在设备外壳内的电缆管或电缆筒引入

通过上述例子，说明了电缆引入电气设备的方法与设备的形式、安装方法和位置的密切关系。因此在设备定位和布置时，要充分考虑电缆引入的方便性和合理性。如现在造船电缆引入采用 180°转弯引入法设备较多，这必须在布置设备时保证设备与舱壁之间有一定的距离，使电缆在设备背后通过并保证电缆引入设备时允许的曲率半径。这个距离的确定，如图 5 - 1 - 26 所示，主要是确定 A、B 的尺寸，可以按下式计算。

$$A = H + 2nR_L + 2R_L - E$$
$$B = nR_L + R_L + 2H_T$$

式中　H——电缆至舱壁的距离，mm；

　　　n——电缆允许弯曲半径倍数，mm；

　　　R_L——电缆外径，mm；

　　　E——设备进线孔中心至底脚的距离，mm；

　　　H_T——填料函函体长度，mm。

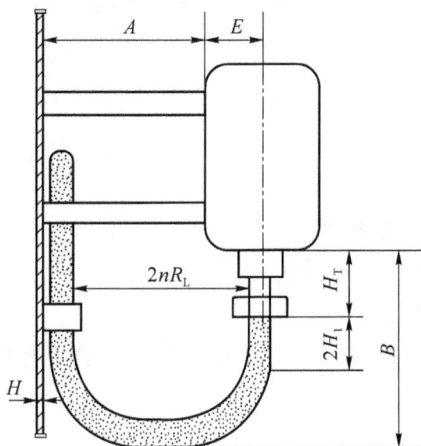

图 5 - 1 - 26　设备与舱壁之间的距离

计算所得的 A、B 数值小于设备安装后的实际尺寸。

如果设备的位置已确定，则 $A < H + 2nR_L + 2R_L - E$ 时，采用斜180°转弯引入。因为在地方狭小或与管路相碰情况下，需要将设备支架改短，改变电缆走向等，为了保证电缆的弯曲半径，就得采用斜180°转弯引入法，如图5-1-27所示，电缆束的方向偏离了 F 距离，则：

$$F = \sqrt{(2nR_L + R_L)^2 - (A + E - 0.5R_L - H)^2}$$

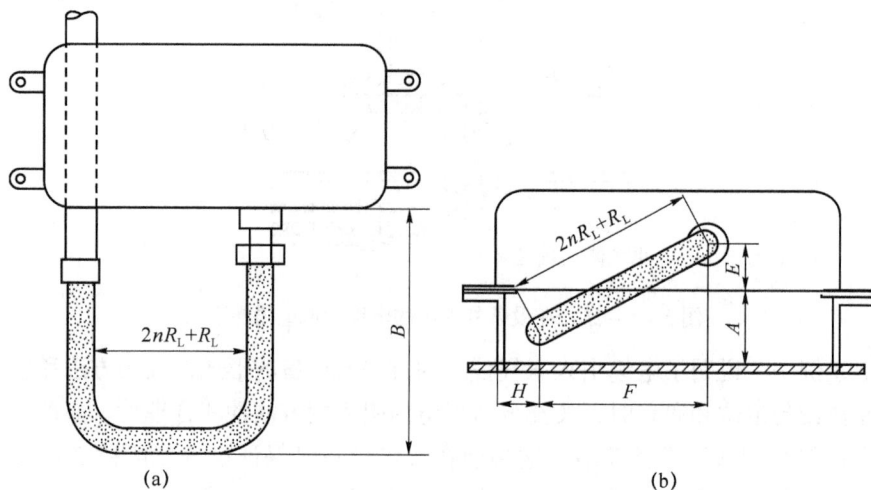

图 5-1-27　斜180°转弯引入法

但在实际施工中，使引入的电缆偏移距离尽可能大于计算出来的 F 值。式中的电缆 R_L 在电缆束中取最大的一根电缆值。

【任务实施】

电缆引入设备

5.1.4　实训准备

1. 实训目的与要求

① 明确电缆引入设备的工艺要求。

② 掌握电缆引入设备的分支形式和引入方法。

③ 完成电缆引入设备的施工。

④ 电缆引入设备的分支形式和引入方法以及紧固符合工艺要求。

2. 实训资料准备

① 材料与工具准备。

② 施工现场及安全生产准备。

③ 工艺文件与测评标准准备。

5.1.5　电缆引入部分设备实际操作

按照工艺要求完成实训室内某个舱室设备的电缆引入施工，任务见表 5 – 1 – 2。

表 5 – 1 – 2　电缆引入设备任务表

任务	考核内容及要求
电缆引入设备	根据设备安装情况，按照电缆引入设备的形式工艺要求，完成电缆引入设备的施工。 1. 确定电缆引入设备时的分支形式； 2. 根据设备安装情况确定电缆引入设备的方法； 3. 按照电缆引入设备的工艺要求，完成电缆引入设备的施工

【任务测试】

根据所学习的知识结构，结合实训条件，针对具体设备，选择合适的电缆引入设备方法，并进行电缆引入设备实际操作。电缆引入设备考核评分表见表 5 – 1 – 3。

表 5 – 1 – 3　电缆引入设备考核评分表

项目编号：		组号：		姓名：	总分：		
考核项目	考核内容	要求	分值	评分标准		得分	备注
电缆引入设备 （10分）	针对实训室具体设备选择电缆引入设备的方法	结合实训条件选择设备，确定电缆引入设备的方法	50	1. 根据设备安装情况选择的引入方法是否正确，错误每处扣3分； 2. 选择依据是否合理，不合理每处扣2分			
	电缆引入设备的施工	按照电缆引入设备的工艺要求，进行实际操作	50	3. 操作过程是否符合工艺要求，不符合每处扣3分； 4. 实际操作效果检验，要求做到合理、整齐、美观，不符合要求每处扣2分			

任务二　电缆的切割、标记及线芯包扎

【知识链接】

5.2.1　电缆切割

在船上电缆引入设备之前，应根据电缆引入方法的要求和电缆芯在不同设备内的留线长度，将多余的电缆端部切除，并将一定长度的电缆保护层剥掉，以防电缆外皮在设备内造成设备元件或零部件损坏，特别是金属编织套留在设备内会导致部分短路。又因设备空间小，电缆外皮若留在里面，占地多，妨碍设备正常工作，所以在设备内只留下电缆芯线的绝缘层，起绝缘作用。若引入设备的电缆少，对于非水密设备，可将芯线端头都处理完后再引入。而对水密设备，一般都先引入设备，再进行芯线端头处理。对于引入电缆数量较多的情况，因为芯线束在设备内要进行捆扎，所以在电缆切割和剥皮后就引入设备，再将芯线根据不同的工艺要求进行捆扎，分出线头，再处理芯线端头和压冷压头等。

1. 电缆切割前准备工作

① 切割前必须保证测量绝缘达到技术要求（100 MΩ 以上），并测量电缆无短路或断路。

② 核对电缆册，检查待切割的电缆型号齐全且有充足备料。

③ 检查电缆切割工具，确认齐全并无损坏。

④ 熟悉工具使用规则，便于高效安全地进行电缆切割工作。

2. 电缆切割

(1) 电缆切割的规范要求

① 电缆引入设备前，按引入方式及芯线长度的要求保留好足够长度的电缆后，即可将多余的电缆切除，并剥掉一定长度的电缆护套或铠装层，以避免造成设备内器件的损坏或短路。

② 同时由于设备内的空间有限，芯线的长度必须适当，不能过长。

(2) 电缆护套的切割

① 在切割电缆护套时，不得损伤芯线的绝缘，并要保证电缆引入设备时芯线有必要的长度。

② 在切割绝缘护套时，电缆引入设备的进口处且靠近设备内壁一侧的绝缘护套应保留 3~5 mm，如图 5-2-1 所示。对内部空间较宽敞的设备（主配电板、分电箱等），其护套可保留至接线柱附近再剥去。

③ 对于绝缘护套在接线柱附近剥去的电缆，其金属编织护套应在电缆进入设备后，靠近内壁处切除。

④ 电缆进入防水填料函时，金属编织护套应在进入密封圈前切除，使填料压紧在电缆的绝缘护套上，以保证其密封良好；而金属编织护套的切口不应露出填料函压紧螺母的外表面，以防止金属丝扎伤电缆或造成短路，如图 5-2-2 (a) 所示。

⑤ 电缆进入无防水要求的设备时，其金属编织护套应比绝缘护套多切除 2~3 mm，以免编织护套刺伤芯线绝缘，如图 5-2-2（b）所示。

⑥ 金属编织护套切割后，应在切割处包以 2~3 层塑料带扎紧，以防编织护套松散。芯线如需加套管，则应连同芯线套管从根部一起包扎，一般应使包扎长度的三分之二在金属编织护套上，如图 5-2-2（c）所示。

⑦ 对于采用金属护套接地的电缆，在切割时必须留有接地所需要的金属编织套的长度。

在切割处，先将金属编织套拨开一缺口，然后将金属护编织护套完整无损地脱出，再在其端部连接电缆接头。

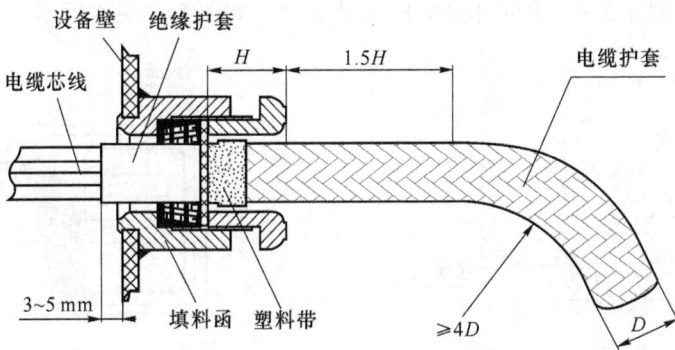

图 5-2-1 电缆通过填料函引入设备时的切割

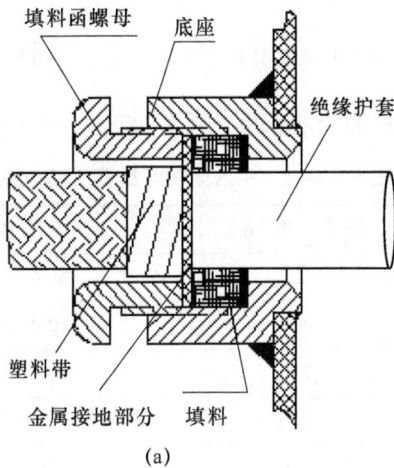

(a)

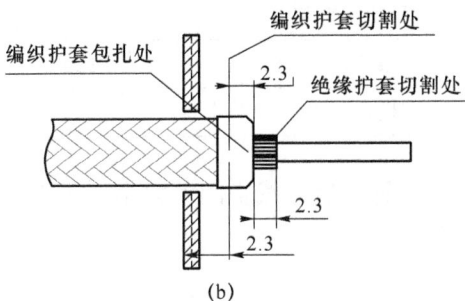

(b)

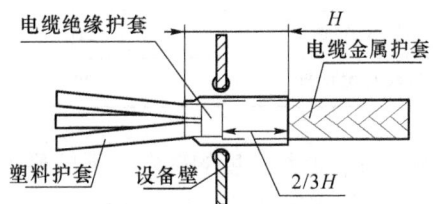

(c)

图 5-2-2 金属护套电缆引入时的切割

3. 线芯长度的确定

① 线芯的长度应包括必需长度及备用长度。必需长度即为线芯沿设备内壁接至所连接的接线柱的距离加上制作接头所需的长度。备用长度应保证使同一电缆的线芯在相应的接线柱之间能互换（对三芯电力电缆，允许只互换其中任意两根），线芯截面在 4 mm² 以下的，还必须加上能再制作 2～3 个同样接头的余量长度。

② 对于芯线截面大于 6 mm² 的电缆，一般是由电缆切口处到接线柱直接引线，芯线除留有必需长度和备用长度外，可不留余量长度，如图 5-2-3 所示。

③ 对于多芯电缆，在确定芯线长度时，应能保证芯线沿设备内壁可以接至最远一个接线柱，然后再留有制作 2～3 个同样接头的余量长度，如图 5-2-4 所示。

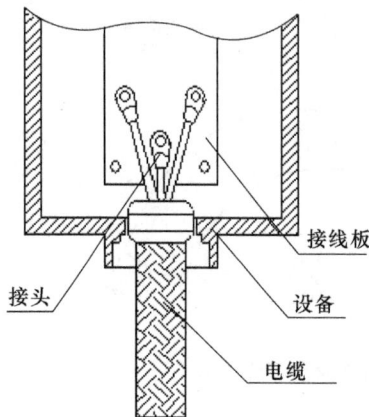

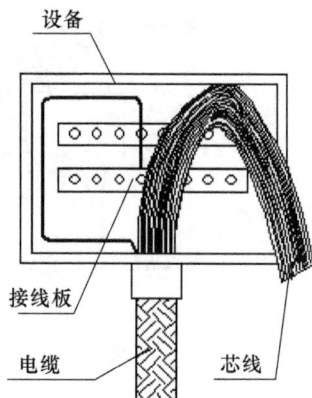

图 5-2-3　6 mm² 以上电缆的引入　　　　图 5-2-4　多芯电缆的芯线长度

④ 引入照明灯具及附具的线芯长度，可参照表 5-2-1 确定。

表 5-2-1　引入照明灯具及附具的线芯长度

设备名称	线芯长度/mm	设备名称	线芯长度/mm
篷顶灯	200	防水插座	120
舱顶灯	200	暗式开关	120
小型舱顶灯	150	暗式插座	120
床灯	150	接线盒	120
镜灯	150	按钮盒	120
壁灯	150	警铃、警钟	120
防水开关	120	限位开关	120
防水开关插座	120	柄式开关	120

⑤ 此外，芯线长度的确定，不但要考虑设备内允许安置芯线空间的大小，还要考虑芯线在设备内的布置情况，要做到整齐、对称和美观。

5.2.2　电缆标记

1. 电缆标记的形式

① 引入设备的电缆线芯应逐根进行对线，以保证同一根线芯的两端具有相同的编号。

② 按照图样规定，确定每一根线芯的标记，并与所连接的设备接线柱标记一一对应。

③ 线芯标记上的字母、号码应清晰、整齐、耐久而不褪色，并应与设备的电路图相符。如设备接线柱的标记与电路图不相同，则应同时写上设备接线柱的标记，并标上括号以示区别。

2. 电缆标记的方法

① 通常选用与芯线绝缘层外径相符的白色塑料套管切割而成，上面的字符可用打字机打印或用特种墨水手工写成，且印好后的塑料管应放入50℃~60℃的烘箱内干燥10~15 min。设备内芯线标记套管应排列整齐。在做接头前应先将标记套管套在线芯绝缘上，待接头压妥后，将套管移至线芯端部。如接头为板型、管型、开口管型、销型和针型，应使套管长度的一半套在接头上，如图5-2-5所示。

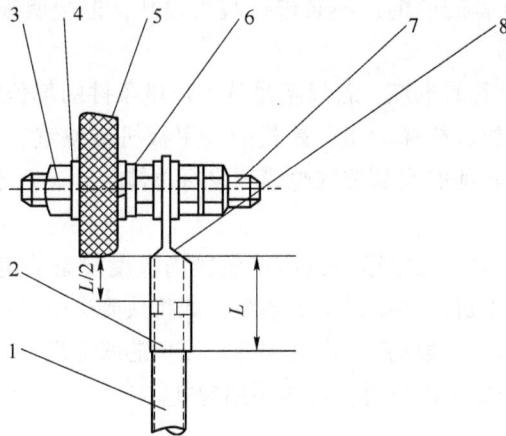

图 5-2-5　正确的接线形式

1—电缆芯线；2—标记套管；3—螺母；4—平垫圈；
5—接线板；6—弹簧垫圈；7—接线柱；8—电缆接头

② 标记套管的内径及长度。

a. 线芯接头为板型或管型时，套管的内径应能保证套管紧套在接头上不致松动。套管的长度应为剥去绝缘的线芯导体长度的2倍。

b. 线芯如无接头或接头为销型时，则套管的内径应能保证套管紧套在线芯绝缘上，其长度应等于剥去绝缘的线芯导体的长度。

③ 同一设备内的线芯标记套管应排列成同一方向，且不应将字母和号码倒置。

5.2.3　电缆端头的包扎

1. 概述

（1）电缆端头包扎所要考虑的因素

① 要确保电缆的绝缘电阻：要考虑到电缆本身的结构以及质量方面，都有可能影响到电缆本身的绝缘。如切割好的电缆，其铜芯和芯线绝缘间、芯线之间及芯线绝缘与护套之间都有空隙，潮气或腐蚀性气体渗入而降低电缆的绝缘电阻。

② 船舶上的环境很差，其中盐雾、油雾、霉素、凝露、温差大等对电缆的橡胶起加速老化作用。为防止芯线橡皮绝缘受到油气和腐蚀性气体等的污染，对进入非防水式的电气设备的电缆进行总体包扎。

③ 要考虑船舶的建造周期及修理周期。

④ 要考虑船舶本身各部位的周围环境也不一样。

⑤ 要考虑多芯电缆的包扎工作量（或多电缆）对电气安装周期的影响。

（2）电缆端头包扎的范围

① 对进入防水电气设备的电缆，不必进行端头包扎，但金属编织护套电缆在金属编织层切口处要包 2~3 层胶带。

② 进入非水密电气设备的电缆，若设备是处于环境条件的部位时，电缆进行总体包扎。这些需包扎部位包括主机舱、机械舱室、副机舱、甲板机械舱室、锅炉舱、厨房、浴厕间、舵机舱、露天部位等。但其他舱室部位的电缆不进行总体包扎。对于芯线绝缘橡皮层外有塑料层的电缆不用总体包扎。

③ 进入白炽灯、电热器、电阻箱等具有产生较高温度设备的电缆芯线，应套玻璃丝套或玻璃丝黄蜡管保护。对于进入高温设备的电缆，如将接到电灶、电阻箱等的电缆芯线的绝缘层剥掉，套上瓷管、瓷珠并紧密连续套到端部，以免芯线短路。

④ 全塑料电缆进入非防水设备时，芯线不用包扎。

（3）包扎所用材料

① 塑料带分为无黏性和有黏性两种，有红色、绿色、黄色、蓝色等几种颜色。

② 玻璃丝管及瓷管：用于产生热源的设备里电缆芯线的包扎。

③ 透明塑料管：直接套在电缆芯线上，包扎较方便。

2. 电缆端头的包扎

（1）局部的包扎

局部的包扎实际上是防潮密封和防止屏蔽网松散，一般采用塑料带和塑料胶带，包扎方法有以下几种。

① 密封芯线绝缘与护套间的间隙包扎。

将防护套切口处的锐角削去，为包扎平滑美观，在护套与芯线绝缘之间绕以适量的填充料。包扎时先从距离金属编织层切口 10~15 mm 处开始至芯线绝缘层 15~20 mm 处止，采用 2/3 叠绕法，即第二圈胶带复叠第一圈胶带宽度的 2/3，这样包扎一遍就有三层胶带。对于多芯电缆，应该使芯线绝缘间间隙密封，如图 5-2-6 所示。

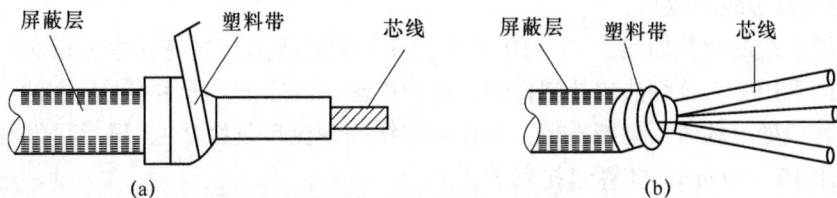

图 5 - 2 - 6　芯线绝缘间间隙密封

② 密封芯线绝缘和铜芯间的包扎。

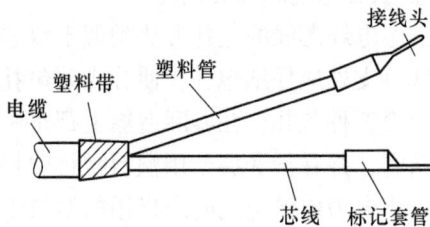

这项工作在电缆端头压接完后进行。包扎前先将芯线标记套管向芯线绝缘层退一定距离，然后用塑料带按上述方法包扎，如图 5 - 2 - 7 所示。

（2）电缆端头的总体包扎

总体包扎是从电缆的最外保护层（金属编织层或护套层）到芯线端的距离内全部进行包扎。这主要是针对进入非水密设备的电缆，防止芯线橡胶绝缘受到油气和腐蚀性气体的污染。对于芯线粗的采用塑料带，对于电力电缆，用和汇流排相同颜色的塑料带来包扎；对于多芯的电缆芯线，采用透明塑料管加以保护，套管的长度一般略长于芯线绝缘的长度。套管应套到芯线根部，套管与护套连接处应用塑料胶带扎紧，如图 5 - 2 - 8 所示。

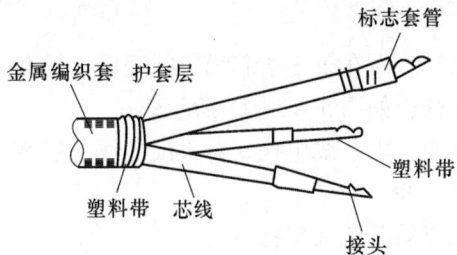

图 5 - 2 - 7　密封芯线绝缘和铜芯间的包扎　　　图 5 - 2 - 8　电缆端头的总体包扎

电缆芯线绝缘外有防护层的不需套塑料管。因为塑料带和塑料管对橡皮绝缘的老化、发黏会起到促进作用，所以不主张芯线全包扎。

① 单芯电缆的芯线包扎。

单芯电缆的芯线包扎如图 5 - 2 - 9 所示，其包扎工艺为：从电缆芯线端头向电缆外皮的方向包塑料带，采用 2/3 叠绕法到达电缆外皮为止，并用二氧乙烷胶水粘牢塑料带末端或用黏胶带封塑料带末端。

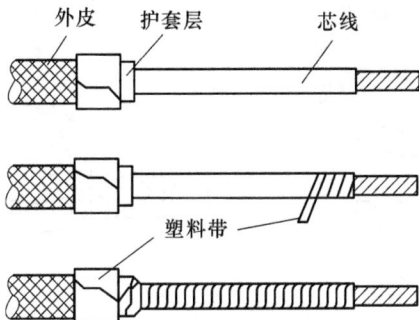

图 5 - 2 - 9　单芯电缆的芯线包扎

② 双芯电缆芯线的包扎。

双芯电缆芯线的包扎如图 5 - 2 - 10 所示，其工艺过程是：先将其中一根芯线的端头向电缆外皮方向采用 2/3 叠绕法包扎塑料带，包到护套切口处止，再用相同的方法包扎另一根芯线到护套切口处，这时不切断扎带，而在两芯线间轮流反复绕 2 ~ 3 层后再继续绕到电缆外皮切口处上 15 ~ 30 mm，才算包扎完毕。

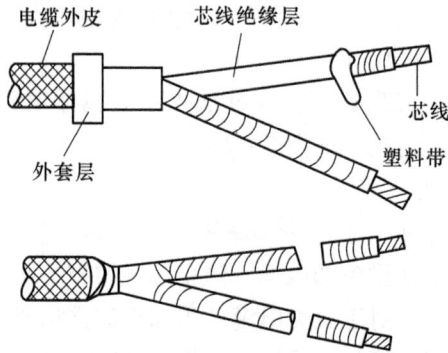

图 5 - 2 - 10　双芯电缆的芯线包扎

③ 三芯电缆芯线的包扎。

三芯电缆芯线的包扎方法类似于双芯电缆的包扎，而在第三根芯线包扎完后，护套切口的芯线分支处应仔细包扎，使分支处包扎严密又美观，如图 5 - 2 - 11 所示。

以上三种包扎，在实际造船上都是用于电力电缆、粗芯线包扎。对于细芯线一般都采用套塑料管，并在护套层处用塑料带将塑料管一起包扎好。

对于电力电缆包扎时所采用的塑料带应选择相应的颜色来包扎。

④ 多芯线电缆的包扎。

多芯电缆一般都是芯线较细的电缆，作信号电缆和控制电缆用。这些电缆包扎芯线一般都是用套塑料管法，但塑料管要套到电缆切口处的根部，然后用塑料带包扎，如图 5 - 2 - 12 所示。这种方法最后加粗了电缆芯线的直径，除了对电缆芯线绝缘有害外，有的设备内也容放不下，给安装造成了困难。

具体在某一条船上采用哪种包扎工艺，要看具体建造工艺的规定。

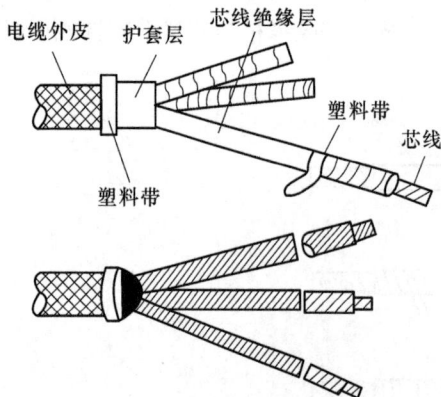

图 5 - 2 - 11　三芯电缆芯线的包扎

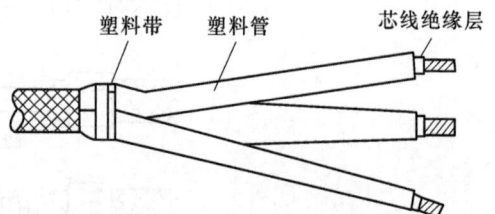

图 5 - 2 - 12　多芯线电缆的包扎

（3）产生高温的设备

白炽照明灯具及有绝缘接线板的电阻箱（架）、电热器等产生高温的设备，如线芯受到发热元件的热量辐射，则应套玻璃丝套管或玻璃丝黄腊管加以保护。

玻璃丝套管应套至线芯根部，并在根部用扎线扎紧，如图 5 - 2 - 13 所示。

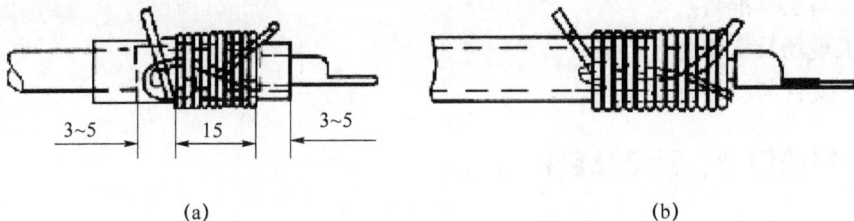

（a）　　　　　　　　　　　　　　（b）

图 5 - 2 - 13　玻璃丝套管使用方法

电阻箱（架）、电热器等产生高温的设备，如线芯直接接至发热元件上，应按线芯长度剥去绝缘层，套以瓷珠绝缘。瓷珠应紧密连续地套至端部，以免线芯短路。

对日光灯和短暂工作的报警用指示灯，可不用套玻璃丝套管。

（4）屏蔽线端头的处理

这里介绍的是带绝缘护套的内屏蔽线的端头处理。若处理得不好就有可能使设备产生误动作。屏蔽线的屏蔽层应在信号接线端一点接地。

① 接地处的端头处理注意不应使屏蔽编织层松弛和损伤绝缘层。处理方法如图 5 - 2 - 14 所示。

② 非接地端的端头处理注意不要使屏蔽层靠近芯线。处理方法如图 5 - 2 - 15 所示。

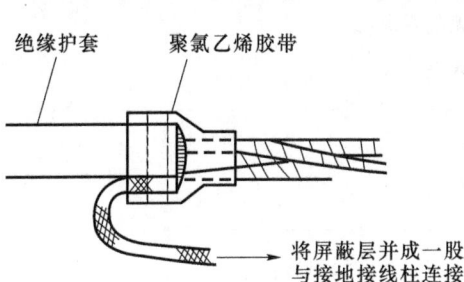

图 5 - 2 - 14　接地处的端头处理

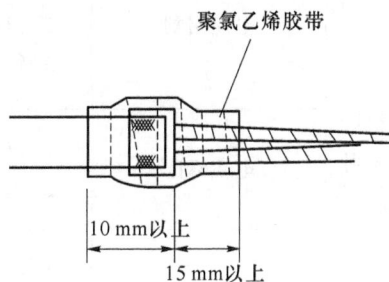

图 5 - 2 - 15　非接地处的端头处理

【任务实施】

电缆的切割、标记及包扎

5.2.4　实训准备

1. 实训目的与要求

① 明确电缆切割的工艺要求。

② 掌握电缆标记、包扎的方法。

③ 电缆切割实际操作。

④ 施工作业要符合工艺要求。

2. 实训资料准备

① 材料与工具准备。

② 施工现场及安全生产准备。

③ 工艺文件与测评标准准备。

5.2.5 电缆的切割、标记及包扎

① 检查现场备料情况。

② 按照相关工艺要求完成对电缆引入设备的电缆进行切割、标记及包扎，任务见表 5-2-2。

表 5-2-2 电缆的切割、标记及包扎任务

任务	考核内容及要求	
	对实训室内完成电缆引入设备的舱室，按照工艺要求进行电缆切割、标记、包扎及引入设备的接线施工	
电缆的切割、标记及包扎	电缆切割	1. 电缆切割准备； 2. 电缆切割的规范要求； 3. 线芯长度的确定
	电缆标记	1. 电缆标记的形式； 2. 电缆标记的方法
	包扎	1. 电缆端头包扎所要考虑的因素； 2. 电缆端头的包扎

【任务测试】

根据所学习的知识结构，结合实训条件，进行电缆的切割、电缆标记、电缆端头包扎实际操作，考核评分表见表 5-2-3。

表 5 - 2 - 3　电缆的切割、标记及包扎考核评分表

考核项目	考核内容	要求	分值	评分标准	得分	备注
电缆的切割、标记及包扎	1. 电缆的切割	进行电缆的实际切割，并做到符合工艺要求	30	1. 切割不正确每处扣3分； 2. 整体切割效果不好每处扣3分； 3. 长度选择不对每处扣3分； 4. 其他不符合切割工艺要求处每处扣2分		
	2. 电缆的标记	按照实船电缆标记进行操作	30	1. 标记不正确扣2分； 2. 整体效果不好扣3分； 3. 其他不符合切割工艺要求处每处扣2分		
	3. 电缆端头的包扎	进行电缆局部包扎、整体包扎、高温设备的包扎	40	1. 主要考查三种包扎方式掌握情况，包扎不合理或效果不好各扣2分； 2. 其他不符合切割工艺要求处每处扣2分		

项目编号：　　　　　　　　组号：　　　　姓名：　　　　总分：

任务三　电缆引入设备接线施工

【知识链接】

5.3.1　电缆引入设备的紧固

① 引入设备的电缆，在设备进口处应牢靠固定。对有填料函的设备，可利用填料函固定；如无填料函，则应设有进线托线板（架）或其他电缆紧固件，以免电缆松动及线芯和

接头受到应力。

②填料函的紧固形式如图5-1-1所示。填料函的两侧应设有内径与护套外径相近的金属或尼龙垫圈，并尽量使填料函压紧在护套上。填料函压紧后，应使护套露出设备内壁3~5 mm，填料函螺母应露出2~3牙。

在露天和有水凝聚的场所，应避免填料函螺母口向上设置，并且应在螺母口电缆周围用填料封闭，并稍微凸起，以免积水。

③进线托线板的紧固形式如图5-3-1所示，电缆在托线板上紧固后，应使护套露出设备内壁3~5 mm，设备封口板的开孔尺寸应与电缆束的直径相符。进线托线板按CB 381选用。

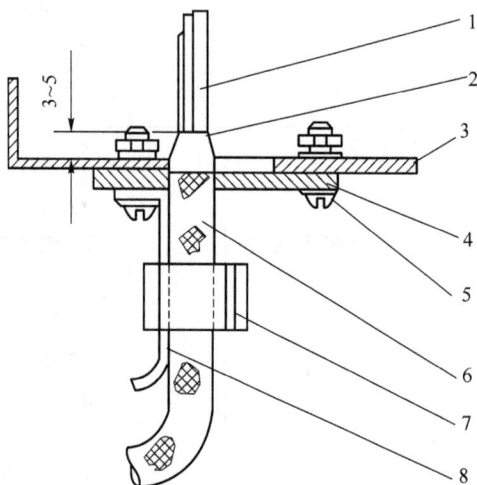

图5-3-1　进线托线板的紧固形式

1—电缆芯线；2—电缆护套；3—设备壁；4—进线封口板；
5—螺钉、螺母；6—电缆；7—紧固件（钢带）；8—托线板

5.3.2　设备的接线

1. 电缆与设备的连接形式

线芯的端部一般应设有接头，接头与线芯可采用冷压连接。冷压接头按CB 394选用。接头套筒的内径应与线芯导体的直径相符，接头的接线孔径应略大于设备接线柱的直径。如线芯截面为4 mm² 以下，设备的接线柱为具有压板的插入式连接，可不设接头。

2. 电缆端头制作

（1）冷压接头的种类

目前，船舶电缆芯线的接头的处理，广泛采用的是在芯线端头上压接冷压铜接头的工艺方法。其规格为1~400 mm²，常用的型式有：板型铜接头，如图5-3-2（a）所示；管型铜接头，如图5-3-2（b）所示。

（2）电缆冷压接头的压接工艺

①所有冷压接头必须使用专用工具进行压接。专用工具的压模应按接头的规格选用。压模的尺寸、技术要求以及压接的操作符合CB/Z 89规定。

② 选择的冷压接头套管内径略大于电缆芯线接头的外径，其接线孔径应略大于设备接线柱的直径。

③ 芯线的绝缘层的切割不得损伤芯线，且切口应平整，其切割长度 $L = L_1 + （2 \sim 3 \text{ mm}）$，如图 5 – 3 – 2（c）所示。

④ 压接前应除去铜接头上的橡皮膜及油污等杂质。

⑤ 所有冷压接头必须用专用工具或模具进行压接，且应保证压接质量。

（3）冷压接头及冷压工具

① 冷压接头型号规格，见表 5 – 3 – 1。

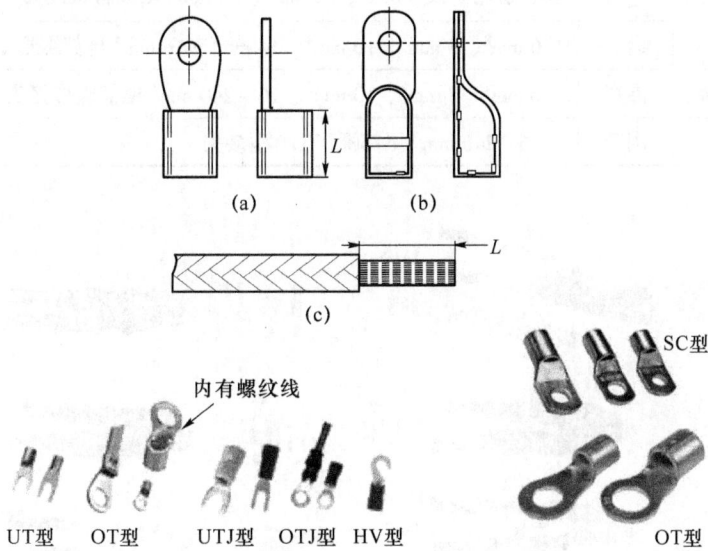

图 5 – 3 – 2 冷压接头

表 5 – 3 – 1 冷压接头型号规格 单位：mm²

规格（线径×孔径）	备注
0.5×3，0.75×3，1×3	
1.5×3，1×4，1.5×4	
1.5×5，1.5×6，2.5×4	UT、OT 型为裸形冷压接头，UTJ、OTJ、HV 型为带绝缘套冷压接头
2.5×5，2.5×6，2.5×8	
4×4，4×5，4×6	
6×4，6×5，6×8	

② 冷压工具，见表 5 – 3 – 2 和图 5 – 3 – 3。

表 5 - 3 - 2 冷压工具

型号	压接方式	产地	适用冷压接头
DG - 1	周压式	国产	1 mm²、1.5 mm²、2.5 mm²、4 mm² 尾部带绝缘套冷压接头和接压针型
301 - H		进口	接头、中间接头、插管接头
DG - 2	点压式	国产	1 mm²、1.5 mm²、2.5 mm²、4 mm² 尾部裸形冷压接头 OT 型、IT 型、
301 - N		进口	HZ 型裸形冷压接头
301E	周压式	国产	0.5 mm²、0.75 mm²、1 mm²、1.5 mm²、2.5 mm²、4 mm² 尾部带绝缘
301S		进口	套，适用导线 6 mm²、10 mm²、16 mm² 尾部管状接头
KH - 22	点压式	进口	6 mm²、8 mm²、10 mm²、14 mm²、16 mm² 尾部裸形 OT 型接头
JYJ - 1	机械压接	国产	6 mm²、8 mm²、10 mm²、16 ~ 240 mm² 尾部裸形接头
YQK	液压式	国产	16 ~ 240 mm² 尾部裸形 OT 型接头

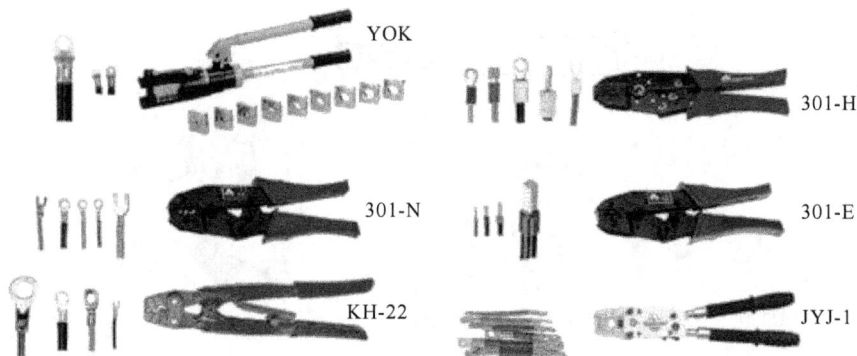

图 5 - 3 - 3 冷压工具

3. 芯线的捆扎

① 设备内的线芯束应妥善捆扎，以防松散。捆扎应牢靠和整齐美观。如线芯束较长时，应适当地加以固定。

② 线芯束一般可用塑料旋绕管、小型尼龙扎带等进行捆扎。如设备内有塑料敷线槽，则可以不再另行捆扎。

③ 塑料旋绕管、小型尼龙带、塑料敷线槽的材料应是牢固、滞燃、不吸潮的。

④ 线芯的余量一般应在接线柱附近绕圈放置。导体截面在 2.5 mm² 及以下的线芯，其余量可弯曲后捆扎在线芯束之中。

⑤ 备用线芯一般应单独捆扎。

4. 接线

① 将线芯按图样编号正确地接至设备的接线柱。

② 接线的紧固应牢靠、整齐，并应设有防止松脱的弹簧垫圈或锁紧螺母。在接头的两侧均应设有平垫圈。

③ 不得用紧固接线柱的螺母来紧固线芯接头。

【任务实施】

船舶电缆引入设备接线施工

5.3.3　实训准备

1. 实训目的与要求

① 明确电缆引入设备连接的工艺要求。

② 掌握电缆接头制作与冷压接头工具使用方法。

③ 电缆引入设备紧固、接线实际操作。

④ 施工作业要符合工艺要求。

2. 实训资料准备

① 材料与工具准备。

② 施工现场及安全生产准备。

③ 工艺文件与测评标准准备。

5.3.4　船舶电缆引入设备接线施工

① 检查实训现场电缆敷设情况。

② 按照相关工艺要求完成对电缆端头制作，并将电缆引入设备连接。任务见表 5 – 3 – 3。

表 5 – 3 – 3　电缆引入设备接线任务

任务	考核内容及要求
船舶电缆引入设备连接	按照电缆引入设备接线施工工艺要求，完成电缆引入设备的接线施工。 1. 按工艺要求完成电缆端头制作； 2. 按照接线要求，做好电缆标记； 3. 电缆引入设备连接； 4. 完成电缆引入设备的捆扎、紧固施工

【任务测试】

根据所学习的知识结构，结合实训条件，进行船舶电缆引入设备接线实际操作。考核评分表见表 5 – 3 –4。

表 5 – 3 – 4　电缆引入设备接线考核评分表

项目编号：			组号：	姓名： 总分：		
考核项目	考核内容	要求	分值	评分标准	得分	备注
电缆引入 设备接线	1. 电缆引入设备紧固	进行电缆引入设备紧固，并做到符合工艺要求	20	1. 紧固方式错误每处扣2分； 2. 紧固时损坏电缆每处扣1分； 3. 紧固不符合规范每处扣1分； 4. 紧固不牢每处扣1分； 5. 遗漏每处扣1分； 6. 损坏工具每处扣2分		
	2. 电缆端头制作	按照工艺要求进行电缆端头制作	30	1. 端头制作与电缆连接不牢每处扣2分； 2. 端头制作不符合规范每处扣2分； 3. 端头无标记或标记不正确扣2分； 4. 工具使用不当每处扣2分； 5. 整体效果不好扣1分		
	3. 电缆芯线捆扎	按工艺要求进行电缆芯线捆扎	20	1. 电缆芯线捆扎不牢每处扣2分； 2. 芯线捆扎用料不符每处扣2分； 3. 芯线捆扎无余量每处扣2分； 4. 需要捆扎处无捆扎每处扣2分； 5. 其他不符合工艺要求每处扣2分		
	4. 电缆接线	进行电缆引入设备接线实际操作	30	1. 连接不牢固每处扣2分； 2. 连接不整齐每处扣2分； 3. 需要连接处无连接每处扣3分； 4. 其他不符合工艺要求每处扣2分		

任务四 电缆纵向密封施工

【知识链接】

5.4.1 电缆密封工具、材料

① 工具：冷压头压接工具 AD – 1552 – 1 – CRIMPING – TOOL；热风枪 HL1802E – KIT – 230 V（新产品 HL2005E，带温度指示）。

② 材料：热缩密封材料和硅橡胶黏合密封剂（简称 803 胶），见表 5 – 4 – 1 和图 5 – 4 – 1。

表 5 – 4 – 1 热缩密封材料表

序号	名称	规格
1	双含胶热缩管	ATUM – 3/1 – 0 – STK；ATUM – 6/2 – 0 – STK；ATUM – 9/3 – 0 – STK；ATUM – 12/4 – 0 – STK；ATUM – 16/4 – 0 – STK；ATUM – 24/6 – 0 – STK；ATUM – 32/8 – 0 – STK；ATUM – 52/13 – 0 – STK
2	热熔胶	S – 1048
3	带热熔胶附件热缩管	RBK – 105 – KIT – 0110 – A0
4	模缩套	T – 400FR；T150 – 300FR；T42 – 100FR；T14 – 23FR
5	热缩密封压接端子	282 A046 – 25/86 – 0（更新为 382 A046 – 25/86 – 0）

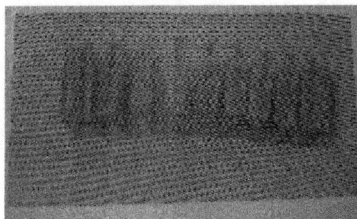
热熔胶

模缩套

图 5 – 4 – 1 热熔胶和模缩套图片

5.4.2 主干电缆的纵向密封

1. 干线电缆护套与芯线绝缘之间的纵向密封

根据不同电缆外径和不同电缆截面和芯线根数，采用相对的带胶热缩套管和热熔胶，详见电缆根部密封表 5 – 4 – 2。

表 5 – 4 – 2 电缆根部密封表

电缆外径 D	芯线 P 和截面 S	热缩管和热溶胶
$8 < D < 20$	$P < 20$	ATM – 32/8 – 0 – STK + Bay Block 105 kid 0110 – A0 热熔胶
$8 < D < 20$	$P > 20$	ATM – 32/8 – 0 – STK + 2 只 Bay Block 105 kid 0110 – A0 热熔胶
$20 < D < 45$	$P < 20$	ATM – 52/13 – 0 – STK + Bay Block 105 kid 0110 – A0 热熔胶
$20 < D < 45$	$P > 20$	ATM – 52/13 – 0 – STK + 2 只 Bay Block 105 kid 0110 – A0 热熔胶
电缆外径 D	芯线 P 和截面 S	热缩管和热熔胶
	$P = 2 \sim 3,\ S = 10 \sim 16$	ATM – 32/8 – 0 – STK + S – 1048 热熔胶
	3×16	T14 – 23FR
	$3 \times 25 \sim 3 \times 50$	T42 – 100FR
	$3 \times 70 \sim 3 \times 120$	T150 – 300FR
	$3 \times 150 \sim 3 \times 185$	T – 400FR
	$2 \times 50 \sim 2 \times 95$	282A046 – 25/86 – 0

① 取带胶热缩管长度 60 ~ 65 mm，套在电缆外护套上的长度约占热缩管长度的三分之一，在热缩管内的芯线绝缘部分每根外裹上相应的热熔胶。热风枪从电缆护套端加热过程中，施工者戴好手套用手指均匀挤压电缆，以使热熔胶熔化后比较均匀，以起到好的密封效果，对于护套内有屏蔽网的缝隙中，施工中必须从一端均匀向另一端加热和挤压，以防热缩管内空气不能挤出形成气泡腔，影响密封效果。

② 进入接线箱的多芯干线电缆，要求密封处短一些，以便电缆进入填料函能够弯曲，热缩管长度可为 30 ~ 35 mm，热熔胶可切成两半使用，热缩方法同上。

2. 截面积较大电力电缆密封

电缆截面大的 2 ~ 3 芯电力电缆，取相应规格的模缩套，从电缆端部套入，用热风枪均匀加热，起到密封效果，如图 5 – 4 – 2 所示。

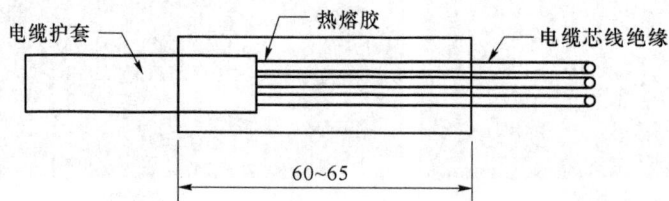

图 5 – 4 – 2 电缆截面大的 2 ~ 3 芯电力电缆密封

3. 模缩套的使用说明及注意事项

① 裁剪胶带 S1297：为主干电缆准备 3 段胶带，分支每个 2 段，并保证都能缠绕电缆 2 圈。

② 清理电缆表面，保证热熔胶和模缩套能很好地黏合电缆表面。

③ 在电缆上做好胶带缠绕标记。

④ 将胶带缠绕在电缆主干和分支上（2 圈），用手压紧，使胶带粘在电缆上。

⑤ 启动热风机，开到最大挡（450℃），预热3~5 min。

⑥ 用热风枪吹缠绕在电缆上的胶带，使得胶带开始微微融化，能见到小气泡。

⑦ 将模缩套套在电缆上，注意不要将缠绕在电缆上的胶带拖动偏离原来缠绕的位置。

⑧ 加热模缩管，由模缩管中间向两头吹，使得内腔的空气挤出。等模缩管完全收缩再继续加热，看到出口处有胶溢出即可。

⑨ 将热风枪加热挡关闭，热风枪缓冷后关闭，完成操作。

4. 主干电缆端头密封

（1）芯线截面大于6 mm² 的电缆端头密封

① JG 型冷压接头按工艺要求进行压接安装后，用带胶套管长度30 mm在冷压头与芯线连接处套上带胶热缩管进行热缩，选用热缩管及施工方法见图5-4-3和表5-4-3。

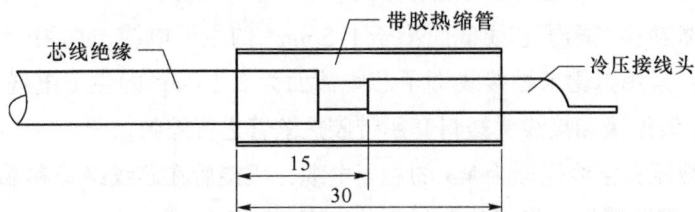

图5-4-3　大截面接线端头密封

表5-4-3　大截面接线端头密封表　　　　　　　　单位：mm²

芯线截面积 S	热缩管
$6 < S < 25$	AUTM-16/4-0-STK
$25 < S < 70$	AUTM-24/6-0-STK
$70 < S < 400$	AUTM-52/13-0-STK

② 对进入分配电箱，截面大于6 mm²，但不需压接冷压接头的主干电缆，芯线端头剥去绝缘后，先搪锡，然后用10~15 mm 长带胶热缩管将芯线根部热缩密封（用热缩管 ATNM3/8）。

（2）芯线截面小于6 mm² 的电缆端头密封

① 芯线截面小于6 mm² 的电缆端头采用相应的带胶热缩管和接线端子材料，通过专用的压接工具先将冷压完成后再进行热缩，完成芯线端头纵向密封。材料选用及安装形式见图5-4-4和表5-4-4。

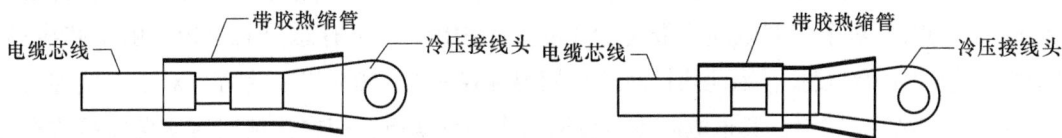

图5-4-4　小截面接线端头密封

表 5 - 4 - 4   小截面接线端头密封表   单位：mm²

芯线截面积	热缩管冷压接头 φ4	热缩管冷压接头 φ6
$S = 0.5 \sim 1.5$	B - 106 - 1401	B - 106 - 1401
$S = 1.5 \sim 2.5$	B - 106 - 1401	B - 106 - 1402
$S = 3 \sim 6$		B - 106 - 1403

② 对于接线箱、接线盒等设备不需要冷压头的主干电缆，密封方法是：截面积小于 1.5 mm² 的主干电缆，采用带热缩针状冷压端头 B - 106 - 6201；截面积大于 1.5 mm² 的主干电缆，芯线端头剥去绝缘后，先搪锡，然后用 10 ~ 15 mm 带胶热缩管将芯线绝缘及芯线根部用 ATUM3/8 或 ATUM1/2 型热缩管进行缩封。

③ 采用魏德米勒接线端子芯线截面小于 1.5 mm² 的主干电缆，选用带热缩针状冷压端头 B - 106 - 6201；采用魏德米勒接线端子芯线截面为 2.5 mm² 的主干电缆，用魏德米勒冷压接头压接后，芯线绝缘和接线头塑料套用带胶热缩管进行缩封。

④ 选用孔状冷压头接线螺栓为 M3 的主干电缆，压接后在芯线绝缘和端头根部套以带胶热缩管进行密封，需保证既要将端头孔封死，又不影响接线面（用 ATUM3/8 或 ATUM1/8）。

⑤ 单屏蔽干线电缆与插头连接的，芯线与插针根部焊接处用带胶热缩管 ATUM1/8 自上而下每焊完一层，热缩封死一层，直至全部焊完热封完，此外尤需确保每根芯线对接线的正确性，电缆护套与电缆芯线根部密封按干线电缆护套与芯线绝缘之间的纵向密封工艺执行，屏蔽网可编小辫引出。

⑥ 对于双屏蔽干线电缆，包括双屏蔽对绞电缆插入插头或设备的，可根据实际情况按设计部门专业人员要求进行电缆根部密封处理，一般分为以下三种情况。

a. 可将芯线屏蔽从电缆根部留约 10 mm 后其余剥去，芯线屏蔽统一引导接地线，总屏蔽编小辫引出，按干线电缆护套与芯线绝缘之间的纵向密封工艺执行。

b. 芯线屏蔽不允许剥去，带着芯线屏蔽按干线电缆护套与芯线绝缘之间的纵向密封工艺执行。

c. 芯线与插头的焊接处用带胶热缩管密封或只套塑料管不做密封。

上述三种方法密封需征得设计部门专业人员同意后方可实施。

5. 干线电缆的热缩温度控制

瑞侃公司生产的带胶热缩管热缩温度为 100℃，热熔胶开始熔化温度为 110℃，完全熔化温度为 120℃，对于多芯电缆主要为 JHR85 和 JHRP85，也有总分 CKEPJ，由于芯线多，热熔胶熔化时间相对较长，因此热缩时热风枪温度控制在 150℃ 以下为宜，对于电缆连接器插座温度可控制在 120℃，其他电缆也可参照这个温度执行，但在热缩时应避免直接吹在芯线上。

6. 施工质量控制点

① 电缆作业面清洁。

② 施工中注意按以上要求严格选择热缩材料。

③ 热缩套管及模缩套无开裂、鼓包。

④ 热熔胶熔化均匀，且从套管边缘溢出。

5.4.3 舱室电缆的纵向防湿密封

① 只对进入非水密设备的舱室电缆进行纵向防湿处理。

② 舱室电缆护套与电缆芯线绝缘间的密封。

电缆防潮密封采用南京大学生产的硅橡胶黏合密封剂（简称 803 胶）。将电缆外护套根据长度切割后，把 803 胶均匀涂抹在护套和芯线之间。对于多芯电缆，将芯线分来后把 803 胶均匀涂抹在各芯线绝缘之间和护套与芯线绝缘之间，然后把芯线合拢，按正常的安装工艺要求进行（需包扎塑料带或塑料套管的）。待 24 h 后，803 胶在空气中自然硫化成固体橡胶状态，起到防潮作用。

③ 芯线端子处的防潮密封。

按正常工艺要求将接线端子压接完成后，把 803 胶均匀涂抹在接线端子和芯线连接处，然后把接线端子塑料套管移至接线端子与芯线连接处，待 24 h 后，803 胶自然固化形成封膜。

【任务实施】

电缆纵向密封施工

5.4.4 实训准备

1. 实训目的与要求

① 明确电缆纵向密封施工工艺要求。

② 掌握电缆纵向密封施工方法。

2. 实训资料准备

① 材料与工具准备。

② 施工现场及安全生产准备。

③ 工艺文件与测评标准准备。

5.4.5 电缆纵向密封施工

对实训室内某舱室所需纵向密封电缆进行密封处理。任务见表 5 – 4 – 5。

表 5 - 4 - 5　电缆纵向密封任务

任务	考核内容及要求
电缆纵向密封施工	按工艺要求选择不同密封材料，完成舱室内电缆纵向密封施工。 1. 电缆纵向密封施工工具、材料的准备； 2. 确定施工程序； 3. 按照密封施工工艺要求，进行电缆纵向密封施工； 4. 进行施工质量控制，具体如下： ① 电缆作业面清洁； ② 施工中注意按以上要求严格选择热缩材料； ③ 热缩套管及模缩套无开裂、鼓包； ④ 热熔胶熔化均匀，且从套管边缘溢出

【任务测试】

根据所学习的知识结构，结合实训条件，进行船舶电缆纵向密封实际操作。考核评分表见表 5 - 4 - 6。

表 5 - 4 - 6　电缆纵向密封考核评分表

项目编号：			组号：	姓名：	总分：		
考核项目	考核内容	要求	分值	评分标准		得分	备注
电缆纵向密封施工	电缆纵向密封施工工艺	对实训室内某舱室内所需纵向密封电缆进行密封	100	1. 密封工具使用错误每处扣 2 分； 2. 密封材料选择错误每处扣 1 分； 3. 密封不符合规范每处对扣 1 分； 4. 密封不牢固每处扣 1 分； 5. 所需密封处无施工每处扣 5 分； 6. 密封后无处理每处扣 2 分； 7. 密封施工过程中损坏电缆每处扣 2 分； 8. 利用密封胶密封时粘连其他无关设备及元件每处扣 3 分； 9. 热缩管密封后开裂、鼓包、露线每处扣 2 分			

任务五　电力一次系统图和接线图的识读

【知识链接】

5.5.1　电力一次系统图

1. 电力一次系统图的格式要求

电力接线图的识图能力训练，必须结合电力系统图。这部分内容主要是结合造船企业电力一次系统图和接线图的实际图纸，让学生了解图纸的格式、图纸所包含的内容、图纸中所使用的符号、必要的文字说明等内容。

① 图纸中应列出图纸名称、图纸编号和页码。

② 图纸中应标清电气设备安装舱室的名称、电力系统名称、所连接的设备名称。

③ 图纸中应标清设备所处的位置，设备标号，电缆的规格、数量。

2. 电力一次系统图图样

以某船型为例，给出了船舶上平台集控室主配电板组合启动屏系统图图样，如图 5-5-1、图 5-5-2 所示，供参考和学习。

5.5.2　电力一次接线图

1. 电力一次接线图的格式要求

① 图纸中应列出图纸名称、图纸编号和页码。

② 图纸中应标清设备号、接线板号、接线柱号、电缆号。

③ 电缆号的标注，要求标出电缆的型号、规格、根数，并标出电缆的芯数、截面积。

2. 电力一次接线图图样

对应电力一次系统图，以同一船型为例，给出了船舶上平台集控室主配电板组合启动屏接线图图样，如图 5-5-3 ~ 图 5-5-7 所示，供参考和学习。

【任务实施】

识读电力一次系统图和接线图

5.5.3　实训准备

1. 实训目的与要求

① 了解船舶电力一次系统图及接线图的版面形式、符号含义。

电力一次系统图	图纸编号	共49页	第9页

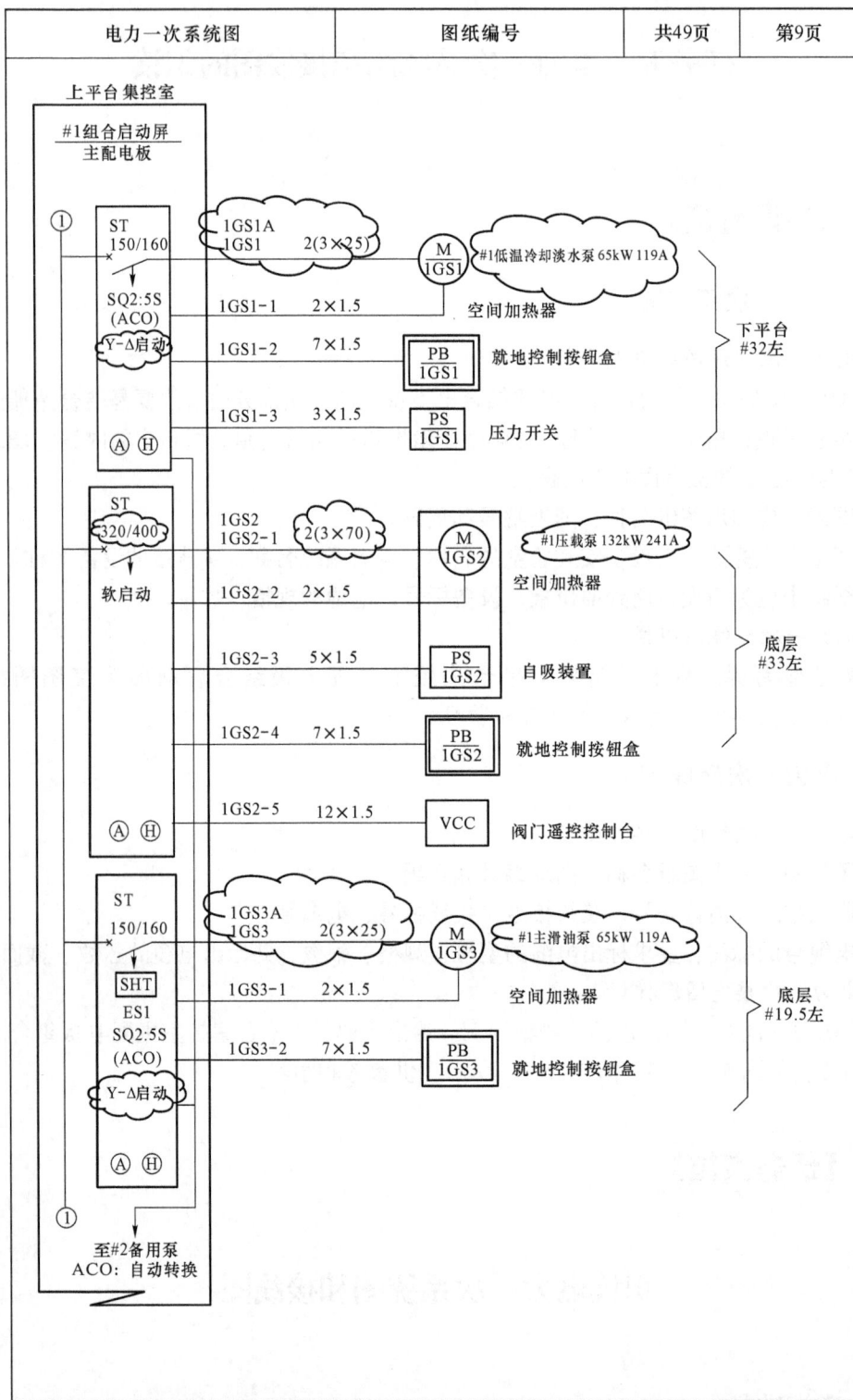

图 5-5-1　船舶主配电板#1 组合启动屏系统图（1）

电力一次系统图	图纸编码	共49页	第10页

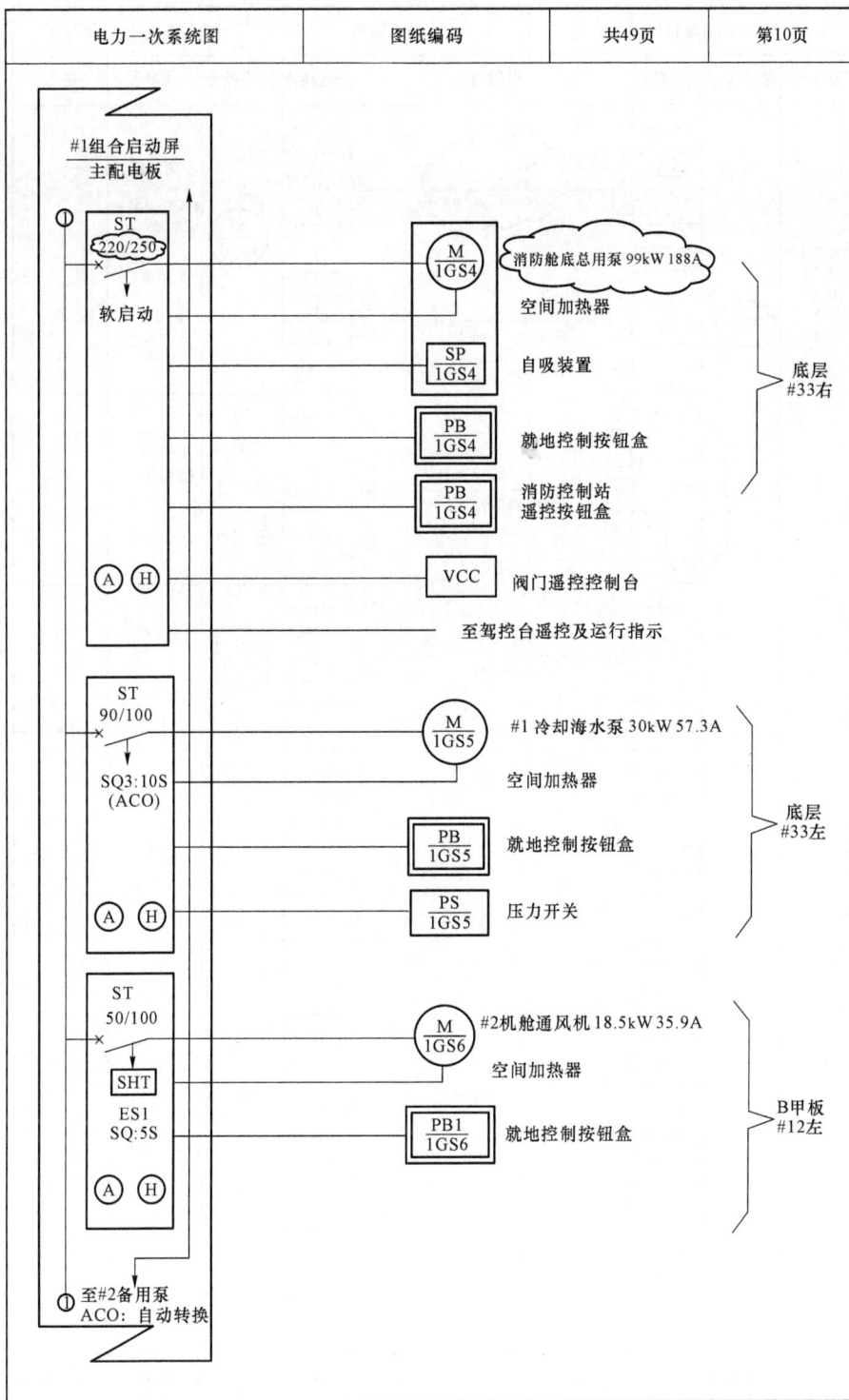

图 5-5-2　船舶主配电板#1 组合启动屏系统图 (2)

主配电板接线图			图纸编码		共32页	第02页

设备号	接线板号	接线柱号	电缆号	接线柱号	接线板号	设备号	备注
		U1 1 / V1 2 / W1 3	1GS1A 1GS1 GJ86/SC 2(3×25)	1 / 2 / 3	U / V / W	M 1GS1	空间加热器 1号低温冷却 淡水泵
MSB 主配 电板 1号 组合 启动 屏	XR2-4	21 1 / 22 2	1GS1-1 GJ86/SC 2×1.5	1 / 2	H1 / H2		
		1 1 / 2 / 3 3 / 4 4 / 5 5 / 6	1GS1-2 GJ86/SC 7×1.5	1 / 2 / 3 / 4 / 5 / 6	启动 / 停止 / 运行		就地控制 按钮盒
		8 1 / 9 2	1GS1-3 GJ86/SC 2×1.5	1 / 2	1 / 2	PS 1GS1	压力开关

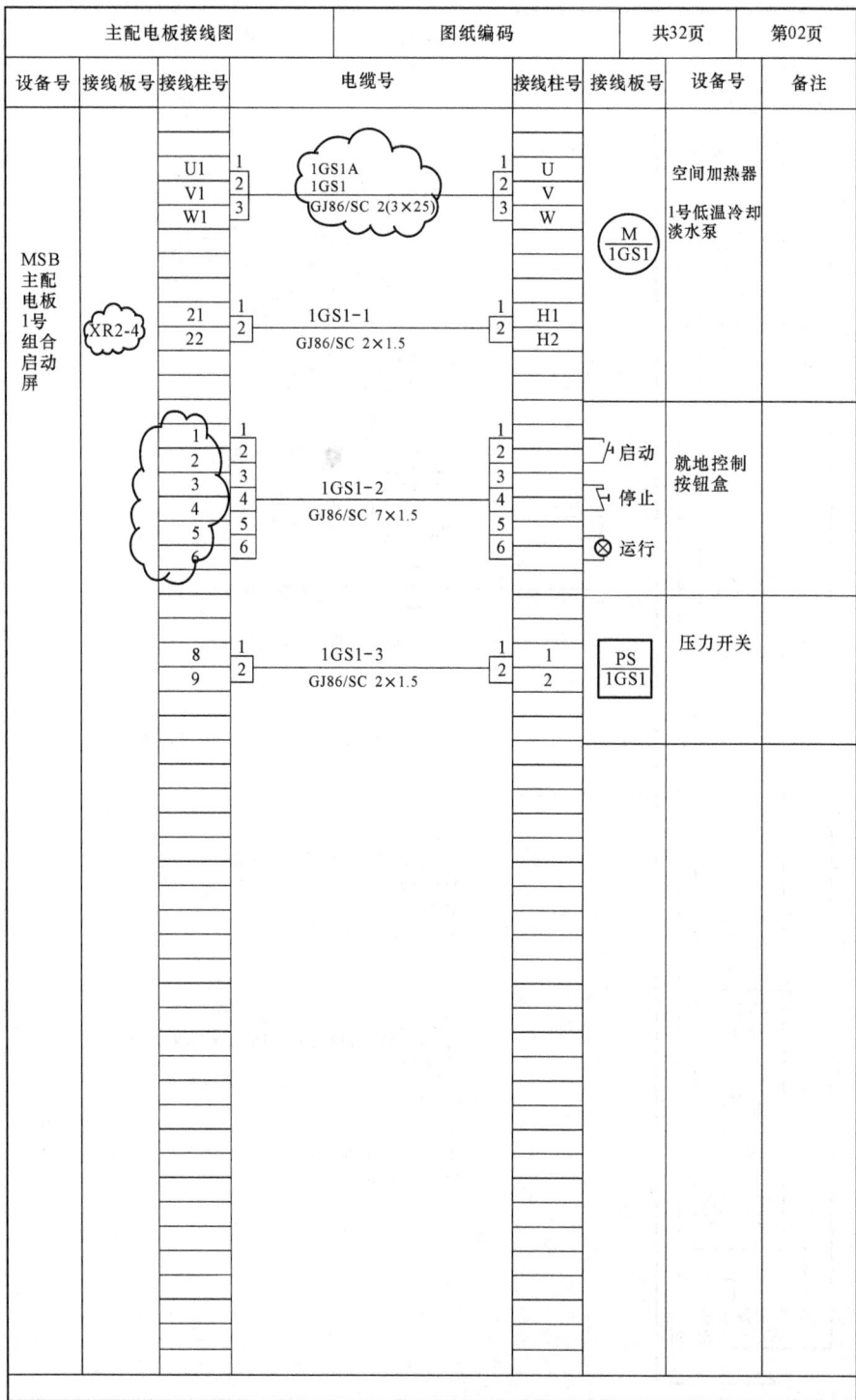

图 5-5-3 MSB 主配电板#1 组合启动屏接线图 (1)

主配电板接线图			图纸编码			共32页	第03页
设备号	接线板号	接线柱号	电缆号	接线柱号	接线板号	设备号	备注
MSB 主配电板1号组合启动屏	XR1-2	U1 / V1 / W1 (1/2/3)	1GS2 1GS2-1 GJ86/SC 2(3×70)	(1/2/3)	U / V / W	1号压载泵 / 空间加热器 M 1GS2	
		21 / 22 (1/2)	1GS1-1 GJ86/SC 2×1.5	(1/2)	H1 / H2		
		F10 / F11 / F12 / F14 (1/2/3/4)	1GS2-3 GJ86/SC 5×1.5	(1/2/3/4/5/6)	F10 / F11 / F12 / F14	自吸装置 SP 1GS2	
		1 / 2 / 3 / 4 / 5 / 6 (1/2/3/4/5/6)	1GS2-4 GJ86/SC 7×1.5	(1/2/3/4/5/6) 1 / 2	启动 / 停止 / 运行	就地控制按钮盒	
		7 / 8 / 9 / 10 / 11 / 12 (1/2/3/4/5/6)	1GS2-5 GJ86/SC 12×1.5	(1/2/3/4/5/6) 1/2/3/4/5/6	FM15 启动 / 停止 / 运行	阀门遥控控制台	

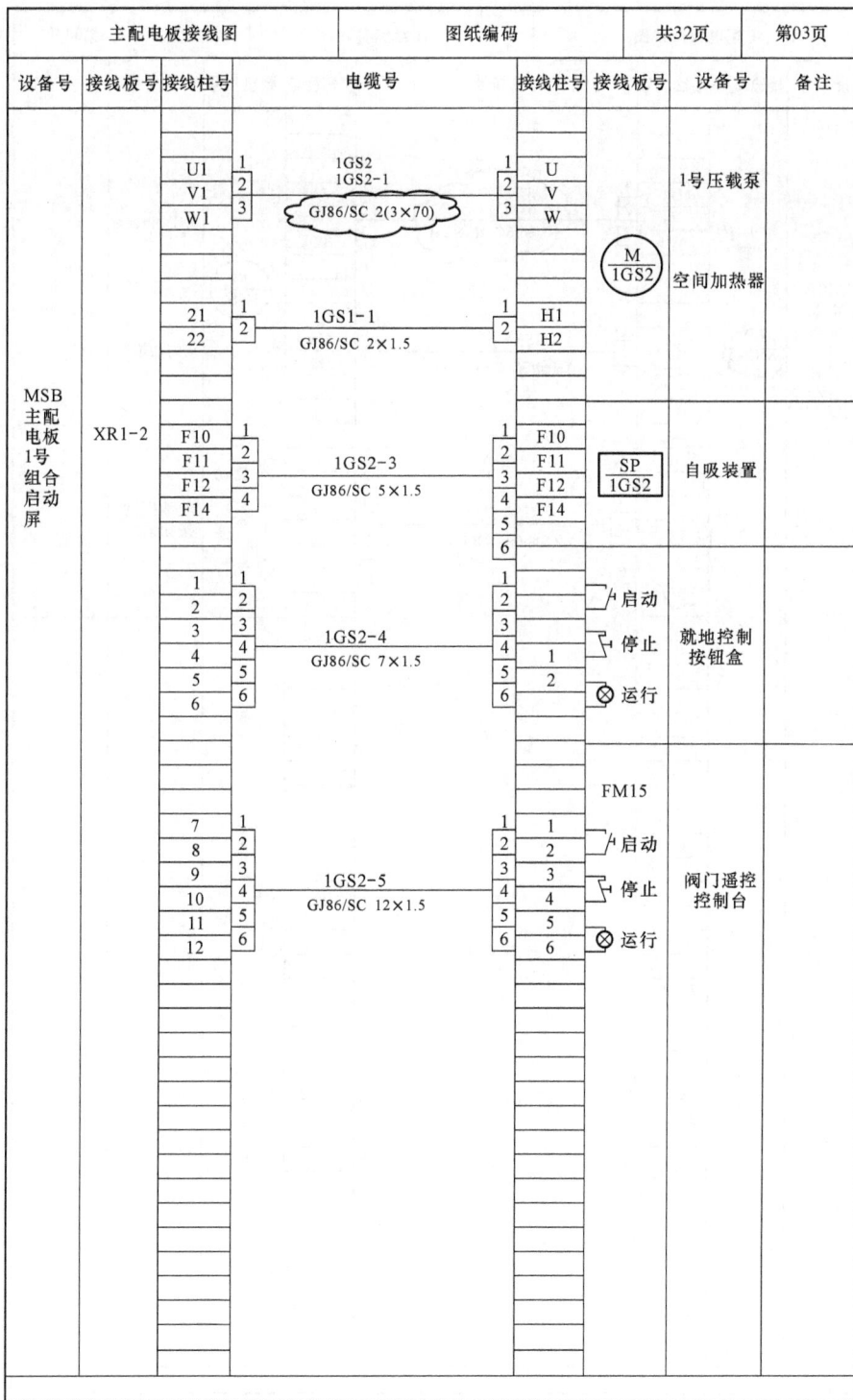

图 5-5-4　MSB 主配电板#1 组合启动屏接线图（2）

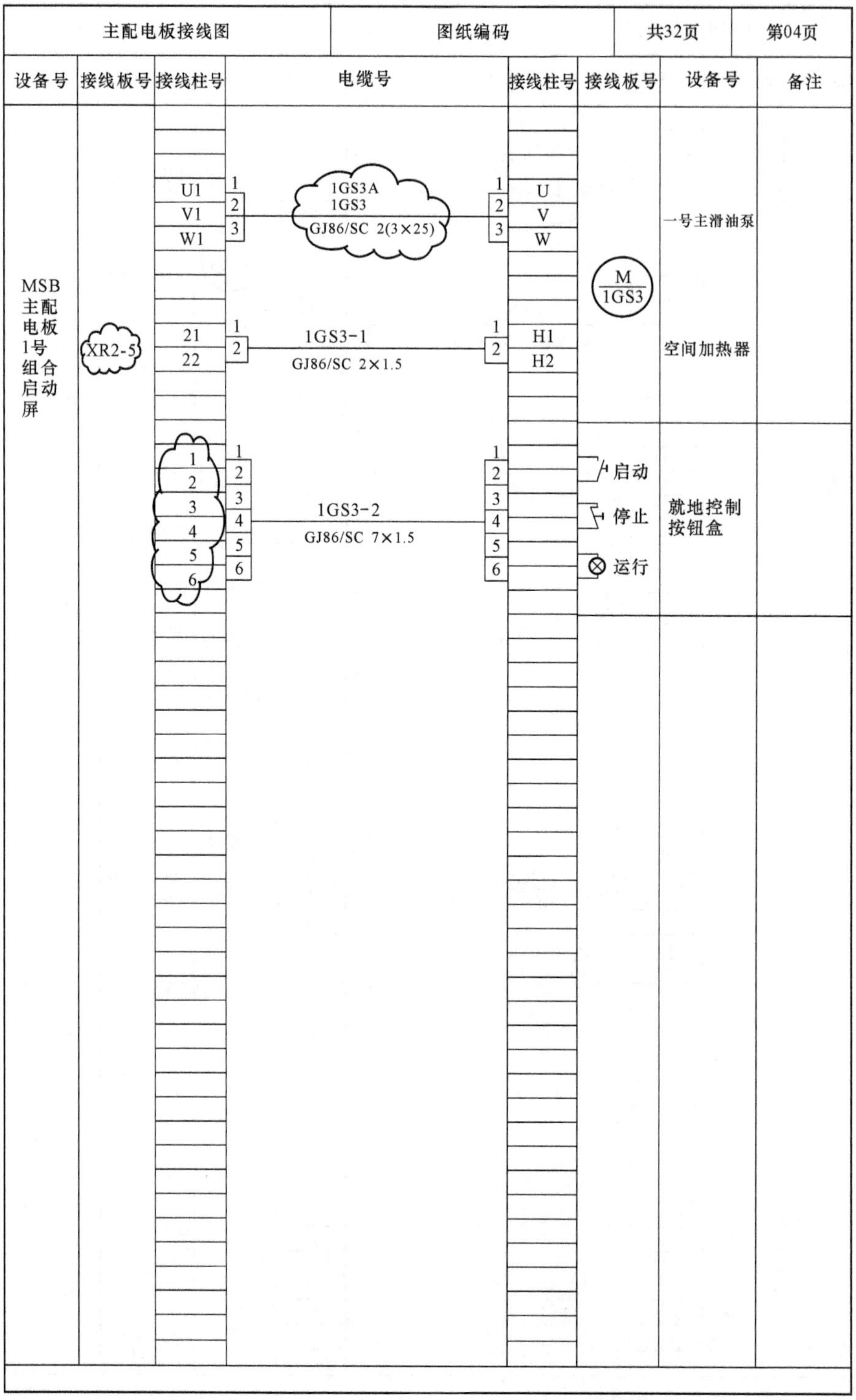

主配电板接线图			图纸编码			共32页	第04页
设备号	接线板号	接线柱号	电缆号	接线柱号	接线板号	设备号	备注
MSB主配电板1号组合启动屏	XR2-5	U1 1 V1 2 W1 3	1GS3A 1GS3 GJ86/SC 2(3×25)	1 U 2 V 3 W	M/1GS3	一号主滑油泵	
		21 1 22 2	1GS3-1 GJ86/SC 2×1.5	1 H1 2 H2		空间加热器	
		1 1 2 2 3 3 4 4 5 5 6 6	1GS3-2 GJ86/SC 7×1.5	1 2 启动 3 4 停止 5 6 运行		就地控制按钮盒	

图 5-5-5 MSB 主配电板#1 组合启动屏接线图 (3)

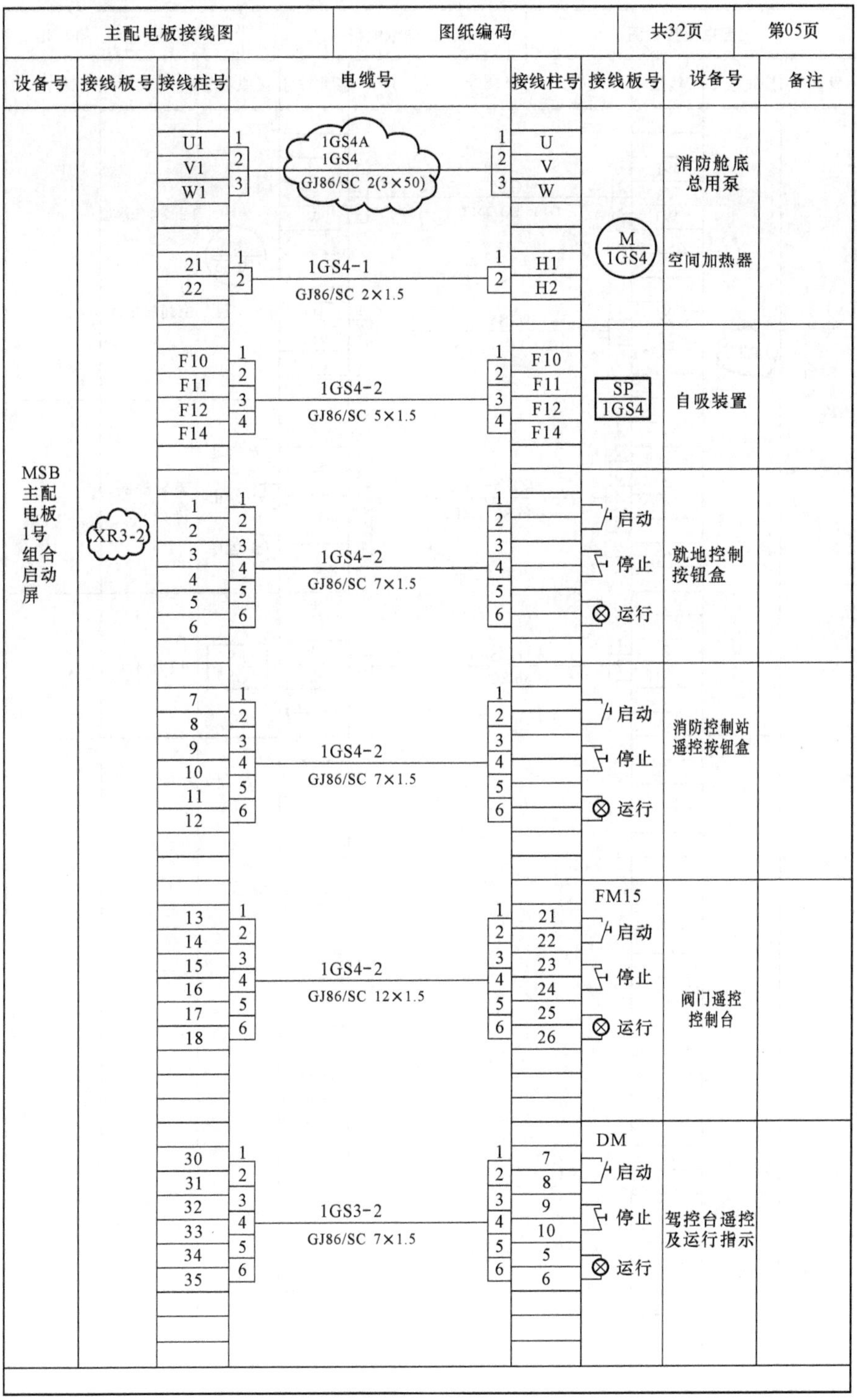

主配电板接线图					图纸编码		共32页		第05页	
设备号	接线板号	接线柱号		电缆号		接线柱号	接线板号	设备号		备注
MSB 主配 电板 1号 组合 启动 屏	XR3-2	U1 V1 W1	1 2 3	1GS4A 1GS4 GJ86/SC 2(3×50)		1 2 3	U V W	消防舱底 总用泵		
		21 22	1 2	1GS4-1 GJ86/SC 2×1.5		1 2	H1 H2	M 1GS4	空间加热器	
		F10 F11 F12 F14	1 2 3 4	1GS4-2 GJ86/SC 5×1.5		1 2 3 4	F10 F11 F12 F14	SP 1GS4	自吸装置	
		1 2 3 4 5 6	1 2 3 4 5 6	1GS4-2 GJ86/SC 7×1.5		1 2 3 4 5 6	启动 停止 运行	就地控制 按钮盒		
		7 8 9 10 11 12	1 2 3 4 5 6	1GS4-2 GJ86/SC 7×1.5		1 2 3 4 5 6	启动 停止 运行	消防控制站 遥控按钮盒		
		13 14 15 16 17 18	1 2 3 4 5 6	1GS4-2 GJ86/SC 12×1.5		1 2 3 4 5 6	FM15 21 22 23 24 25 26	启动 停止 运行	阀门遥控 控制台	
		30 31 32 33 34 35	1 2 3 4 5 6	1GS3-2 GJ86/SC 7×1.5		1 2 3 4 5 6	DM 7 8 9 10 5 6	启动 停止 运行	驾控台遥控 及运行指示	

图 5 - 5 - 6　MSB 主配电板#1 组合启动屏接线图（4）

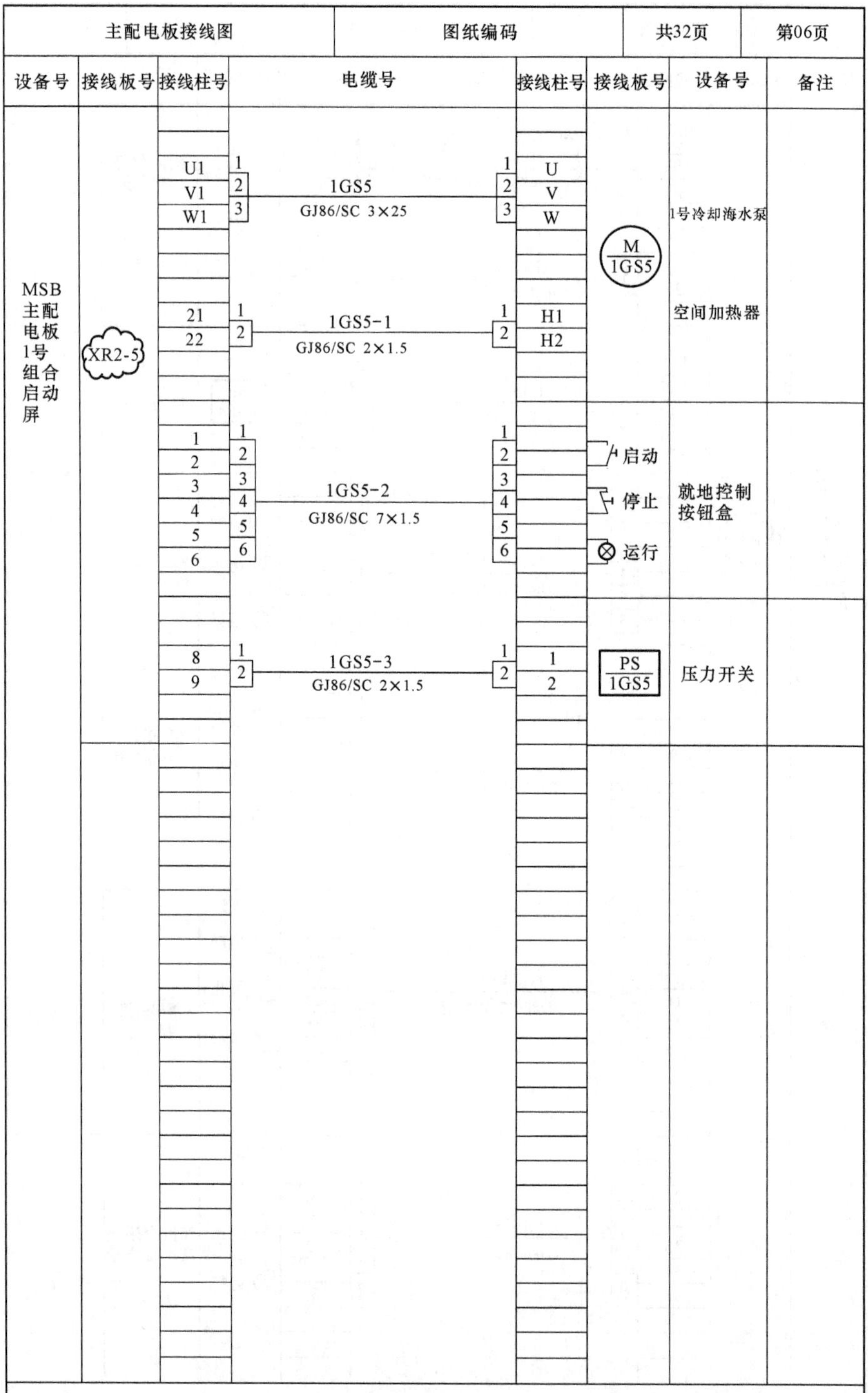

主配电板接线图				图纸编码			共32页	第06页
设备号	接线板号	接线柱号	电缆号		接线柱号	接线板号	设备号	备注
MSB 主配电板 1号组合启动屏	(XR2-5)	U1 / 1 V1 / 2 W1 / 3	1GS5 GJ86/SC 3×25		1 / U 2 / V 3 / W	M 1GS5	1号冷却海水泵	
		21 / 1 22 / 2	1GS5-1 GJ86/SC 2×1.5		1 / H1 2 / H2		空间加热器	
		1 / 1 2 / 2 3 / 3 4 / 4 5 / 5 6 / 6	1GS5-2 GJ86/SC 7×1.5		1 2 启动 3 4 停止 5 6 运行		就地控制按钮盒	
		8 / 1 9 / 2	1GS5-3 GJ86/SC 2×1.5		1 / 1 2 / 2	PS 1GS5	压力开关	

图 5-5-7 MSB 主配电板#1 组合启动屏接线图（5）

② 能够看懂船舶电力一次系统图及接线图。

2. 实训资料准备

① 船舶电力一次系统图。

② 船舶电力一次接线图。

5.5.4　识读电力一次系统图和接线图

实训任务内容及要求见表 5 – 5 – 1。

表 5 – 5 – 1　识读电力一次系统图和接线图任务

任务	考核内容及要求
识读电力一次系统图和接线图	按照船舶电力一次系统图和接线图的内容、格式要求，了解图纸中图形符号，对整个图纸进行标识与说明。 1. 说明图纸的版面设置。 2. 说明图纸中符号的含义。 3. 接线图名称、设备名称、接线板号、接线柱号、电缆号（标明型号、规格）

【任务测试】

根据所学习的知识结构，针对船舶主配电板电力一次系统图和接线图，进行识图训练。考核评分表见表 5 – 5 – 2。

表 5 – 5 – 2　船舶主配电板电力一次系统图和接线图识图训练考核评分表

项目编号：		组号：　　　姓名：　　　总分；				
考核项目	考核内容	要求	评分标准	得分	备注
识读电力一次系统图和接线图（20 分）	船舶主配电板电力一次系统图识图训练	了解图纸的版面设置，符号的含义，并能够对图纸进行说明	1. 图纸版面设置缺项扣 2 分。 2. 设备符号标注不正确扣 5 分。 3. 文字说明不正确扣 3 分		
	船舶主配电板电力一次接线图识图训练	了解图纸的版面设置，熟悉设备号、接线板号、接线柱号、电缆号的标注，并能够对图纸进行说明	1. 图纸版面设置缺项扣 2 分。 2. 接线标注不正确扣 5 分。 3. 符号含义说明不正确扣 3 分		

【知识拓展】

5.6.1　热缩材料在造船和修船中的应用

热缩材料是高新技术产品在造船和修船中的应用，在国内外造船上已普通应用。

1. 热缩材料形成及特点和使用方法

（1）热缩材料形成及特点

热缩材料又称高分子形状记忆材料，主要利用结晶的高分子材料通过高能射线处理或化学引发剂处理，使高分子链间产生的新联结键，形成交联的网状结构高分子。在一定温度范围内施加外力可以拉伸或扩张，如果迅速降温可使其维持形变后的状态，这样就制成了热收缩材料。

材料经扩张形变后，只要将外温回升到熔点以上，形变很快消除恢复到原来状态，这就是交联高分子的"记忆效应"。

（2）热缩材料使用方法

① 选择适合性能、规格尺寸的产品套或缠绕在已清洗过表面的物体上。

② 在该产品规定温度范围内缓慢加热，产品能迅速收缩。

③ 使用加热器、液化气罐、汽油喷灯、煤气灯、吹风器、电烘箱、管状灯等。

④ 火焰以调节柔和、发黄为好，火焰应螺旋状前进，保证管子沿圆周方向均匀受热收缩。

⑤ 加热收缩时应从管子中间向两端逐渐延伸，或从一端向另一端延伸，经利用收缩排空管内空气。

⑥ 收缩后的管状及其他制品，表面应光滑，并能清晰看出被包裹物体的形状轮廓。

2. 电缆附件

（1）电缆附件用热缩材料主要性能（见表5-6-1）

表 5-6-1　电缆附件用热缩材料主要性能

热缩管名称 主 要 性 能	外绝缘管		内绝缘管	应力管	导电管	护套管
	户外	户内				
硬度（邵氏）	80	85	90.0	84	90	90
抗张强度/MPa	8.0	12.0	15.0	14.0	12.0	13.0
断裂伸长率/%	300	400	400	350	400	400
热老化 120℃，168 h*	0.9*	0.8	0.95	0.8	0.85	0.8
氧指数	—	27	—	—	—	—
吸水率/%	—	—	—	—	—	<0.1
耐油性	—	—	0.93	—	—	—

续表

主要性能　　热缩管名称	外绝缘管		内绝缘管	应力管	导电管	护套管
	户外	户内				
体积电阻率/（Ω·cm）	10^{14}	10^{13}	10^{14}	10^{8-10}	$5*10^{2}$	10^{14}
击穿率/（kV·mm^{-1}）	30	>20	30.0	—	—	>15
耐漏电痕迹电压/kV	4.5	—	—	—	—	—
介电常数	—	—	—	25	—	—

注：—表示不要该项目，＊表示老化后的抗张强度与原数值之比。

（2）热缩材料基本性能

① 使用条件：−50℃～100℃长期使用。

② 老化寿命：20年。

③ 收缩率：径向50%，纵向<10%。

④ 收缩温度：110℃～140℃。

3. FJRD复合绝缘热缩材料

（1）产品型号及性能

FJRD是带有一层熔层的热收缩绝缘带，加热时内层熔融，外层收缩层间可黏合成一体。该产品分为普通型、户外型、阻燃型以及配套带材。

（2）使用方法

选用FJRD合适型号带、螺旋型半重叠带，绕包于需绝缘和保护的导体和绝缘体上，用工具固定带的两端，再用加热器由始端逐渐烘烤推向末端使之收缩，黏合成一体。

4. 高压开关柜母排绝缘材料

（1）产品名称及型号

① 母排绝缘柔软阻燃型热收缩管，型号：MPG；规格：（ϕ40/16～ϕ150/60）×1 000。

② 复合绝缘热缩带，型号：FJRD；规格：50×1.5×任意长。

③ 母排接头保护热缩片，型号：MPP；规格：S. M. L。

④ 母排导体异型绝缘件，型号：MMPI；规格：S. M. L。

（2）用途

用于全防护型高低压开关柜中母排导体的绝缘保护，材料具有阻燃、耐电痕、耐温、不龟裂等特性；也用于高低压电气中的导体绝缘，起到增加绝缘强度，减小电气设备体积等作用。

（3）结构及特点

热缩管属于管型材料，规格不变。各种接头属于异型材，规格按需要设计、生产，热收缩带是由能够热收缩的基带内表面黏附一层复合材料制得，加热后外层收缩，内层熔融，黏合形成一体的绝缘结构。

5. 热缩材料优缺点

（1）优点

① 技术性能完全满足船用技术要求。

② 节省施工空间、时间，操作简便，施工工装简单方便。

③ 文明生产，安全可靠，运行可靠。

④ 具有阻燃、耐电痕、耐温、不龟裂等特点。

⑤ 体积小，重量轻，可在狭窄部位和困难施工部位作业。

（2）缺点

价格贵。

6. 热缩材料在修补电缆中应用

（1）修补原则

① 对于烧伤严重的电缆，采用对接修补处理。

② 采取逐根修理。

③ 对于烧伤长度较小电缆，采用一处对接；对于烧伤长度较大者，采取中间加一段新电缆两处对接。

④ 对端部烧伤均做修补处理。

⑤ 中间部位烧伤电缆均做修补处理，无法修补者，研究另做处理。

⑥ 中间部位烧伤主干电缆均做修补处理，无法修补者，研究另做处理。

⑦ 电缆芯线断了时，信号电缆可采取冷压、交叉插对缠绕对接修补，动力线粗者再做研究。

（2）修补工艺

中间部位坏了（烧或机械损坏）的电缆。

① 中间部位断了的电缆将电缆的护套部分切开，露出绝缘部分，再将绝缘部分剥去，如果采用芯线交叉插对缠绕法，将两段电缆部都剥去 25～30 mm，即露出铜芯线 25～30 mm。用中性去污剂和酒精将断头处清洗干净，在电缆和芯线上套上与之直径相对应的热缩管，其长度除套在处理部分外，应在两边套在绝缘层上和护套部分上 5 mm，先热缩处理好绝缘层部分的热缩管，再将保护层包紧绝缘部分并对护套部分进行修整，削平，锉光打平，清洗干净，再将电缆护套外的热缩管套在修补处。

为了保证在热缩修理部分的水密，在热缩管两端的电缆护套部分，即在热缩与电缆护套的接触部分上各缠绕 15 mm 长的密封胶片，再套上热缩管进行热缩处理。这时密封胶熔化，将热缩管内壁和电缆护套外表面胶合在一起。若该电缆的外层是屏蔽网，可在断开前补套一段屏蔽网，待热缩处理完后，将屏蔽网相连处用细铜丝缠绕好，再与原来的屏蔽网套锡焊。

② 电缆芯线的绝缘层烧坏，而芯线完好的电缆，其处理办法如下。

a. 若是细芯线，可将其剪断，按上述处理工艺进行。

b. 可将其烧坏处的芯线和绝缘部分用酒精清理干净，采用热缩带缠绕后进行热缩处理，其工艺过程同上述。

c. 若是粗线而未断，首先将其损坏部分处理干净，包扎热缩带，进行热缩处理，其工艺过程同上述。

d. 高频电缆，如果是绝缘层聚乙烯燃烧化了而露出芯线，则将烧化部分两边切齐，清理干净。若芯线未坏，则取一段相应的高频电缆，将其芯线抽出，割一段与烧坏电缆一样长的聚乙烯护套，螺旋割开套在芯线上，并清洗干净，再缠绕热缩带进行热缩工艺处理，然后在其上面加相应一段铜网，使铜网两边都与原电缆的铜网叠加上 5 mm，并用镀锡铜丝缠绕起来，包上热缩带，使其在两边铜丝外多压 15 mm，进行热缩工艺处理。

需要注意的是在热缩处理电缆之前，首先检查电缆的芯线对地、芯线间、芯线对外皮和屏蔽的绝缘，热缩处理完后还要进行上述的绝缘检查。

在修船过程中，拆卸设备时，可能出现部分电缆被烧坏，电缆的保护套或绝缘层被损坏，甚至有的电缆被砸断、烧断，以及船舶正常运行过程中，由某些故障引起电缆烧坏和有的电缆长期工作在高温和恶劣环境下，其保护层绝缘层老化失去了保护的绝缘作用等，这些电缆有的是干线，有的是船室线，由于施工困难，不能完全换新，只好进行修补。

（3）修补方法

① 馏化法，要有电加热工装，再根据电缆外形制作胎具，施过程较繁琐，也不经济。

② 热缩材料修补法，与馏化法比较安全可靠，施工方便，选用相应的热缩管、带盒密封胶即可。

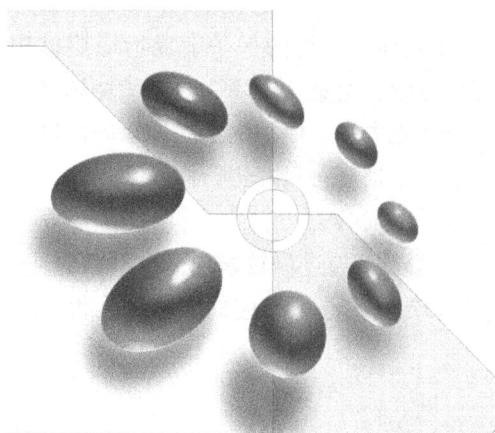

项目六　系统完整性检查

【任务描述】

系统完整性检查，即系统送电前接线工序质量过程控制。船舶的电气设备或电气系统，在接线工作完成后、送电之前要进行接线工序质量过程控制。即对设备接线的质量要求、设备连接的紧固程度、整体配线的准确性进行检查。经检查确定没有问题后，方可部分或全部送电，进行系泊试验工作。

【项目目标】

① 熟悉船舶电气施工可能存在的危害因素及可能发生的事故。
② 系统完整性检查，即系统送电前接线工序质量过程控制。

【教学任务】

① 掌握船舶电气施工危害辨识的内容及要求。
② 掌握系统完整性检查的内容和要求以及施工流程。

任务一　船舶电气施工危害辨识

【知识链接】

6.1.1　船舶电气施工危害辨识

船舶电气建造过程中，进行电气设备安装与接线施工时，会存在一些危害因素，如不加以重视，会对施工人员和电气设备带来不必要的伤害，因此，企业生产要进行危害辨识。船舶电气施工危害辨识包括设备安装方面危害辨识和设备接线方面危害辨识。说明如下。

1. 设备安装方面危害辨识

设备安装方面危害辨识内容见表6-1-1。

表6-1-1 设备安装方面危害辨识内容

生产流程	作业活动	危害因素	可能的事故
设备安装	设备出库内场配套	设备出库时比较沉重的设备不使用起重机械	扭伤、砸伤
		吊车作业时用吊车装设备，设备超高超重坠落绳索断裂	起重伤害
	设备出库机动车运输	吊车作业串联捆绑、吊物下有人、物体脱落	起重伤害
	设备船上安装作业	机动车运输设备途中车速快颠覆零部件脱落	物体打击
		攀、坐不安全位置如平台、设备挡板	坠落伤害
		粉尘、烟尘及其他化学气体	中毒、休克
		设备上船后摆放不规范、不采取安全措施	零部件坠落
		在壁子安装焊接的设备焊点不牢固	物体打击
		使用220 V移动工具没采取保护接地措施	触电
		狭小舱室安装、气割器具气体泄漏超标遇明火	火灾、爆炸
		狭小舱室安装，照明光线不好、不通风	扭伤、跌倒
		狭小舱室安装、高空作业安全措施不到位	高处坠落
	蓄电池吊装作业安全	没穿好防酸服、防护眼镜、防酸手套	酸腐蚀伤人
		吊装板设备各部位螺丝没有紧固到位	高空坠落伤人
		电瓶吊起没做好协调	高空坠落
		瓶运输途中车速的惯性	撞击

2. 设备接线方面危害辨识

设备接线方面危害辨识内容见表6-1-2。

表6-1-2 设备接线方面危害辨识内容

生产流程	作业活动	危害因素	可能的事故
设备接线	电缆到位复查、紧固	所有防护用品、用具不符合安全要求	坠落、其他伤害
		狭小密闭场所有毒和有害气体，通风不良	昏迷跌倒
	电缆到位余量切割	电缆余量切割不及时回收，破坏环境	绊倒、跌伤
		高处较粗的电缆切割地面不确认往下扔	物体打击
	设备接线作业	用刀割电缆护套时用力不慎	切割伤害
		用冷压钳压接冷压头时手放的位置不当	辗伤、碰伤
		引进设备接线柱时专用工具用力过大	碰伤
		电烙铁、电吹风潮湿场所不采取保护接地	触电
		高处接线安全设施有隐患、不系安全带	高处坠落
		交叉作业现场管理欠缺，作业环境差	物体打击

【任务实施】

编制船舶电气施工危害辨识

6.1.2 实训准备

1. 实训目的与要求

① 注重安全生产，理解企业进行施工危害辨识的重要性。

② 根据船舶电气施工程序，编制船舶电气设备安装方面的危害辨识。

③ 根据船舶电气施工程序，编制船舶电气设备接线方面的危害辨识。

2. 实训资料准备

① 造船企业设备安装方面危害辨识资料。

② 造船企业设备接线方面危害辨识资料。

6.1.3 编制船舶电气施工危害辨识

实训任务内容及要求见表6-1-3。

表 6-1-3　船舶电气施工危害辨识任务

任务	考核内容及要求
编制船舶电气施工危害辨识	设备安装方面危害辨识　　1. 设备出库内场配套危害； 2. 设备出库机动车运输危害； 3. 设备船上安装作业危害； 4. 蓄电池吊装作业安全
	设备接线方面危害辨识　　1. 电缆到位复查、紧固危害； 2. 电缆到位余量切割危害； 3. 设备接线作业危害

【任务测试】

　　根据所学习的知识结构，结合实训室实训项目施工，编制实训室船舶电气施工危害辨识。考核评分表见表 6-1-4。

表 6-1-4　编制实训室船舶电气施工危害辨识考核评分表

项目编号：			组号：		姓名：		总分：	
考核项目	考核内容	要求	分值	评分标准			得分	备注
编制实训室电气设备安装方面危害辨识	编制机械舱室电气设备安装危害辨识	结合实训室条件，确定机械舱室电气设备安装危害辨识	50	内容全面，合理。每缺一项扣 2 分				
编制实训室电气设备接线方面危害辨识	编制机械舱室电气设备接线危害辨识	结合实训室条件，确定机械舱室电气设备接线危害辨识	50	内容全面，合理。每缺一项扣 2 分				

任务二　系统完整性检查

【知识链接】

6.2.1　配电板送电前及大型电机送电前接线工序质量过程控制

　　主配电板、应急配电板和功率大于 15 kW 的大型电机进行接线工序质量过程控制由具体施工单位负责。按照接线的工艺要求严格进行质量危害辨识，产品主管对全部过程进行监督。确认主配电板、应急配电板和功率大于 15 kW 的大型电机进行接线工序质量危害辨识的结果满足接线工艺要求。

调试组组长在送电前再次确认主配电板、应急配电板和功率大于 15 kW 的大型电机的接线质量是否满足需求。

施工记录表格由施工单位填写，施工人员进行互检签字，产品主管检验后进行签字确认。调试组组长进行送电前最终确认，对分厂负责。填写完成后由生产室进行保存。

1. 设备接线的质量要求

① 电缆在引入设备时，普通电缆其弯曲半径应不小于电缆直径的 4 倍。束电缆引入时应以该束中最粗的电缆直径计算。铠装电缆、防火电缆其弯曲半径最小应不小于电缆直径的 6 倍。

② 电缆经过填料函引入设备时，应留有一个填料函螺母长度的直线段，以便于填料函螺母拧出。

③ 接线头的选择应与芯线截面一致，不得剔除芯线导体，并用专用冷压钳冷压，冷压后不得有松动现象。

④ 接线应整齐、牢固，应加平垫、弹簧垫，防止松动。

⑤ 在剥离电缆外护套时，不应损伤电缆芯线的绝缘层。

⑥ 剥开护套后的电缆根部一般不包扎，但防护等级在 IP22 以下的电气设备极易进入异物时应用滞燃塑料带包扎。

⑦ 电缆在进入电气设备时，其内护套应高出设备底板 10 ~ 15 mm，不准只把芯线引入设备。

⑧ 进入设备内的动力电缆，剥离护套的芯线长度，一般不超过 200 mm，如果超过且设备防护等级在 IP22 以下，则应缠滞燃塑料带或等效物。

⑨ 所有接线头处均应套保护胶管。

⑩ 电缆引入设备时，电缆端部的永久性标签应齐全，并置于入线孔下端。

⑪ 在潮湿场所的电气设备应采用专用接地线接地，接地导体截面积应遵循下述原则。

$S \leq 2.5 \text{ mm}^2$，　　　　　　　　但 $Q - S$ 不小于 1.5 mm²；

$2.5 \text{ mm}^2 < S \leq 120 \text{ mm}^2$，　　　　但 $Q - S/2$ 不小于 4 mm²；

$S > 120 \text{ mm}^2$，　　　　　　　　$Q - 704 \text{ mm}^2$

式中　S——该设备电源电缆导体面积；

　　　Q——接地导体截面积。

⑫ 所有电动机、发电机及其他电气设备不是直接固定在船体甲板或结构上，均应用接地线接地。其接地导体截面积参照⑪要求。

⑬ 当设备及基座为铝合金及其他金属时，中间应有绝缘隔开，期间用接地线接地。

2. 送电前的准备

主配电板和应急配电板送电前应联系服务工程师到厂确认配电板内汇流排连接的紧固程度（专业钳工）、整体配线的准确性。送电时应有服务工程师在场。

3. 主配电板送电前接线质量过程控制

由于在主配电板送电时主配电板的接线没有全部完成，接线工序没有交工。为了避免事故的发生，要对送电前的接线质量进行过程控制，见表 6-2-1。后续接线的质量也要按照送电前的接线要求执行，由接线主管、产品主管、调试组长三级确认。

表 6-2-1　主配电板送电前接线质量过程控制表

序号	检验内容	检验结果	备注
1	配电板内返屏电缆的紧固		
2	配电板内汇流排与汇流排的紧固		
3	配电板内汇流排与内配电缆的紧固		
4	配电板内汇流排与外接电缆的紧固		
5	配电板内所有外接电缆的紧固		
6	配电板内汇流排与电缆等是否接触（造成短路）		
7	配电板内各屏配电板接地的可靠		
8	配电板内外接电缆接地的可靠		
9	配电板内返屏线是否连接		
10	配电板内各元件是否齐全		
11	配电板内各元件的紧固		
12	船台岸电箱到船上岸电箱连接电缆的紧固		
13	恢复汇流排后，汇流排间的紧固		
14	恢复汇流排后，绝缘检测		
存在的问题：			
整改后的检验：			
自检（接线主管）：	产品主管确认：		调试组长：

4. 应急配电板送电前接线质量过程控制

由于在应急配电板送电时应急配电板的接线没有全部完成，接线工序没有交工。为了避免事故的发生，要对送电前的接线质量进行过程控制，见表 6-2-2。后续接线的质量也要按照送电前的接线要求执行，由接线主管、产品主管、调试组长三级确认。

表 6-2-2　应急配电板送电前接线质量过程控制表

序号	检验内容	检验结果	备注
1	配电板内返屏电缆的紧固		
2	配电板内汇流排与汇流排的紧固		
3	配电板内汇流排与内配电缆的紧固		
4	配电板内汇流排与外接电缆的紧固		
5	配电板内所有外接电缆的紧固		

序号	检验内容	检验结果	备注
6	配电板内汇流排与电缆等是否接触		
7	配电板内各屏配电板接地的可靠		
8	配电板内外接电缆接地的可靠		
9	配电板内返屏线是否连接		
10	配电板内各元件是否齐全		
11	配电板内各元件的紧固		
存在的问题：			
整改后的检验：			
自检（接线主管）：	产品主管确认：		调试组长：

5. 大型电机送电前接线质量、绝缘检验过程控制

为了确保送电时大型电机能正常工作，避免出现因接线松动、螺丝不紧、接线端子上有异物等原因造成短路、绝缘低、电机烧毁等事故的发生。要在试航前进行危害辨识，对大型电机进行清洁保养，避免事故发生。检验过程控制由接线主管、产品主管、调试组长三级确认。过程控制内容见表6-2-3。

表6-2-3 电机送电前接线质量、绝缘检验过程控制表

序号	电机名称	功率/kW	U对地	V对地	W对地	U和V阻值	U和W阻值	V和W阻值	Y或Δ接法	接地线	接线质量（接线主管）	接线质量（产品主管）	接线质量（调试主管）	备注
1	1号柴油发电机	560												
2	2号柴油发电机	560												
3	3号柴油发电机	560												
4	1号机舱风机(可逆)	18.5												
5	2号机舱风机(可逆)	18.5												
6	3号机舱风机	18.5												
7	4号机舱风机	18.5												
8	1号低温冷却淡水泵	75												
9	2号低温冷却淡水泵	75												
10	3号低温冷却淡水泵	75												
11	1号主滑油泵	75												
12	2号主滑油泵	75												

序号	电机名称	功率/kW	U 对 地	V 对 地	W 对 地	U 和 V 阻 值	U 和 W 阻 值	V 和 W 阻 值	Y 或 Δ 接 法	接 地 线	接线质量（接线主管）	接线质量（产品主管）	接线质量（调试主管）	备 注
13	1号主机缸套淡水冷却泵	15												
14	2号主机缸套淡水冷却泵	15												
15	1号主海水冷却泵	30												
16	2号主海水冷却泵	37												
17	3号主海水冷却泵	30												
18	消防总用泵	75												
19	舱底总用泵	75												
20	1号压载舱	110												
21	2号压载舱	110												
22	1号尾绞缆	75												
23	2号尾绞缆	75												
24	1号锚机	98												
25	2号锚机	98												
26	1号主空压机	43												
27	2号主空压机	43												
28	1号主变压器	120												
29	2号主变压器	120												
30	1号厨房变压器	60												
31	2号厨房变压器	30												
32	1号舵机	37												
33	2号舵机	37												
34	1号辅助鼓风机	30												
35	2号辅助鼓风机	30												
36	3号变压器	60												
37	4号变压器	30												
38	1号空调风机	22												

续表

序号	电机名称	功率/kW	U对地	V对地	W对地	U和V阻值	U和W阻值	V和W阻值	Y或Δ接法	接地线	接线质量（接线主管）	接线质量（产品主管）	接线质量（调试主管）	备注
39	1号空调压缩机	45												
40	2号空调压缩机	45												
41	应急发电机	120												
42	1号应急变压器	50												
43	2号应急变压器	50												

存在的问题：

整改后的检验：

自检（接线主管）：	产品主管确认：	调试组长：

6.2.2 船舶下水前传感器、电极绝缘检验工序质量过程控制

在船舶下水前，需要对计程仪、测深仪、阴极防护、防海洋生物4个系统所涉及的传感器、电极进行绝缘检验，检验的过程中一定要抓好每个质量控制点，避免问题的发生。如果下水后传感器绝缘出现问题，将造成船舶上船坞更换的严重质量事故，故需对此道工序进行危害辨识和过程控制。此工序由调试组长进行全过程质量控制，对分厂负责。

施工记录表格由施工单位填写，施工人员进行互检签字，最后由调试组长签字确认。填写完成后由生产室进行保存。以下为传感器及电极的检验过程概述和注意事项。

1. 计程仪传感器下水前检验

① 检验传感器方向。

② 检验带有标记的法兰、阀体等安装方向。

③ 传感器表面禁止打磨、喷漆及保护物清除。

④ 用万用表检测绕组数据和芯线对屏蔽绝缘电阻，并将记录填入检验报表。

⑤ 发现异常，应及时与工艺、船研所联系，及时消除隐患，避免发生事故。

⑥ 首制船数据应由服务商确认。

2. 测深仪传感器下水前检验

① 换能器表面禁止打磨、喷漆及保护物清除。

② 用万用表检测绕组数据和芯线对屏蔽绝缘电阻，并将记录填入检验报表。

③ 发现异常，应及时与工艺、船研所联系，及时消除隐患，避免发生事故。

④ 首制船数据应由服务商确认。

3. 阴极防护电极下水前检验

① 电极表面禁止打磨、喷漆及保护物清除。

② 阳极、参比电极固定螺栓孔应堵死。

③ 用 500 V 摇表检验阳极、参比电极对地绝缘值。

4. 防海洋生物电极下水前检验

① 电极表面禁止打磨、喷漆及保护物清除。

② 用 500 V 摇表检验铜电极、铝电极对地绝缘值。

5. 传感器检验报表

下水前传感器检验报表见表 6 - 2 - 4 ~ 表 6 - 2 - 7。

表 6 - 2 - 4　下水前计程仪传感器检验报表

船舶工程号：　　　　　　　　　　日期：

位置	线阻芯线对地绝缘值				备注
艏部 FR302	1#绕组		1#芯线	MΩ	
			2#芯线	MΩ	
	2#绕组		1#芯线	MΩ	
			2#芯线	MΩ	
	3#绕组		1#芯线	MΩ	
			2#芯线	MΩ	
发生的问题（备忘）：					
自检人：	互检人：			调试组长：	

表 6 - 2 - 5　下水前测深仪传感器检验报表

船舶工程号：　　　　　　　　　　日期：

位置	两芯线间电容值	芯线对地绝缘值		备注
		1#芯线	2#芯线	
艏部 FR302	nf	MΩ	MΩ	
艉部 FR51	nf	MΩ	MΩ	
发生的问题（备忘）：				
自检人：	互检人：		调试组长：	

表 6 - 2 - 6　下水前阴极防护系统检验报表

船舶工程号：　　　　　　　　　　日期：

位置			实测值/MΩ	最低绝缘值/MΩ	备注
艏部	左舷 FR. 312P	阳极		>10	
	右舷 FR. 312S	阴极		>10	
	左舷 FR. 326P	参比电极		>10	
	右舷 FR. 326S	参比电极		>10	

位置		实测值/MΩ	最低绝缘值/MΩ	备注
艉部	左舷 FR. 46P 阳极		>10	
	右舷 FR. 46S 阴极		>10	
	左舷 FR. 32P 参比电极		>10	
	右舷 FR. 32S 参比电极		>10	
	左舷 FR. 19P 阳极		>10	
	右舷 FR. 19S 阴极		>10	
发生的问题(备忘):				
自检人:	互检人:		调试组长:	

表 6 – 2 – 7　下水前防海洋生物系统检验报表

船舶工程号:　　　　　　　　　　　日期:

位置		测量值/MΩ	最低绝缘值/MΩ	备注
高位海水箱	铜极		>10	
	铝极		>10	
	铜极		>10	
	铝极		>10	
低位海水箱	铜极		>10	
	铝极		>10	
	铜极		>10	
	铝极		>10	
应急海水箱	铜极		>10	
	铝极		>10	
发生的问题(备忘):				
自检人:	互检人:		调试组长:	

6.2.3　船舶艉轴传感器安装工序质量过程控制

在船舶的建造过程中,艉轴传感器的安装时间紧,精度高。在产品成型后,如发现问题需抽轴重新更换,将造成重大的质量事故。所以安装前后需对艉轴传感器的安装精度和保护进行危害辨识和过程控制。在艉轴传感器的效用及安装过程中一定要抓好每个质量控制点,故对艉轴传感器安装工序进行质量危害辨识,避免问题的发生。此工序由产品主管进行全过程质量控制。

施工记录表格由施工单位填写,施工人员进行互检签字,产品主管进行签字确认。填写完成后由生产室进行保存。

1. 安装前检查与注意事项

船舶艉轴传感器安装前检查与注意事项，见表6-2-8。

表6-2-8　船舶艉轴传感器安装前检查与注意事项表

序号	检查施工材料的完整性	注意事项	备注
1	厂家提供元件： 1. 艉轴传感器2根； 2. 艉轴传感器接线盒1个； 3. 艉轴传感器过渡接头2个； 4. 艉轴传感器过渡头内止漏环2个	1. 艉轴传感器的长度是否满足施工要求； 2. 艉轴传感器保护壳是否受到硬性损伤（被撞瘪处）	
2	集配处提供安装件： 1. 电缆支架（胎块）； 2. 电缆卡子（胎块盖板）； 3. 双耳止动垫圈； 4. M8×20螺丝	胎块能洗槽宽度与高度是否满足传感器的安装	
3	生产室提供安装件： 1. 艉轴传感器普利卡管接头； 2. 普利卡管堵头	1. 艉轴传感器普利卡管接头与艉轴传感器； 2. 过渡性螺纹是否吻合	

2. 安装前艉轴传感器效用试验报表

艉轴传感器效用试验报表见表6-2-9，并填写。

表6-2-9　艉轴传感器效用试验报表

船舶工程编号：　　　　　　　船舶名称：　　　　　　　日期：

检验内容	工作传感器检测值	备用传感器检测值	备注
白线对壳阻值	MΩ	MΩ	
红线对壳阻值	MΩ	MΩ	
红线对壳阻值	MΩ	MΩ	
白线与1#红线间阻值	Ω	Ω	
白线与2#红线间阻值	Ω	Ω	
1#红线与2#红线间阻值	Ω	Ω	
工作传感器温度	备用传感器温度测量值	误差范围	
实际温度　测试温度	实际温度　测试温度	±2℃	
自检人：	互检人：	调试组长：	

3. 艉轴传感器安装过程中注意事项

船舶艉轴传感器安装过程中注意事项见表6-2-10。

表6 – 2 – 10　船舶艉轴传感器安装注意事项表

序号	安装步骤	注意事项	备注
1	艉轴传感器胎块的烧焊	由于轴套内表面材质是白合金、后轴套材质是铸铁，所以胎块烧焊前，要确认前后轴套、轴套内表面是否已做胶皮保护，以避免电焊误碰、金属碰撞、划伤等伤害	
		在胎块的烧焊过程中，保持胎块在同一水平线上，避免艉轴传感器在安装时产生折弯，同时确保胎块的焊接及艉轴传感器安装时的美观	
		在胎块的烧焊过程中，保持胎块间距均匀	
2	艉轴传感器的敷设	艉轴传感器在安装过程中其弯曲半径不得小于 25 mm，在艉轴传感器插入艉部入孔顶端处，将其退出 5 ~ 10 mm 为最佳安装位置	
3	艉轴传感器的紧固	在对艉轴传感器固定时，在胎块上放入 1 ~ 2 mm 厚铅皮，防止在紧固盖板的过程中对艉轴传感器造成硬性伤害，同时又起到防止艉轴传感器松动的作用	
		在紧固轴套外艉轴传感器过渡头时，切勿用力过猛，以免拧断过渡头	
4	艉轴传感器密封及保护	在艉轴传感器密封的过程中，用四氟乙烯胶带紧固对其密封，防止漏油	
		艉轴传感器在轴套内敷设结束后，将艉轴传感器在轴套外部分用普利卡管连接进行保护，并用艉轴传感器普利卡管接头与艉轴传感器接线盒处传感器入孔紧密连接，形成整体的保护	

4. 安装后艉轴传感器效用试验报表

艉轴传感器效用试验报表见表6 – 2 – 11，并填写。

表6 – 2 – 11　艉轴传感器效用试验报表

船舶工程编号：　　　　　　　船舶名称：　　　　　　日期：

检验内容	工作传感器检测值	备用传感器检测值	备注
白线对壳阻值	MΩ	MΩ	
红线对壳阻值	MΩ	MΩ	
红线对壳阻值	MΩ	MΩ	
白线与1#红线间阻值	Ω	Ω	
白线与2#红线间阻值	Ω	Ω	
1#红线与2#红线间阻值	Ω	Ω	
工作传感器温度	备用传感器温度测量值	误差范围	

续表

检验内容		工作传感器检测值		备用传感器检测值	备注
实际温度	测试温度	实际温度	测试温度	±2℃	
自检人：			互检人：		
调试组长：					

5. 艉轴传感器的安装及效用备忘

艉轴传感器的安装及效用备忘见表6-2-12。

表6-2-12　艉轴传感器的安装及效用备忘表

序号	艉轴传感器的安装及效用过程中出现的问题	发现问题的处理结果
1		
2		
3		
艉轴传感器安装责任人（公司）：		
艉轴传感器安装后检验责任人：		
调试组组长：		
产品主管：		

【任务实施】

主配电板送电前接线质量过程控制

6.2.4　实训准备

1. 实训目的与要求

① 明确主配电板送电前接线工序质量过程控制的内容。

② 明确设备接线的质量要求。

③ 完成主配电板送电前接线质量过程控制。

2. 实训资料准备

① 主配电板接线图。

② 常用电工工具。

③ 兆欧表（500 V）。

6.2.5　完成主配电板送电前接线质量过程控制

主配电板送电前接线质量过程控制任务内容见表6-2-13。

表 6 – 2 – 13   主配电板送电前接线质量过程控制任务

任务	考核内容及要求	
主配电板送电前接线质量过程控制	配电板送电前及大型电机送电前接线工序质量过程控制	1. 设备接线的质量要求； 2. 主配电板送电前接线质量过程控制； 3. 应急配电板送电前接线质量过程控制； 4. 大电机送电前接线质量、绝缘检验过程控制
	船舶下水前传感器、电极绝缘检验工序质量过程控制	1. 计程仪传感器下水前检验； 2. 测深仪传感器下水前检验； 3. 阴极防护电极下水前检验； 4. 防海洋生物电极下水前检验
	船舶艉轴传感器安装工序质量过程控制	1. 安装前艉轴传感器效用报告； 2. 艉轴传感器安装过程中注意事项； 3. 安装后艉轴传感器效用报告

【任务测试】

根据所学习的知识结构，结合实训室条件与校外实训条件完成主配电板送电前接线质量过程控制。考核评分表见表 6 – 2 – 14。

表 6 – 2 – 14   主配电板送电前接线质量过程控制考核评分表

项目编号：			组号：	姓名：	总分：		
考核项目	考核内容	要求	分值	评分标准		得分	备注
配电板送电前及大型电机送电前接线工序质量过程控制	确认主配电板、应急配电板和功率大于 15 kW 的大型电机进行接线工序质量危害辨识的结果	按照接线的工艺要求严格进行质量危害辨识	40	1. 设备接线的质量不符合要求每项扣 2 分； 2. 对于送电前准备不足每项扣 1 分； 3. 各项质量过程控制无数据生成每项扣 10 分； 4. 数据表格形式不规范每项扣 1 分； 5. 数据值错误每项扣 1 分； 6. 数据表填写后无人员签字每项扣 2 分； 7. 数据表无备份每项扣 1 分		

项目编号：		组号：		姓名：	总分：		
考核项目	考核内容	要求	分值	评分标准		得分	备注
船舶下水前传感器、电极绝缘检验工序质量过程控制	对计程仪、测深仪、阴极防护、防海洋生物 4 个系统所涉及的传感器、电极进行绝缘检验	对此道工序进行严格的危害辨识和过程控制	30	1. 各项质量过程控制无数据生成每项扣 10 分； 2. 数据表格形式不规范每项扣 1 分； 3. 数据值错误每项扣 1 分； 4. 数据表填写后无人员签字每项扣 2 分； 5. 数据表无备份每项扣 1 分		
船舶艉轴传感器安装工序质量过程控制	对艉轴传感器的安装精度和保护进行危害辨识和过程控制	由产品主管进行全过程质量控制，进行严格的危害辨识和过程控制	30	1. 各项质量过程控制无数据生成每项扣 10 分； 2. 数据表格形式不规范每项扣 1 分； 3. 数据值错误每项扣 1 分； 4. 数据表填写后无人员签字每项扣 2 分； 5. 数据表无备份每项扣 1 分		

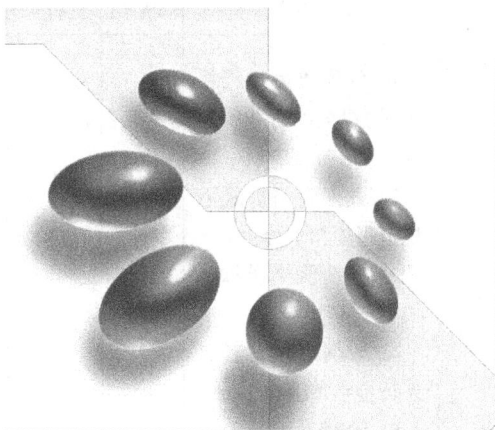

项目七　船舶电气系泊试验

　　在全船设备安装工作完成、船舶下水后，要进行船舶各系统的系泊试验工作。船舶电气的系泊试验，是指船舶电气设备安装完成后，经过系统完整性检查，由设计部门会同船厂及监造组根据"钢质海船入级与建造规范"的有关规定及设计要求，拟定试验大纲，对电气设备及系统进行通电调试，使其满足运行要求。

【项目目标】

① 掌握船舶电气系统系泊试验的内容和要求。

② 通过对船舶辅助锅炉系统的系泊试验，掌握系泊试验程序。

③ 了解船舶电气系泊试验大纲编写格式与内容。

【教学任务】

① 了解船舶试验的概念，掌握船舶电气系泊试验的内容。

② 掌握船舶辅助锅炉系泊试验流程。

③ 掌握船舶电气系泊试验大纲编制的方法和内容。

任务一　船舶试验概述

【知识链接】

船舶试验是在船舶电气设备安装完成后，经过系统完整性检查，由设计部门会同船厂及监造组根据"钢质海船入级与建造规范"的有关规定及设计要求，拟定试验大纲，并同船舶检验部门一起进行电气设备及系统调试。

试验根据整个船舶（包括船体、轮机）试验的要求，分为系泊试验与航行试验。

7.1.1　系泊试验

系泊试验是船舶系泊于码头上，对各种设备进行运行性能的试验。对电气设备来讲，是对电气设备运行性能的试验。系泊试验的目的是检验电气设备安装质量和运行工况，并通过试验进行调整，使之达到运行指标的要求，为航行试验的顺利进行做好准备。船舶电气部分的系泊试验内容如下。

① 发电机组试验。

a. 发电机组应在额定工况下进行负载试验。

b. 发电机组在进行负载试验时，应检查火花、温度、调速范围、电压调节范围、冷却、润滑和振动情况等，试验结束时应立即测量绝缘电阻、温升数值。

c. 发电机组在额定负载试验结束后，应做110%额定负载的过载试验。

d. 测定发电机组的静态调压特性曲线，交流发电机组还需做启动最大电动机的效用试验。

e. 发电机组的并联运行试验。检查其并联运行的稳定性并当负载在总额定功率的20% ~ 100%范围内变化时，检查其有功功率和无功功率的分配情况。

② 主、应急配电板试验。

a. 检查配电板的结构及设备安装的完整性。

b. 试验各保护装置动作的可靠性及正确性。

c. 并联运行的汽轮直流发电机组，应试验汽轮机超速限制器和发电机自动开关之间的联锁脱扣动作的可靠性。

d. 检查各配电板之间的联锁装置动作的可靠性及正确性。

e. 设有自动卸载装置的电站，需试验动作的正确性。

f. 检查并车装置动作的可靠性及精确性。

g. 检查三相三线及四线系统各相（或线）间负载的不均衡度。

h. 测量配电板的绝缘电阻。

③ 电动机或电动液压舵机试验。

a. 舵机的每套电动机组至少连续进行半小时的操舵试验。

b. 检查舵角指示器的指示误差。

    c. 测定电动机的启动电流、工作电流、转速及偏舵时间。

    d. 检查舵角限位开关动作的正确性。

    e. 失电报警装置试验。

    f. 检查各操舵台之间的转换、联锁，并进行两路电源转换试验。

    g. 测量舵机系统的绝缘电阻。

    h. 检查应急配电盘供电运行情况。

    ④ 绞缆机、起货机以及重要辅机和控制设备应做效用试验。

    a. 试验各保护装置动作的可靠性和正确性。

    b. 测定电动机的启动电流、工作电流及转速。

    c. 测量系统的绝缘电阻。

    ⑤ 主、辅机及锅炉的自动控制系统（或半自动控制系统）应做效用试验，并检查各环节的联锁装置、报警系统等的正确性、可靠性。试验后应测量绝缘电阻。

    ⑥ 应急电源（包括临时应急电源）应做效用试验。

    ⑦ 通风机及油泵的应急切断装置应做效用试验。

    ⑧ 检查防爆设备的安装情况，在穿电缆前应对电缆管道进行密封性能试验。

    ⑨ 航行灯、信号灯应做效用试验，并需检查报警装置动作的正确性和测量系统绝缘电阻。

    ⑩ 电动传令钟、指挥电话、通用报警装置、失火报警装置、水密门关闭和开启指示信号装置及预告水密门关闭的声响报警器、二氧化碳或卤代烃施放预告信号装置及其他与船舶安全航行有关的船内通信和信号设备，均应做效用试验，并测量各装置的绝缘电阻。

    ⑪ 消防自动喷水系统、水雾灭火系统、高膨胀泡沫灭火装置等电气操纵控制信号系统应做效用试验。

    ⑫ 照明系统、电热器具应做效用试验，并测量绝缘电阻。

    ⑬ 测量电力、照明系统的电压降值。

    ⑭ 检查工作接地的可靠性。

    ⑮ 电力推进装置试验。

    a. 检查推进发电机、推进电动机、励磁装置、通风冷却装置、润滑装置、主回路及控制回路的电缆和其他与电力推进有关的电气装置的安装和运行情况，测量有关的绝缘电阻。

    b. 检查各操纵控制器具的操作是否轻便灵活，动作是否正常，各种联锁保护机构的动作可靠性及各种检测指示装置是否正确。

    c. 整定各保护装置，并检查各报警装置和信号装置动作的可靠性和正确性。

7.1.2　航行试验

    航行试验是船舶的船体、轮机装置和电气设备经系泊试验达到正常后，同时消防及救生等安全设备装船完工，已经过必要的试验，船舶具备安全航行的条件下，所进行的海上航行试验。航行试验又分为轻载试验和重载试验两种。

    航行试验对电气设备而言，主要配合船体、轮机部分做相应的运行试验，并检查各电气设备在航行中，靠、离码头，起、抛锚时的运行情况。同时对系泊试验中无法试验的设备和项目进行试验，如舵机、锚机、导航仪器仪表、对外通信装置等与电气设备有关的试验。在系泊试验中已经提交的验收项目，航行试验中一般不再重复试验，仅按实际使用效用，观察其运行工况和检查其工作可靠性即可。在航行试验中，电机员要带领电工密切配合厂方做试验。要加强巡视值班，观察新设备在连续运行中所暴露的问题并及时处理，注意积累管理船舶的经验。

在系泊试验和航行试验的过程中，电气管理人员还要做好下列工作。

① 把全船电气线路图纸和实际电气线路做认真的核对，如发现问题与差错，应立即与厂方交涉。

② 检查电气备件、备品、物料、工具等和账单是否相符合，建立好有关账目并填写电机、电气设备原始数据记录表。

③ 船舶试航中应该详细记录好工作日志。各种仪表指示的数据，在航行、机动、停泊三种状态时都要认真记录下来，这是将来检修、维护的重要原始参考资料。

【任务实施】

制订船舶电气系泊试验计划

7.1.3 实训准备

1. 实训目的与要求

① 结合造船生产实际，制订船舶电气系泊试验计划。

② 要求船舶电气系泊试验计划制订合理，内容全面、准确。

2. 实训资料准备

① 船舶工艺手册，船舶电气施工任务书。

② 船舶电气系泊试验大纲。

7.1.4 制订船舶电气系泊试验计划

① 熟悉船舶电气系泊试验的内容及要求。

② 结合船舶系泊试验大纲，制订船舶电气系泊试验计划。任务内容见表 7 - 1 - 1。

表 7 - 1 - 1 船舶电气系泊试验计划制订任务

任务	考核内容及要求
制订船舶电气系泊试验计划	根据造船生产实际，结合船舶系泊试验大纲，制订船舶电气系泊试验计划。 要求计划的制订要符合造船企业生产实际，内容全面，准确。 1. 确定船舶电气部分的系泊试验内容。 ① 确定系泊试验的电气系统或设备； ② 明确系泊试验的内容。 2. 确定各试验内容的试验要求

【任务测试】

根据所学习的知识结构，结合船舶系泊试验大纲，制订船舶电气系泊试验计划，确定船舶电气系泊试验的内容及要求，考核评分表见表7-1-2。

表7-1-2　船舶电气建造流程及内容制定考核评分表

项目编号：		组号：	姓名：		总分：	
考核任务	考核内容	分值	评分标准		得分	备注
编制船舶电气系泊试验计划	结合企业生产实际，制订船舶电气系泊试验计划	30分	系泊试验计划应涵盖船舶主要电气系统，每缺1项扣3分			
			系泊试验内容及要求有重要缺项扣3分，内容不全面扣2分			

任务二　电气系统系泊试验

【知识链接】

7.2.1　试验用仪器仪表及使用注意事项

1. 根据试验大纲要求准备仪表

500 V绝缘测量仪表、万用表、钳型电流表、精度交流电压表、精度交流电流表。

2. 仪表使用注意事项

（1）万用表使用注意事项

① 正确选择插孔。红表笔插在（+）插孔内，黑表笔插在（-）插孔内，表笔不能插错位置。

② 测量前应根据被测对象（电压、电流、电阻）将转换开关转至相应的测量位置上，不能放错。

③ 测量电压、电流时，若不知被测量的大小应将量程置最高挡位上，然后逐渐转换到合适的量程上（注意在测量时不允许转换量程）。

④ 测量直流电压、电流时，要注意被测量的极性，红表笔接电源的正极（负载的高电位），黑表笔接电源的负极（负载的低电位）。测量电压时将电表并联于电路中，测量电流时将电表串联于电路中。

⑤ 测量电阻时要断电测量，若电路中有大电容，电容应先放电。测量电阻前及转换量程后均应进行电器调零。测量低电阻时，要注意减小接触电阻。测量高电阻（大于 10 kΩ）时，要防止人体电阻的并入。

⑥ 万用表适用的频率为 45 ~ 1 000 Hz，且不能用来测量非正弦的电量。

⑦ 要尽量减少测量误差。在测量时使指针偏转在（1/2 ~ 2/3）满量程之间。

⑧ 把转换开关放置在电阻挡，将表笔短路，调节旋钮使指针指零，若指针无法指零，说明表内电池已耗尽或接触不良。

⑨ 每次测量完毕后，应将转换开关放置在 OFF 挡或交流电压的最大挡。电表若长期不用应将表内电池取出。

（2）选择摇表测量绝缘电阻时的注意事项

① 根据设备额定电压选用不同电压级别的摇表，船用电气设备额定电压在 500 V 以下，应选用 500 V 或 1 000 V 级摇表。

② 使用摇表测量前，应检查摇表的好坏，摇动手柄，开路时指针应指在"∞"，短路时指针应在"O"。

③ 正确连接摇表三个接线柱。"L"接设备的接线端子或电缆芯，"E"应接设备的金属外壳或电缆保护外皮，"G"端接电缆内层绝缘包皮。

④ 要断电测量，设备有大电容时，应先放电再测量；若测量两供电导线间的绝缘电阻时，还要断开负载。

⑤ 手摇手柄转数由慢到快，以 120 r/min 为宜。

⑥ 仪表接线端与被测电器的连接的导线不能用双股绞线和绝缘线，应用单股线分开单独连接，以免绞线绝缘不良而引起误差。

⑦ 摇表需要水平放置测量，并远离大电流的导体和强磁场的场合。

⑧ 严禁用摇表测量电子设备等低压设备的绝缘电阻。

（3）钳型电流表测电流

① 测量前应先将旋钮放在最大量程挡上，测量时根据被测量的大小，再变换合适的量程。

② 测量时，被测载流导线应放在钳口的中央，以免产生误差。

③ 钳口应紧密结合，如有杂声可重新开合一次，如仍有杂声应检查钳口有无污垢存在，如有应消除。

④ 测量结束要将量程置于（交流电压）最大挡或 OFF 挡，以免因疏忽而造成仪表损坏。

⑤ 测量 5 A 以下的电流时，在条件许可的情况下，可把导线多缠绕几圈放进钳口进行测量，实际的读数除以缠绕的圈数。

⑥ 绝对不允许在测量过程中变换量程。

⑦ 钳型表不能对裸导线电流进行测量，以防触电或短路。

7.2.2　船舶辅助组合锅炉系泊试验

随着船舶大型化、自动化的发展，以柴油机作为主动力的船舶上，为了保证船用燃油加热分离、主机备车时缸套水升温，生活用热水、滑油的加热，甚至驱动某些小型辅机，在船舶上都设有辅助锅炉。蒸发量一般设计为 1~3 t/h，气压一般在 7 kg 压力以下。随着船舶向全自动、无人机舱方向的发展，现在船用辅助锅炉均设计成全自动化的。在使用中，只要准备工作完成，在自动运行监控状态下锅炉就能够实现自动点火产生蒸汽。在整个工作过程中，水位、设定的蒸汽压力实现自动控制与调节，实现自动启停炉。如果在正常工作中出现故障，能够自动发出声光报警。游轮锅炉的控制方案比一般船舶要相对复杂一些。

1. 船舶辅助锅炉系统的组成

(1) 辅助锅炉炉体部分电气控制附件

安装在锅炉炉体及炉体附近电气附件一般包括锅炉排烟温度传感器、水位调节器（水位电极或水位电磁式浮子开关或水位变送器等）、辅助锅炉蒸汽压力变送器、辅助锅炉蒸汽压力开关、风油比例调节器、点火电极、火焰监视器（光敏电阻或光敏电池等）、锅炉水位灯、燃油低压压力开关、点火油泵电机、锅炉燃烧器、燃烧器风机、锅炉水油分浓度计、锅炉燃油泵、锅炉水输送泵（有的还有锅炉强制给水泵）等。这些电气附件在锅炉控制中完成相应的控制功能。

(2) 机前仪表盘

在锅炉前一般安装一块集中在一起的仪表板，其中包括锅炉蒸汽压力指示，锅炉燃油供给压力指示，转接线接线盒、I/P 转换器、压力变送器、燃油温度继电器等。

(3) 锅炉燃烧器及风机

锅炉转杯式燃烧器包括全部燃烧系统和控制线路部分。它是一套小型的燃烧装置，在燃烧器得到启动信号后，风机开始工作（有的燃烧器同时带动风机和点火油泵同时工作）进行预扫气。此时由于喷油电磁阀没有打开，虽然油泵已经工作，但没有燃油流入燃烧室，一般在喷油嘴之前与油管路之间循环。同时自行调节风门打开一定开度，燃烧室预扫气时间为 20~40 s。即将结束时点火变压器工作，点火电极发出火花，扫气结束。电磁阀打开，喷油嘴处燃油被雾化并由电火花点燃。

(4) 锅炉时序控制器

锅炉在整个自动控制过程中，从点火到锅炉燃烧这个过程，原来一直采用继电器和延时继电器组成的电路进行过程控制，但相对体积庞大、故障点多。随着电子工业的发展，当程序比较复杂时，越来越多的大中型船舶使用的是集成化的时序控制继电器。即由一个同步电机通过减速器和电磁离合器带动一串凸轮，来控制一系列触点。当程序开始时电机带动凸轮转动，按规定程序断开或闭合这些触点，来完成一系列动作。当一串程序结束，因点火失败而中断程序时电磁离合器失电脱开、弹簧使凸轮轴转回到原始位置，触点全部复位（有的也可以按复位按钮复位）以备下一次重复这一程序。有的整个锅炉控制系统全部采用 PLC 可编程控制器来进行过程控制，程序控制就不作为一个单独的单元了。利用 PLC 可编程控制是非常方便的，每一类型锅炉燃烧时序控制方案不同，其功能的完善程度也不一样，PLC 的程序也不同，但是改变 PLC 的程序是很简单的。因此一台可编程控制器能适用和完成各种功能辅助锅炉的控制系统。PLC 时序控制就是将锅炉时序控制方案改画成梯形图，然后将梯形图语言所描述的燃烧时序控制程序用键盘输入 PLC 存储中。

(5) 锅炉水位的自动控制

锅炉运行时水位会发生波动，水位太高引起蒸汽含湿量过高，水位过低时有可能烧坏锅炉。所以水位自动控制就是使锅炉的给水量与蒸发量基本一致，从而保持水位在一定范围内。锅炉水位变化量一般为 60～180 mm。锅炉水位控制方式有连续控制和双位控制两种。连续控制一般应用在蒸发量大、气压相对比较高的锅炉控制中，而船舶辅助锅炉蒸发量比较小，气压一般也不是很高，一般采用双位控制即可满足要求。水位双位控制一般采用电极式水位控制器和浮子式水位继电器。另外现在有的船舶还采用电磁开关式水位控制器来进行水位控制，其基本原理与浮子式水位继电器控制原理大同小异。

（6）火焰感受器

火焰感受器是辅助锅炉用来监视炉内有无火焰，当锅炉喷油点火后，点火没有成功或在持续燃烧中突然熄火时，为避免继续向锅炉喷油引起事故，要求立即关闭燃油电磁阀停止供油并发出报警。因此自动化锅炉都装有火焰感受器，火焰检测的主要组成元件是光敏元件。辅助锅炉上常用的有光敏电阻、紫外线灯泡（属于光电管一类）和光电池。

（7）锅炉凝水油浓度报警装置

锅炉凝水系统主要用于回收各处的蒸汽凝水，并防止混入水中的油污进入锅炉。各处用于加热油、水和空气的蒸汽，在加热管中放出热量后凝结为水，并经各加热设备回水管上的阻汽器流回热水井。加热油的蒸汽产生的凝水，有时可能由于加热管的泄漏而将油带进锅炉中。锅炉中的水含油对锅炉的工作是很不利的。因为导热性比较差的油会黏附在锅炉受热面上或包含在水垢中，阻碍锅炉水对受热面的有效冷却，导致锅炉受热面的工作温度提高。如果受热面管子的壁长期稳定在 500℃ 以上，管子就会爆裂。为了尽量减少油含量高的水进入锅炉中，随着轮机自动化程度的提高，越来越多的船舶辅助锅炉开始使用锅炉凝水油浓度检测报警装置。油浓度报警装置的作用是确保锅炉水中的油含量不超出锅炉水样要求的含量（一般 $\leq 15 \times 10^{-6}$）。超出这个范围就会自动发出报警信号甚至自动停炉，则需将热井中的水排入舱底，待查明原因并予以消除。这对于锅炉安全保护是非常必要的，一般分为报警传感器、浓度分析检测装置、声光报警装置三部分。

（8）锅炉加药泵

锅炉加药泵广泛应用在大型船舶辅助锅炉系统中。锅炉加药泵分为锅炉加药泵、加药泵管系、加药装置，有的还具有水质分析功能。锅炉加药泵完成把药剂输送到锅炉水中后，使锅炉水中的钙、镁盐类形成泥渣，再通过排污的方法把它们排除，防止结垢，并使锅炉水保持足够的碱性，防止发生锈蚀。在必要的时候可以启动加药泵，加药泵一般功率都很小，体积也不大。

（9）锅炉过量蒸汽泄放部分

锅炉过量蒸汽泄放是锅炉系统重要组成部分之一，是锅炉安全运行的主要保障。当锅炉压力达到规定值时，锅炉就要把压力释放出去，以免发生危险。目前，蒸汽泄放大致有两种，一种由电信号控制，一种由压力传感器来控制。

（10）燃烧的自动控制（气压双位控制）

在辅助锅炉自动控制系统中，大多数采用气压的双位控制。也有一部分如游轮上的辅助锅炉采用比例控制，并且保证锅炉在不同负荷下，其送风量能基本上适应喷油量的要求。同时要求气压稳定，对锅炉运行的经济性要求也较高。这样锅炉在不同负荷情况下，必须保证有一个最佳的风油比例，通常用风油比例调节器调节。

2. 船舶辅助锅炉系统控制逻辑图

① 锅炉自动控制系统逻辑图，如图 7-2-1 所示。

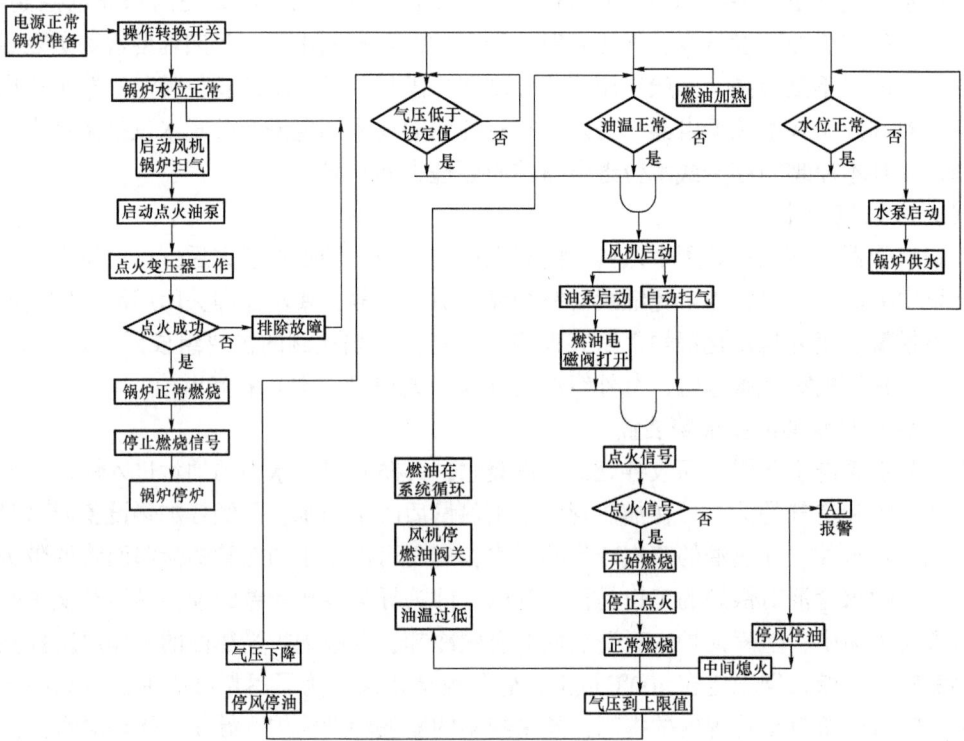

图 7-2-1　锅炉自动控制系统逻辑图

② 锅炉自动水位控制逻辑图，如图 7-2-2 所示。

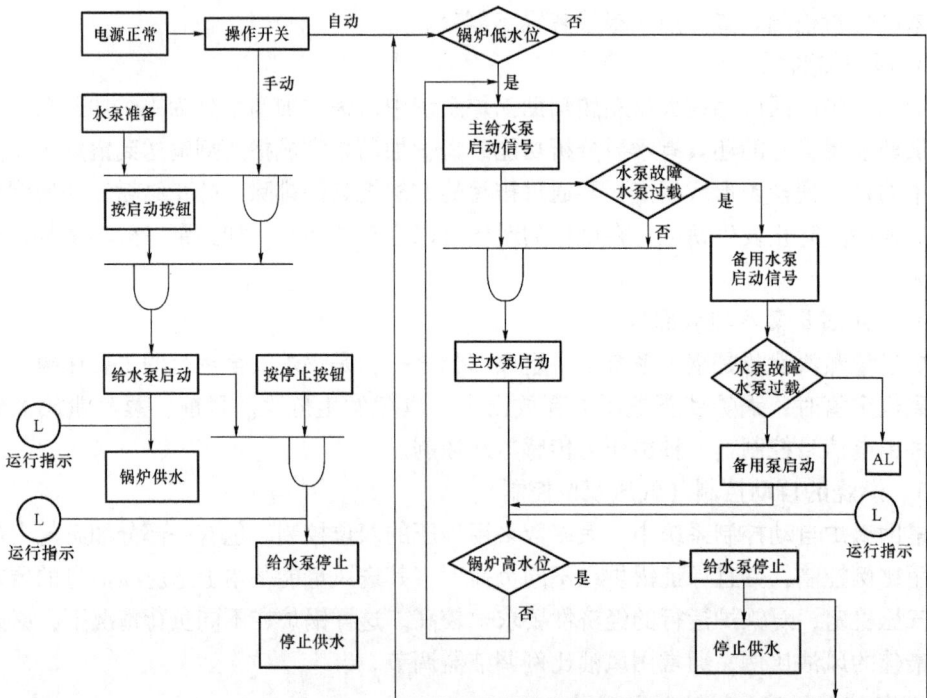

图 7-2-2　锅炉自动水位控制逻辑图

③ 辅助炉燃烧时序控制逻辑图，如图 7 - 2 - 3 所示。

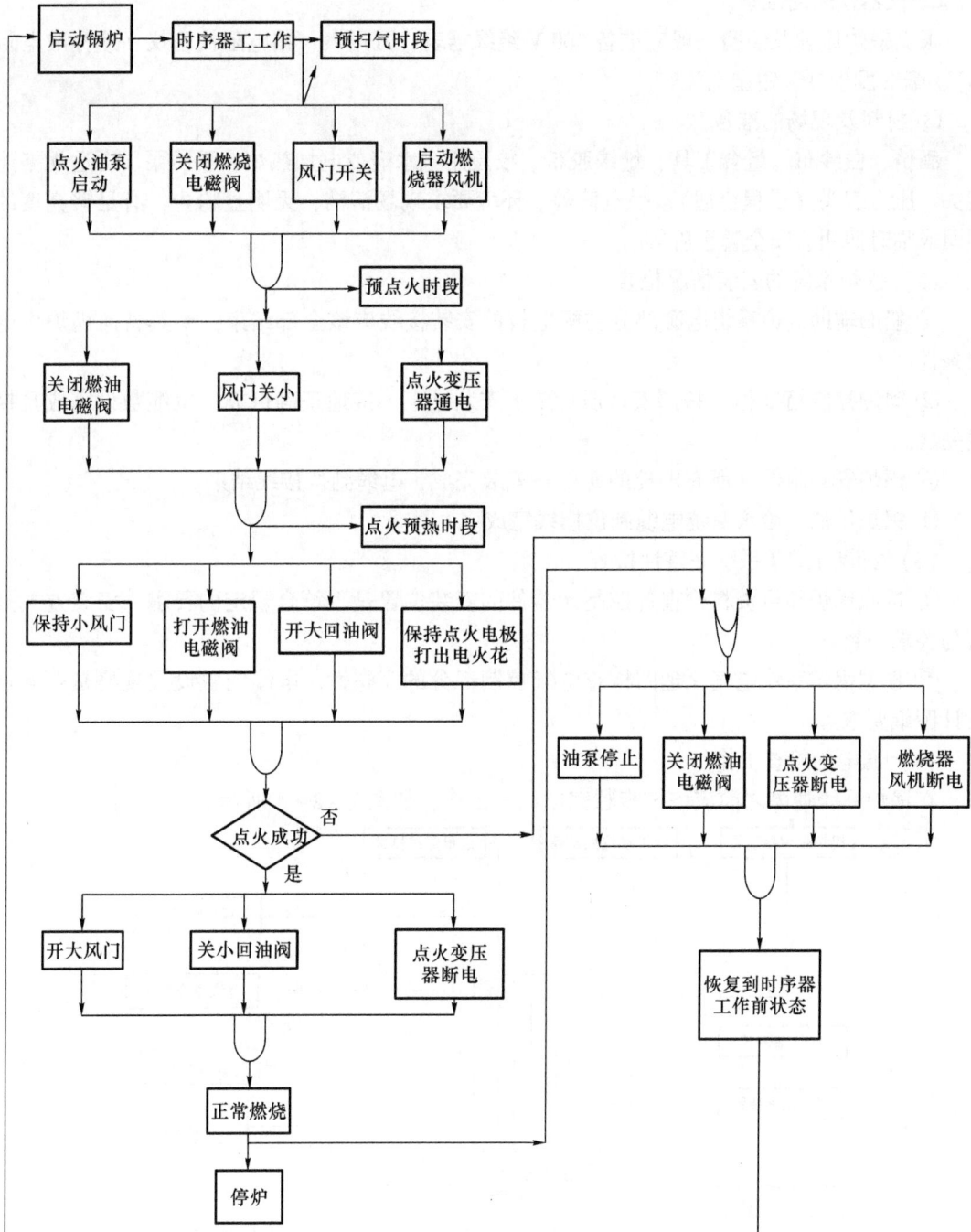

图 7 - 2 - 3　辅助炉燃烧时序控制逻辑图

3. 船舶辅助锅炉系统的系泊试验

（1）试验前的准备工作

① 图纸资料的准备。

船舶辅助锅炉随机资料、电气原理图、锅炉电气系统图、锅炉系统电气接线图、铂电阻温度对照表。

② 仪器仪表的准备。

根据锅炉原理及经验一般应准备 500 V 绝缘摇表、万用表、铂电阻校验仪（或标准电阻箱）、毫安发生器、钳型电流表。

③ 材料及现场的准备。

酒精、白纱布、组合工具、绝缘胶带、校验用电水壶或电加热炉、手压泵、合适规格连接头、压力表头（量程合适）、手电筒等。环境要求现场清洁，无明显粉尘，有足够亮度的照明或临时照明、安全警示牌等。

（2）锅炉系统的安装情况检查

① 船舶辅助锅炉系统电源部分主配电板的安装接线应该全部结束，要具备向锅炉供电的条件。

② 锅炉控制箱（柜）按照安装质量要求安装结束，接地正确可靠。电缆敷设完成且接线完成。

③ 锅炉安装附件（所有电控的元件）安装完成，电缆到位接线结束。

④ 锅炉供油、给水系统电缆到位接线完成。

（3）安装方式及系统完整性检查

① 按照锅炉随机资料检查各控制元器件的安装位置是否符合规定的要求，安装方式是否与要求一致。

② 根据锅炉系统电气原理图检查电气控制部分的完整性。电缆的敷设及规格是否满足设计图纸要求。

（4）通电前检查工作

在锅炉系统通电之前应该按步骤完成以下工作，如图 7-2-4 所示。

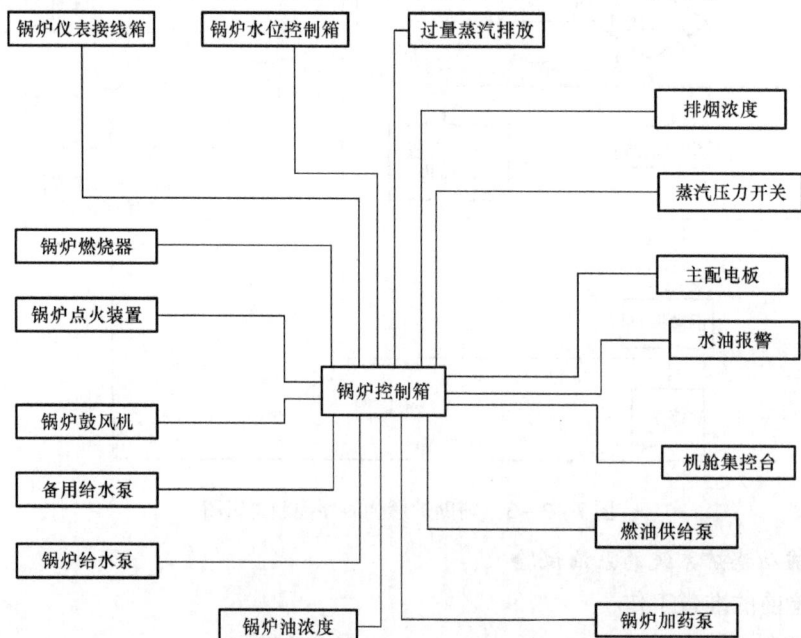

图 7-2-4　锅炉系统方框图

① 从主配电板到锅炉控制箱的电源，从控制箱到机舱集控台的控制、运行、工作指示、故障报警等，锅炉控制箱到燃烧器，从控制箱到机前仪表板、水泵电机的电缆接线完整性、正确性、牢固性进行检查，测量主回路和控制回路绝缘。

② 检查系统电气元件，控制箱外观及控制箱内部元器件有无损坏，是否有与电气图纸规格型号不一致情况存在，熔断器是否完整，报警及指示灯是否完整，并做好记录。

③ 检查所有锅炉系统空气断路器、电源开关，确保均处在断开位置。

④ 绝缘测量。先测量锅炉电源部分的绝缘，用 500 V 兆欧表测量其绝缘值应该满足造船规范要求；然后测量锅炉系统所有电机的绝缘和外接设备的绝缘（同时应该注意如果是工作电压在 DC 24 V 以下的元件或设备应该用万用表或低压绝缘表测量以免损坏）。

⑤ 控制箱的维护与保养。使控制箱内无灰尘、接线紧固，用酒精擦拭接点。

（5）通电调试过程

① 电源部分的调试。

测量配电板的电源，要保证三相电压均衡，且三相电压值在额定范围内，上下波动范围在允许范围内。合上电源开关，送电至控制箱开关前端，再次测量电压值在允许范围内。

② 锅炉水位调节及锅炉给水设备的调试。

首先手动启动锅炉给水泵，检查锅炉水泵的转向是否与标志相一致，否则停泵调相。用钳型电流表测量锅炉给水泵的启动电流及运行电流是否与设计值一样。启动另外一台锅炉给水泵重复上述试验。有的锅炉还设有强制循环水泵，也做同样的调试工作，同时校验热继电器的整定值。

③ 水位控制器的调试。

手动操作锅炉给水泵向锅炉炉体加水，用万用表监视水位电磁开关的闭合情况。通过水位计观察炉体内水位。在最低水位时，控制锅炉给水的开关应闭合；在中间水位时，用于锅炉工作水位的电磁开关触点应闭合；到最高水位时，控制锅炉给水泵的触点断开，停止向锅炉给水。反复试验一次，在水位计上做好标记，以备将来再次调节水位值参考。此时将锅炉给水部分转换到自动状态，泄放锅炉里的水到最低工作水位，观察锅炉给水泵是否自动启动。如果在最低工作水位时启动正常，可进行下一步调试工作。否则检查水位控制器及水泵控制部分。启动正常后，模拟锅炉给水不正常工况，使锅炉水位继续下降，一直降到极低水位。检查控制锅炉停炉的水位继电器触点是否断开，在极低水位时一定要保证锅炉自动熄火并且发出报警以引起值班人员注意并及时处理，确保安全。反复试验两次，有问题要查清原因并及时调整水位值。

④ 锅炉燃油系统及点火油泵的调试。

锅炉燃油系统一般在自动状态下是受压力开关控制的。首先应根据试验调试大纲用手压泵调整压力值，保证动作准确可靠。在模拟状态下试验点火油泵的工况，使其工作在正常状态下。

⑤ 点火电极和点火电磁阀及火焰探测器的调试。

点火电极的试验一般接实际操作进行。需要模拟试验时，将点火电极在炉体上拆下，启动点火变压器的点火按钮或开关，看电极端是否有点火火花。如果正常，试验结束。在点火时，检测点火供油电磁阀是否开启。正常状态下点火时，电磁阀打开供油。

⑥ 安全保护的调试。

锅炉在自动控制过程中，最重要的控制要素是要确保安全保护的可靠性。锅炉在预扫气、点火和正常燃烧期间，如果发生某些故障，必须能够自动停炉。故障排除后，要经过复位后才能够再次重新启动锅炉。在预扫气阶段提前检测到火焰，一般是在锅炉停炉后不久容易发生。通常是由于燃油阀的故障（没有关严），燃油经油头滴入炉膛内，停炉不久的炉腔灼热或外界火种使燃油燃烧。这时不能点火喷油，时序控制器不能继续运行，否则会因炉膛积油过多而引起爆炸。

4. 锅炉常见故障分析与排除

（1）火焰故障

① 在电路上初步判断点火变压器回路。

用万用表检查点火变压器的端电压，有电压而电极端无火花产生，可判断是点火变压器已损坏。排除方法是维修变压器或更换新的点火变压器。

② 点火电极出现问题。

旋开燃烧器检查内部，电极表面是否有积炭、污物，点火电极间距是否过大，点火电极与喷油嘴之间的距离是否合适。排除方法是清洁两电极表面形成的污物和积炭、校正点火电极之间的距离，同时校正电极与喷油嘴之间的位置和距离。

③ 喷油嘴堵塞结焦。

打开燃烧器检查内部。喷油嘴周围充满了污垢是由于长时间的使用和质量较差的油而造成积物堵塞喷油嘴，或者由于油温过低、雾化不良所造成。排除方法是拆下喷油嘴用干净的油或者高压空气进行冲洗，然后清洁管路上的过滤器，选用较好的燃油。

④ 火焰感受器积满灰尘。

拆下火焰感受器观察是否有灰尘污物。排除方法是清洁火焰感受器。如此方法仍然不能解决，应该检查火焰感受器是否老化或故障。排除方法是用手电筒代替燃烧的火焰，来检查火焰感受器工作是否正常，如仍然无效，更换新的火焰感受器。

（2）油温低报警

① 预加热电源没有投入。

打开控制箱检查电源是否供给或者电源供给电路是否出现故障、开关是否损坏、接触器是否老化损坏、加热器是否损坏。排除方法是确认线路，更换损坏的元器件。

② 油高温控制开关误动作而不能复位。

根据报警记录出现过高温报警，确认是误动作而无法自动复位。加热回路无法正常投入工作，油无法加热，导致油温低报警。排除方法是修复油温加热温度开关，使其工作正常。

（3）燃烧器突然停火

① 自动程序控制器故障。

根据时序控制器动作顺序，检测时序控制器每一工作点的输入输出信号是否正常。燃烧器上的凸轮开关部分工作是否有卡壳等现象。将锅炉控制改为手动控制，观察锅炉点火、燃烧是否正常。如果正常工作，可判断为时序控制器损坏，需修复或更换新的时序控制器。

② 锅炉蒸汽压力继电器损坏。

用短接线短接压力继电器的触点，检查工作是否恢复正常。如果恢复正常则压力继电器损坏。排除方法是修复或更换新的压力继电器。

③ 锅炉蒸汽压力继电器设定值漂移。

方法同②一样。设定值的漂移可造成锅炉突然熄火停炉，另外还可能使锅炉蒸汽压力过高、安全阀动作。排除方法是用合适的压力泵重新调整设定值，做好标记然后锁死，防止设定值改变。

④ 燃油电磁阀线圈烧坏或吸力不足往复抖动。

用铁制螺丝刀放在电磁线圈磁柱上，检查电磁线圈是否工作，吸力是否稳定，或者是否由于电磁阀被卡死而导致油路不通。造成燃油电磁阀损坏的最大可能是电源不稳定，或者电磁阀额定频率与电源频率不同。在我国工频是 50 Hz 而在国外船舶上都是 60 Hz，两种电源频率的变化经过一段时间就会造成损坏。

⑤ 造成突然停炉的其他故障。

燃料油压力过低、水位太低、蒸汽压力突然升高、燃烧器电极过载、风压过低、锅炉水位极低等能造成突然停炉。出现上述停炉的原因，根据具体的锅炉设置，进行逐步分析，最后确定故障点存在位置，并一一进行排除。

（4）无法点炉

① 电源供电线路问题。

检查相关设备有无绝缘低的问题，检查供电线路中开关的接通状态，接线部位是否有脱落或松动，是否存在电源断路的情况。

② 燃料油质量太差。

燃料油质量太差或燃料油中水分含量太高都是造成锅炉突然停炉的原因之一，另外油路不通也是造成停炉的原因。在这种情况下检查燃油管路和更换燃料油，检查过滤器，如果堵塞应清洗或更换新的滤网。

总之，由于油的原因造成的无法点火问题，要定期清洗过滤器和燃料油柜，定期排放油柜底部的杂质和积水，使燃料油加热具有一定的温度。

（5）水泵自动切换报警

备用水泵启动运行，检查自动状态下的主用水泵是否过载停止。用手盘车看水泵是否有机械堵转现象。另外就是水泵正常运转，但管路不畅锅炉出现低水位备用水泵启动，或者是锅炉水位控制器出现问题。这要逐项进行检查过载、堵转的问题，最后模拟实验锅炉水位控制器排除故障。

（6）其他故障

当然还有其他多种原因，这时就要结合整个锅炉系统和锅炉整个工作状态作出具体的判断并加以排除。

【任务实施】

船舶辅助组合锅炉系泊试验

7.2.3　实训准备

1. 实训目的与要求

① 了解船舶辅助组合锅炉系统的组成、工作原理。

② 熟悉船舶辅助组合锅炉的系泊试验内容和流程。

③ 通过模拟实训，进行船舶辅助组合锅炉系泊试验。

2. 设备准备

计算机、实训软件、动画演示。

7.2.4　船舶辅助组合锅炉系统系泊试验模拟仿真

船舶辅助组合锅炉系统系泊试验模拟仿真任务内容见表 7 - 2 - 1。

表 7 - 2 - 1　船舶辅助组合锅炉系统系泊试验模拟仿真任务

任务	考核内容及要求
船舶辅助组合锅炉系统系泊试验模拟仿真	通过计算机在实训室内模拟船舶辅助组合锅炉系统系泊试验模拟仿真过程，要求利用软件完成锅炉自动水位控制和辅助锅炉燃烧时序控制。 1. 模拟操作完成锅炉自动水位控制操作； 2. 模拟操作完成辅助锅炉燃烧时序控制操作

【任务测试】

根据所学习的知识结构，结合实训室条件，进行船舶辅助组合锅炉系统的模拟仿真试验。考核评分表见表 7 - 2 - 2。

表7－2－2　船舶辅助组合锅炉系统系泊试验模拟仿真考核评分表

项目编号：			组号：	姓名：	总分：	
考核项目	考核内容	要求	分值	评分标准	得分	备注
船舶辅助组合锅炉系统系泊试验模拟仿真	锅炉自动水位控制	进行锅炉水位调节及锅炉给水设备的调试	10	1. 器件布局不合理扣3分； 2. 器件间连线错误扣3分； 3. 数值设置不正确扣3分； 4. 调试顺序错误扣5分； 5. 调试程序不正确扣5分，结果错误扣10分		
		进行锅炉水位控制器的调试	15	1. 给定值设置错误扣5分； 2. 调试程序不正确扣5分，结果错误扣5分		
	辅助锅炉燃烧时序控制	进行锅炉燃油系统及点火油泵的调试	10	1. 器件布局不合理扣3分； 2. 器件间连线错误扣3分； 3. 调试顺序错误扣5分； 4. 调试程序不正确扣5分，结果错误扣10分		
		进行点火电极和点火电磁阀及火焰探测器的调试	15	1. 器件布局错误扣3分； 2. 给定值设置错误扣5分； 3. 调试程序不正确扣5分，结果错误扣10分		

【知识拓展】

7.3.1　船舶电气系泊试验大纲

船舶电气部分系泊试验大纲的编制，应包括对船舶电气系泊试验的总述，需进行系泊试验的电气设备、电气系统的名称，各电气设备、电气系统进行系泊试验的具体内容，系泊试验人员、工装、材料的准备，电气设备及电气系统应达到的性能指标，系泊试验程序。

1. 电气部分系泊试验总述以及需进行系泊试验的电气设备、电气系统

① 总述。

② 柴油发电机组。

③ 应急发电机。

④ 主配电板。

⑤ 应急配电板。

⑥ 功率管理系统（按厂家标准，试验前提供）。

⑦ 变压器。

⑧ 蓄电池的充放电试验。

⑨ 分电箱试验。

⑩ 电动机和启动器。

⑪ 照明设备。

⑫ 机舱检测和报警系统。

⑬ 机舱自动化试验。

⑭ 火警探测系统。

⑮ 通用报警系统。

⑯ 无线电，航海，内部通信，全球海上遇险与安全系统设备（GMDSS）。

2. 电气部分系泊试验大纲

（1）总述

① 试验应在 CCS 验船师及船东代表参加的情况下进行，船厂有责任及时通知他们，如果需要的话，设备制造厂服务工程师也参加试验。

② 用于轮机和甲板辅机的电气设备试验方法，参照轮机及船体部分的系泊试验大纲进行。

③ 所有设备（电动机、启动器等）在试验前应用兆欧表测量其绝缘电阻并提供测量结果。

④ 试验应在外观检查、安装位置检查及接地可靠性检查后进行，同时也要确认保护装置的可靠性。

⑤ 船厂应最少在试验前 24 h 提供试验程序。

⑥ 试验前船厂应提供数据记录表格。

⑦ 试验结束后，试验结果应提交给 CCS 船级社及船东。

（2）柴油发电机组

① 柴油发电机安全设备检验。

这项试验将和"轮机部分系泊试验大纲"同时进行。

② 发电机参数，见表 7 – 3 – 1。

表 7 – 3 – 1　发电机参数表

项目	柴油发电机	柴油发电机	应急发电机
额定输出功率	710 kW	500 kW	200 kW
电压、相数、频率	AC400 V、3 ph、0 Hz	AC400 V、3 ph、50 Hz	AC400 V、3 ph、50 Hz
电流	1 282 A	902 A	360 A
转速	750 r/min	750 r/min	1 500 r/min
功率因数	0.8	0.8	0.8
工作制	连续	连续	连续
绝缘等级	F 级	F 级	F 级
防护形式	IP23	IP23	IP23
数量	2 sets	1 set	1 set

③ 测量绝缘电阻试验。

发电机负荷试验前和试验后，用直流 500 V 兆欧表测各绝缘电阻并记录于表 7 – 3 – 2 中（用 500 V 直流兆欧表测量发电机绕组绝缘电阻，冷态值不小于 5 MΩ，热态值不小于 2 MΩ，空间加热器绝缘电阻不小于 1 MΩ）。

表 7 – 3 – 2　发电机绝缘电阻试验表

	#1 柴油发电机		#2 柴油发电机		#3 柴油发电机		应急发电机	
	试验前 /MΩ	试验后 /MΩ	试验前 /MΩ	试验后 /MΩ	试验前 /MΩ	试验后 /MΩ	试验前 /MΩ	试验后 /MΩ
发电机绕组对地								
空间加热器对地								

注意：对于半导体整流器，试验时应与主电路断开，用万用表测量其绝缘电阻。

④ 柴油发电机组的负荷试验。

a. 发电机的负荷试验将用一个可调水电阻（$\cos \varphi = 1$）连接到主配电板的母线排。发电机的运行时间按照表 7 – 3 – 3。

表 7 – 3 – 3　柴油发电机组的负荷试验表

负荷/%	25	50	75	90	100	110
运行时间/min	15	15	15	30	60	5

b. 在工况稳定 15 min 后各运行工况下的电压、电流、频率和功率。

c. 负载试验后记录每相绕组和轴承温度，记入表 7 – 3 – 4。

表 7 – 3 – 4　负载试验表

	#1 柴油发电机	#2 柴油发电机	#3 柴油发电机	应急发电机
发电机绕组温度				
轴承温度				
环境温度				

⑤ 柴油发电机调压和调速试验。

用水电阻作负载（$\cos\varphi = 1.0$），把每一台发电机调整到额定电压和频率，然后按表 7 – 3 –5调节每台发电机负载，测量并记录每挡电压、频率变化值。

电压变化：额定电压的 ±2.5% 之内（±10 V）。

频率变化：额定频率的 ±5% 之内（±2.5 Hz）。

表 7 – 3 – 5　柴油发电机调压和调速试验表

负荷率/%	#1 柴油发电机			#2 柴油发电机			#3 柴油发电机			应急发电机		
	输出/kW	电压/V	频率/Hz	输出/kW	电压/V	频率/Hz	输出/kW	电压/V	频率/Hz	输出/kW	电压/V	频率/Hz
100	710			710			500			200		
75	532.5			532.5			375			150		
50	355			355			250			100		
25	177.5			177.5			125			50		
0	0			0			0			0		
25	177.5			177.5			125			50		
50	355			355			250			100		
75	532.5			532.5			375			150		
100	710			710			500			200		

⑥ 柴油发电机组加载试验。

本试验要验证瞬态电压、频率变化及恢复时间应在允许的范围内。

a. 瞬态电压变化：−15% ~ +20% 之内（340 ~ 480 V）。

b. 瞬态频率变化：±10% 之内（45 ~ 55 Hz）。

c. 稳定时间不大于 5 s。

d. 在额定电压和额定频率下，当发电机满负荷时，突卸全部负荷，检查瞬态电压、频率变化及稳定时间并记入表 7 – 3 – 6 中。

e. 在额定电压和额定频率下，突加 50% 额定负荷，待稳定后再加剩余 50% 负荷，按表 7 – 3 – 6 记录试验结果。

表 7 – 3 – 6　柴油发电机组加载试验表

负载变化	状态	#1 710 kW 柴油发电机			#2 710 kW 柴油发电机			#3 500 kW 柴油发电机			应急发电机			备注
		电压 /V	频率 /Hz	稳定时间 /s	电压 /V	频率 /Hz	稳定时间 /s	电压 /V	频率 /Hz	稳定时间 /s	电压 /V	频率 /Hz	稳定时间 /s	
100% ↓ 0	瞬态													
	稳态													
0 ↓ 50% *100%	瞬态													
	稳态													
50% ↓ 100%	瞬态													

注：＊对于应急发电机：0～100%。

⑦ 主柴油发电机的并联运行。

a. 使运行机组在额定转速下带 40% 负载（用水负载，功率因数 1），调节待并机组的转速，使之投入并联运行，然后调节使两机组输出各为 75% 额定功率，并控制两机组间有功分配基本相同。以此作为并联运行"基调点"，固定调速手柄位置，按下列程序缓慢单方向地改变负载 75%—100%—75%—50%—25%—50%—75%。

b. 每一工况运行 5～10 min，测量各机组负载，考核分配差度。

有功功率分配差度在发电机功率相同时，应不超过发电机额定有功功率的 ±15%；当发电机功率不同时应不超过最大发电机额定有功功率的 ±15%，最小发电机额定有功功率的 ±25%。

（3）应急发电机

① 柴油发电机的安全设备试验。

a. 本试验将按照"轮机部分系泊试验大纲"的要求进行。

b. 发电机参数，见表 7 – 3 – 1。

c. 绝缘电阻试验与主发电机的要求相同。

d. 发电机的负载试验与主发电机相同。发电机的运行时间按照表 7 – 3 – 7。

表 7 – 3 – 7　应急发电机组的负荷试验表

负荷/%	25	50	75	100
运行时间/min	15	15	15	60

② 电压和速度调节试验。

a. 电压调节试验与（2）中⑤相同，但是电压降限制在 ±3.5% 额定电压（386~414 V）内。

b. 速度调节试验与（2）中⑤相同，试验结果记录在表 7-3-5 和表 7-3-6 中。

③ 应急发电机的自启动。

a. 应急发电机在主电源故障（汇流排失电）情况下，应自动启动，控制装置将连续启动三次，三次启动失败后报警。

b. 蓄电池充足电后，柴油机在冷态情况下连续启动不少于三次。

c. 应急情况下的手动空气启动试验，参考"轮机部分系泊试验大纲"。

（4）主配电板

① 绝缘电阻试验。

在所有主配电板上的开关处于断开位置时，用直流 500 V 兆欧表测量汇流排各相对地绝缘电阻（不小于 1 MΩ）。

② 发电机保护设备试验。

③ 过电流继电器脱扣试验。

脱扣继电器试验应该按照下述设定值进行，见表 7-3-8。

表 7-3-8 过电流脱扣继电器试验表

项目	整定值
No. 1/No. 2 710 kW 柴油发电机	125% 额定电流（1 602.5 A）15~30 s
No. 3 500 kW 柴油发电机	125% 额定电流（1 127.5 A）15~30 s

④ 逆功率继电器脱扣试验。

脱扣继电器试验应该按照下述设定值进行，见表 7-3-9。

表 7-3-9 逆功率继电器脱扣试验设定值表

项目	整定值
500 kW 柴油发电机	10% 额定输出（50 kW）3~10 s
710 kW 柴油发电机	10% 额定输出（71 kW）3~10 s

注意：逆功率在 1.0 功率因数的条件下进行。

⑤ 欠压脱扣试验。

a. 脱扣设备试验应该在低电压条件下进行。

b. 欠压脱扣的设定值：70%~35% 额定电压（140~280 V）。

⑥ 优先脱扣试验。

a. 脱扣设备试验应该按照下述设定值进行，见表 7-3-10。

表 7-3-10 优先脱扣设备试验设定值表

项目	整定值
500 kW 柴油发电机（No. 3）	95% 额定电流（856.9 A）10±1 s
710 kW 柴油发电机（No. 1，No. 2）	95% 额定电流（1 217.9 A）10±1 s

b. 脱扣负载。

厨房及洗衣设备、空调及舱室风机、机修设备。

⑦ 连锁功能试验。

下列设备的连锁功能可靠性应该试验。

a. 发电机不发电时，发电机主开关 ACB 不能闭合的联锁试验。

b. 发电机主开关 ACB 与岸电开关 MCCB 联锁。

c. 发电机主开关 ACB 与发电机空间加热器联锁。

d. 主配电板与应急配电板之间互锁开关联锁，正常时主配电板向应急配电板供电，当主配电板失电，应急发电机向应急配电板供电但不能向主配电板倒供电。

e. 主配电板艏侧推电源开关合闸联锁。

（5）应急配电板

① 绝缘电阻试验。

本试验同标题（2）。

② 发电机保护设备试验。

③ 过电流继电器脱扣试验。

本试验同标题（4）的③，设定值在额定电流 125%（450 A）时试验 15～30 s。

④欠压脱扣试验。

本试验同标题（4）的⑤。

（6）功率管理系统（按厂家标准，试验前提供）

① 手动启/停试验。

a. 发电机启停试验通过操作机旁就地控制及主配电板上启动、停止按钮手动操作柴油发电机启动和停车。

b. 应急发电机启停试验通过操作机旁就地控制板上启动、停止按钮手动操作应急发电机启动和停车。

② 自启动试验。

由启动信号自动启动备用柴油发电机（故障机脱扣，备用机合闸）。

（7）变压器

① 变压器参数，见表 7 - 3 - 11。

表 7 - 3 - 11　变压器参数表

项目	1 T，2 T 主变压器	3 T，4 T 应急变压器
电压	400 V/230 V	400 V/230 V
容量	200 kVA	75 kVA
相数	3 ph	3 ph
绝缘等级	F	F
结论		

② 绝缘电阻试验。

用一只 DC 500 V 的兆欧表测量下列回路的绝缘电阻。

a. 原边绕组对副边绕组应不小于 1 MΩ。

b. 原边绕组对地、副边绕组对地均不小于 1 MΩ。

③ 运行试验。

在实际负载运行时，测量原边和副边的电压和电流。

（8）蓄电池的充放电试验

在蓄电池充放电功能试验时，测量其电压和电流。

（9）分电箱试验

在作动力、照明试验时用直流 500 V 兆欧表测量下列各分配电箱中每一分路各相对地绝缘电阻不小于 1 MΩ（测量时分路开关处于断开位置）。试验内容见表 7 - 3 - 12。

表 7 - 3 - 12　分电箱试验表

电力分电箱	结果	照明分电箱	结果
PB301 电力分电箱		1L 照明分电箱	
PB302 电力分电箱		2L 照明分电箱	
PB303 电力分电箱		3L 照明分电箱	
PB304 电力分电箱		4L 照明分电箱	
PB305 电力分电箱		5L 照明分电箱	
PB306 电力分电箱		6L 照明分电箱	
PB307 电力分电箱		7L 照明分电箱	
PB308 电力分电箱		8L 照明分电箱	
PB309 电力分电箱		1EL 应急照明分电箱	
PB310 电力分电箱		2EL 应急照明分电箱	
PB311 电力分电箱		3EL 应急照明分电箱	
PB312 电力分电箱		4EL 应急照明分电箱	
VMCC 货舱风机启动屏		5EL 应急照明分电箱	
PB201 电力分电箱			
PB202 电力分电箱			
PB203 电力分电箱			
PB204 电力分电箱			
PB205 电力分电箱			
PB206 电力分电箱			
PB207 电力分电箱			

（10）电动机和启动器

① 绝缘电阻测试。

用直流 500 V 兆欧表测量电动机绝缘电阻应不小于 1 MΩ。

② 效用试验。

参照轮机和船体试验大纲，在效用工况中验证电动机控制装置功能。

③ 遥控与自动启动、停止试验。

a. 遥控启停试验。

b. 自动启停试验。

c. 备用泵的自动切换。

压力低或者失压时的启停。

④ 电动机程序启动系统试验。

全船失电后，当主电源重新恢复时，验证下列设备按程序重新自动启动。

a. 第一级按程序自动启动。

（a）5 s。

（b）No. 1，No. 2 主机滑油预供兼备用泵。

（c）No. 1，No. 2，No. 3 主机高温淡水泵。

（d）No. 1，No. 2 齿轮箱滑油备用泵（左机）。

b. 第二级按程序自动启动。

（a）10 s。

（b）No. 1 主机舱通风机。

（c）No. 1，No. 2，No. 3 主冷却海水泵。

（d）No. 1，No. 2，No. 3 辅冷却海水泵。

⑤ 遥控应急切断系统试验。

通过操纵停止按钮或开关进行试验，见表 7 – 3 – 13。

表 7 – 3 – 13　遥控应急切断系统试验表

控制屏	实验对象	备注
ES1 – 应急切断机舱风机，油泵及防火风闸 ES11 – 主机舱入口，ES12 – 消防控制站，二氧化碳施放前		
No. 1 组合启动屏	1. 主机滑油预供兼备用泵（左机）； 2. No. 1 主机舱通风机燃料油输送泵； 3. 齿轮箱滑油备用泵（左机）； 4. 油渣泵	
No. 2 组合启动屏	1. 主机滑油预供兼备用泵（右机）； 2. 滑油输送泵； 3. 柴油输送泵； 4. 齿轮箱滑油备用泵（右机）； 5. No. 1 辅机舱通风机	

控制屏	实验对象	备注
主配电板（PB301 电力分电箱）	1. No. 1 滑油分油机； 2. No. 1 燃料油分油机； 3. 分油机间抽风机； 4. No. 2 滑油分油机	
主配电板（PB302 电力分电箱）	1. No. 2 滑油分油机； 2. No. 2 燃料油分油机	
主配电板（PB303 电力分电箱）	机修间焊接区抽风机	
主配电板（PB304 电力分电箱）	1. 辅助设备舱送风机； 2. 舵机舱送风机； 3. 减摇鳍舱（左）送风机； 4. 减摇鳍舱（右）送风机； 5. 集控室柜式空调	
主配电板（PB305 电力分电箱）	轻柴油输送泵	
主配电板（PB206 电力分电箱）	供油单元	
主配电板和应急配电板	发电机组预润滑油泵	
主配电板	1. 燃油锅炉； 2. 主辅机燃油供油单元	
应急配电板（单独启动箱）	主辅机燃油供油单元（辅机柴油泵） JB1/FD 机舱防火风闸接线箱	
ES2－应急切断舱室风机和空调风机及相应防火风闸 ES21，22，23－驾控台，ES24，25，26－消防控制站		
PB309 电力分电箱	艏部主竖区舱室风机（S4，S11，S12，E15，E19，E20；空调 AC1，AC2，AC3）	
PB310 电力分电箱	中部主竖区舱室风机（S3，S5，E3，S9，S10，E7，E12，S14；空调 AC4，AC5）	
PB311 电力分电箱	艉部主竖区舱室风机（S2，S8，E18，E21；空调 AC6，AC7）	
PB204 电力分电箱	舱室风机（S13，E5，E6，E8，E9，E10，E11，E13，E14，E16，E17，E22，S15）	
JB2/FD，JB3/FD，JB4/FD，JB5/FD 防火风闸接线箱		

控制屏	实验对象	备注
ES3 – 应急切断货舱风机及相应防火风闸 ES31 – 驾控台，ES32 – 消防控制站		
VMCC 货舱风机控制屏		
JB4/FD，JB5/FD，JB6/FD 防火风闸接线箱	EPB/E7 – 应急切断厨房抽风机	
PB310 电力分电箱	中部主竖区舱室风机（E7）	
EPB/ES4 应急切断燃油供油 装置及分油机 分油机间门外	1. No. 1 滑油分油机； 2. No. 1 燃料油分油机，分油机间抽风机； 3. No. 2 燃料油分油机主辅机燃油供油单元	

⑥ 泵遥控系统试验。

通过操纵设置在驾控台上和安全站的启动/停止按钮进行遥控启/停。

（11）照明设备

① 航行灯。

a. 绝缘电阻试验。

用 500 V 兆欧表测量绝缘电阻应≥1 MΩ。

b. 效用试验（包括失电和故障报警试验）。

c. 电源转换。

d. 失电和故障报警试验。

② 信号灯。

a. 绝缘电阻试验。

用 500 V 兆欧表测量绝缘电阻应≥1 MΩ。

b. 效用试验（包括失电报警试验）。

验证以下信号灯，见表 7 – 3 – 14。

表 7 – 3 – 14　信号灯绝缘电阻试验表

序号	项目	结果
（a）	白昼信号灯	
（b）	信号灯	
（c）	摩氏信号灯	
（d）	失控灯	
（e）	前、后桅灯	
（f）	前、艉锚灯	
（g）	左、右舷灯	
（h）	艉灯	

c. 失电报警试验。

③ 一般照明与应急照明。

a. 绝缘电阻试验。

用 500 V 兆欧表测量绝缘电阻≥1 MΩ。

b. 效用试验。

进行每个照明电路的效用试验，并验证其照明灯具、开关及附件的正确连接。临时应急照明和附加应急照明放电试验按规范要求进行。

（12）机舱检测和报警系统

① 集控台和报警系统。

a. 检测集控台电源的正确性。

b. 集控台上各设备遥控系统，应在各有关设备进行的同时进行性能验证。

c. 验证每个检测报警点（采用模拟方法）。

② 安全报警系统。

验证下列系统：

a. 轮机员呼叫系统。

b. 病室呼叫系统。

c. CO_2 施放报警系统。

d. 机舱报警灯柱试验。

（13）机舱自动化试验

用欧姆表测量绝缘电阻≥0.5 MΩ。

① 主机遥控系统。

a. 主机启动试验。

b. 主机启动闭锁功能试验。

c. 安全系统功能试验：自动卸载功能；自动停车；手动应急停止。

d. 检查遥控系统的报警功能。

② 车钟试验。

a. 主车钟试验。

b. 辅车钟试验（备用，完车，海上）。

③ 主推进系统的主要泵的切换功能。

a. 左、右机齿轮箱滑油备用泵（备用泵启动）。

b. No. 1，No. 2，No. 3 主冷却海水泵（自动切换）。

c. 左、右机主机滑油预供兼备用泵（备用泵启动）。

d. No. 1，No. 2，No. 3 主机高温淡水泵（自动切换）。

④ 电站管理系统。

a. 主柴油发电机组。

检查主柴油发电机组的安全保护和报警功能。

b. 主柴油发电机的遥控启停功能，以及在故障时的自动停车。

c. 备用机组的测试。

在 2 台柴油发电机之间的自动启动同步，自动并联，负载分配试验。

⑤ 应急发电机。

a. 检查应急柴油发电机组的安全保护和报警功能。

b. 应急发电机的自动启动试验。

⑥ 检测报警系统。

a. 系统的功能试验。

b. 延伸报警的模拟试验。

（14）火警探测系统

应对每个火警探测器及手动呼叫按钮进行效用试验。

（15）通用报警系统

① 通用报警与广播联动试验。

② 通用报警与雾笛联动试验。

（16）无线电，航海，内部通信，全球海上遇险与安全系统设备（GMDSS）

检查各设备及电缆安装的正确性、完整性及接地可靠性。

测量各设备天线的绝缘电阻，应不小于 1 MΩ。

注：半导体电路用万用表测量。

① 电罗经。

a. 检查电罗经启动稳定时间。

b. 检查电罗经故障报警功能。

c. 检查主罗经和每个分罗经的航向标志线，主罗经误差小于 ±1°。

② 随动舵。

a. 舵角指示器校正。

b. 配合舵机作手动、随动操舵试验。

c. 检查报警功能等。

③ 卫星导航仪（GPS）。

检查工作情况和功能试验。

④ 测深仪。

检查换能器的安装质量及水密性。

⑤ 码头水深试测。

⑥ 检查雷达天线和监视器的安装质量。

a. 检查在不同量程时，正常操作时显示器上的图形的清晰度。

b. 检查雷达的效用功能。

c. 测定最小作用距离。

d. 检查雷达、GPS、电罗经之间的匹配。

⑦ VDR 系统。

检查设备的效用试验和功能试验。

⑧ AIS 系统。

检查设备的效用试验和功能试验。

⑨ 自动电话。

a. 通话效用试验。

b. 自动电话与广播的联动试验。

⑩ 声力电话。

做通话效用试验。

⑪ 广播系统。

做接收、广播、编码、通话的效用试验。

⑫ 对讲系统。

对讲系统的功能试验。

⑬ 收音机与电视天线共用器。

⑭ 做收音机接收和电视接收的效用试验。

a. 全球海上遇险与安全系统（GMDSS）无线电台设备。

b. 所有全球海上遇险与安全系统（GMDSS）设备的工作及效用试验由制造厂服务工程师依照说明书进行。

c. 检查无线电台的接地质量，接地电阻不超过 0.02 Ω。

⑮ MF/HF 设备。

a. 检查调谐和工作情况。

b. 校验设备的功能。

c. 检查充电器运行状况。

d. 检查选择呼叫功能。

e. 检查板上照明灯、控制器等工作情况。

⑯ 中高频无线电话。

a. 通过对话检验其功能。

b. 检查 DSC 功能。

⑰ 手提双向甚高频无线电话。

通过对话检验其功能。

⑱ 应急示位标。

用自测装置检查其功能。

⑲ 雷达应答器。

用自测装置检查其功能。

⑳ 气象仪：根据天气预报检查设备的功能。

NAVTEX 接收机：通过自测装置检验设备功能。

刮水器和窗玻璃加热：刮水器和窗玻璃加热效用试验。

雾笛：做雾笛效用试验。

项目八 船舶电气航行试验

【任务描述】

每艘船舶在建造的最后阶段，都要进行航行试验。航行试验应按规定的大纲进行，对船舶的航海性能、电气设备、导航设备和机械设备进行试验，验证船舶总体性能和设备的质量是否符合合同、图样、公约及规范等的要求。航行试验的目的是通过试验，对船舶进行最终验收。

【项目目标】

① 掌握船舶电气航行试验的基本内容及要求。

② 掌握助航设备、无线电通信设备及船舶自动化系统等的航行试验程序。

【教学任务】

① 掌握船舶电气航行试验的基本内容及要求，制订船舶电气航行试验计划。

② 掌握船舶电气系统的航行试验程序。

③ 了解航行试验大纲格式及内容。

任务一　制订船舶电气航行试验计划

【知识链接】

8.1.1　船舶电气航行试验概述

1. 航行试验的目的

每艘船舶在建造的最后阶段，都要进行航行试验。航行试验的目的是通过试验，对船舶进行最终验收。

航行试验是在船舶进行完系泊试验，已经消除系泊试验中所发现的质量问题，并在验船部门规定的系泊试验项目符合试航条件后才能进行的试验。规定的系泊试验项目有主辅机械设备、救生设备、消防设备、锚设备、舵设备、航行设备、信号设备、通信设备舱底排水系统及防止油污设备、压载水装置、水密装置、倾斜试验报告、载重线标志勘划、吨位丈量、警报及安全设备等。

参加航行试验的人员有验船师、船东代表、船厂质量检验部门、设计或技术部门、生产管理部门以及有关车间的人员，并各司其职。

2. 进行航行试验必备的条件

① 必须在完成全船性的船体、轮机、电气等项目的系泊试验，将试验中所发现的缺陷消除，并在工厂检查人员、船舶检验机关的专业人员或军代表检验后，航行试验方可进行。

② 由设计单位编制的航行试验大纲，必须经有关技术人员统一认定，并做好试验准备后才能执行。

③ 航行试验计划编好后，必须经有关部门和人员协调统一，如海区选择、保航要求、试验项目、配合船舶的各种台或站。有关协助计划及各种补给计划等必须经有关部门批准。

④ 新造船舶在航行试验前必须完成倾斜试验，并配备好各种安全器材和设施。

3. 计划的编制

航行试验是船舶建造中的最后一个工程阶段（首制或特殊要求的船舶例外），同时又是极其重要的一个阶段，它是对船舶设计质量、建造质量、配套质量的总体检验。因为各方面造成的问题在航行试验中都容易暴露出来，所以试验工作十分复杂。

电气设备的航行试验计划是整个船舶试验计划的重要组成部分之一。电气设备试验具有项目多、试验过程复杂、协调面广（需各种测量仪器，有时还需舰船、飞机配合）、需要较强的技术力量等特点，因此电气试验计划的制订必须与全船试验计划相协调。

在电气航行试验计划中，不少航次需要全速运行，如计程仪试验、电气转速表试验等。还有不少项目（如锚设备、消磁设备、声呐、雷达试验）需到特定试验区进行。为提高试验经济性，计划人员必须统筹兼顾，准备好预备试验项目，以便及时调整。

要求在执行试验计划前，对将进行试验的设备，做好技术准备，对设备的工作可靠性、参数精度、试验中可能出现的故障、指标现实性、设备的质量和互相的联协情况都应充分掌握，力争一次试验成功。

在组织各项目的试验中，必须明确职责，分工负责，坚守岗位，服从命令听指挥，发现问题及时进行协商解决。

综上所述，编制好电气航行计划是非常重要的。

（1）编制电气航行试验计划

① 根据船舶电气试验大纲拟定航行试验项目。

② 根据试验的特点分为电气单独试验项目和需其他专业配合的项目两类。

③ 根据试验大纲和仪器、设备的技术说明书要求，选定每个项目的试验海区、海情、配合舰船等。

④ 指出各项目试验所需的仪表、仪器、专用工具。

⑤ 要从试验顺利和不顺利两方面考虑，制订出各项目的相应安全保证及应变措施。

⑥ 指出各项目所需技术力量和岗位，拟定劳动力安排。

⑦ 制订某些项目的协调配合计划和联络信号及方式。

⑧ 估计每个项目的试验时间，供编制全船航行试验计划用。

⑨ 编制电气航行试验计划草案时，应以每航次为单位，并采用列表形式指明试验项目、内容、技术指标和要求、对海区与海情的要求、参加单位等。

⑩ 计划草案制订后，由建造师召开研讨会，请设计室、技术部、检验部、验船单位等部门人员参加讨论，对计划进行修改补充，然后送交产品总建造师审批汇总。

（2）电气航行试验计划的协调

① 由工厂产品总建造师召开计划协调会，对试验海区、驾驶航向、速度和具体试验方法进行统一部署，提出每航次的具体执行方案（日期、出航时间、会合地点、试验指挥和执行人员等）。计划协调会应邀请船东代表、验船机构代表参加。

② 由专业建造师召开本专业各大项目的技术协调会，如某雷达或声呐，在试验中需空军飞机或海军潜艇配合时，则必须编制好详细的双方航行计划（或飞行计划），明确会合海区、具体经纬度、时间、联络信号等，并做出航线图。

③ 由总建造师召开试航计划会，对航行前的工作进行统一布置。

4. 航行证书申请

船厂确定试航日期后，一般由质量检验部门向验船部门申请船舶试航证书，得到批复后，航行试验方可实施。申请书及证书的样式见表 8 - 1 - 1、表 8 - 1 - 2。

经验船部门审核，对已具备试航条件的船舶签发船舶试航证书。如果验船部门提出意见，质量检验部门应尽快向有关车间或部门反映，以便落实解决。

表 8 - 1 - 1   CCS 船舶试航申请书

中华人民共和国船舶检验局
船舶试航申请书

船名_____   船旗国_____

船舶种类_____   船籍港_____

试航日期_____   参加试航人数_____

试航区域_____

试航目的_____

该船下述项目均已符合有关规定的要求，具备试航条件，兹申请签发试航证书。

1. 主、辅机械设备   7. 信号设备

（包括主机启动，换向）   8. 通信设备

2. 救生设备包括救生艇，筏，   9. 舱底排水系统及防止油污设备

救生浮具，抛绳设备和遇难信号等   10. 压载水装置

救生衣数量_____   11. 水密装置

救生圈数量_____   12. 倾斜试验及船舶稳性

3. 消除设备   13. 载重线勘划

4. 锚设备   14. 吨位丈量

5. 舵设备   15. 警报及安全设备

6. 航行设备

申请日期_____   申请人_____

备注：

日　　期_____

地　　点_____   验船师_____

表 8 - 1 - 2   CCS 船舶试航证书

中华人民共和国船舶检验局
船舶试航证书

编　　号_____

船　名_____   船旗国_____

船舶种类_____   船籍港_____

船舶所有人_____   船舶呼号_____

制造厂_____   出厂编号_____

总吨位_____   主机功率、转速_____

核准试航人员_____   试航区域_____

兹证明

对申请人在船舶试航申请书中提出的航行条件进行了审查，认为该船具备试航条件，同意进行试航。

本证书有效期至_____年_____月_____日

备注：

发证地点_____   发证日期_____

8.1.2 航行试验的准备工作

电气航行试验的准备工作很多，但综合起来主要有组织工作；需要的图纸资料及工具、仪器、仪表；易耗损元件和器材；电工材料及清洁保养用品等。

1. 组织机构的准备

① 建立试航领导小组，分工负责试航的各项工作，包括试航人员的生活服务工作准备。

② 执行试验任务的技术力量（工艺、技术、检验人员）和劳动力配备。

③ 做好上级检查机关和专职技术指导力量的组织。如船上装有刚研制成功首次试装的设备或仪器，还需请制造厂有关人员参加。

2. 图纸资料的准备

航行试验远离工厂，为解决试验中可能发生的技术问题，应准备好设计部门编制的航行试验大纲、技术说明书、安装工艺资料与图纸及相关记录表格报告等，经验船部门和船东代表确认后，作为船舶进行试验和检验的依据。

（1）试验大纲

① 电气试验大纲。

② 特殊电气设备试验大纲。

③ 无线电通信试验大纲。

④ 各种雷达试验大纲。

⑤ 导航仪器试验大纲。

⑥ 各种水声仪器试验大纲。

⑦ 特殊电子设备试验大纲。

⑧ 无线电干扰试验大纲。

（2）技术说明书

① 发射机调压器说明书。

② 自动舵说明书。

③ 电话（包括自动电话）说明书。

④ 各种无线电设备说明书。

⑤ 各种雷达、导航、声呐说明书。

⑥ 各种电子设备说明书。

⑦ 各种工程电器说明书。

（3）安装工艺资料与图纸

① 电气设备安装工艺说明书。

② 电气设备配套表。

③ 全船电缆册。

④ 各专业及综合导电系统图。

⑤ 各系统电气设备接线图。

⑥ 各专业系统图和原理图。

⑦ 电缆铭牌清册。

⑧ 各舱室电气设备布置图。

⑨ 修改通知单和联系单。

⑩ 船舶电气安装与调试规程。

（4）其他技术文件

① 试验计划和方案。

② 专业协调会纪要。

③ 仪表、仪器和专用工具清单。

④ 按试验要求，准备必要的表格和报告样式。

3. 船舶浮态、供应品准备及救生浮具的准备

① 按试验大纲要求，调整船舶的吃水和纵横倾，记录船舶首、中、尾吃水。

② 准备足够的试验用的燃油、滑油。应对燃油、滑油进行取样化验，试验结束后留作比较。

③ 准备好充足的生活用水及生活用品，以满足船上人员日常生活的需要。

④ 船厂应为试航人员每人备一件救生衣。

4. 仪器、仪表及工具的准备

试验用的仪器、仪表应具备计量部门签发的有效的合格证书。

（1）常用工具和仪表的准备

万用表、高阻计、钳型表、螺丝刀、扳手、套管、电烙铁、清洁工具、电吹风等，一般每个作业班次都应有一定数量的配置。

（2）专用工具装备和仪器的准备

对一些特殊用途的专用工具、设备、精密仪器或仪表，需按试验大纲要求进行准备。船舶航行试验前需准备工具见表 8 - 1 - 3。

表 8 - 1 - 3　工具清单

序号	工具仪表名称	序号	工具仪表名称
1	大截面冷压钳	11	电罗经配液工具
2	300 ~ 500 W 电烙铁	12	12 件绘图仪
3	电炉、电水壶	13	装有弱电工具的备品箱
4	电焊机	14	300 mm 三角板
5	气割、气焊工具	15	微型计算机及相应耗材、计算器
6	水银式 0℃ ~150℃、0℃ ~300℃温度计	16	对讲电话
7	晶体管点温计、数字温度计	17	电源拖板
8	酸、碱性电液比重计	18	秒表
9	数字、英文字母的钢字码	19	仪表插座板
10	手电钻及钻头	20	……

根据试验大纲及常见故障排出的需要，应准备的仪器、仪表见表 8 - 1 - 4。

表 8 – 1 – 4　仪器、仪表清单

序号	仪表名称	序号	仪表名称
1	交流 0.5 级，0 ~ 5 A 电流表	9	水声综合测试仪
2	交流 0.5 级，0 ~ 200 V 电压表	10	高频微伏表
3	双臂电桥	11	低频信号发生器
4	示波器	12	脉冲信号发生器
5	频率计	13	晶体管测试仪
6	真空管电压表	14	稳压电源 6 V、12 V、24 V
7	分雷达综合测试仪	15	电感、电容测量仪
8	单边带综合测试仪	16	高频信号发生器

上述二表中的工具或仪器、仪表清单仅供参考，各试验船舶可根据实际情况进行增减。

5. 电工材料的准备

船舶试航阶段，工程建造已经初步完成，故所用电工材料较少，仅在加装工程时才需一定的电工材料。一般试航中需要一定量的辅助材料，见表 8 – 1 – 5。

表 8 – 1 – 5　试航用常用电工辅助材料清单

序号	仪表名称	序号	仪表名称
1	交流 0.5 级，0 ~ 5 A 电流表	9	水声综合测试仪
2	交流 0.5 级，0 ~ 200 V 电压表	10	高频微伏表
3	双臂电桥	11	低频信号发生器
4	示波器	12	脉冲信号发生器
5	频率计	13	晶体管测试仪
6	真空管电压表	14	稳压电源 6 V、12 V、24 V
7	分雷达综合测试仪	15	电感、电容测量仪
8	单边带综合测试仪	16	高频信号发生器

6. 易耗元件及器材准备

船舶上安装的电气设备种类规格极多，对每个系统的设备易损耗元件和器材的品种、规格、数量要做好统计工作，并做好这些元件、器材的准备工作，以便试航中备用。试航电气易损耗元件准备清单如表 8 – 1 – 6 所示。

表 8 - 1 - 6　易耗元件及器材清单

系统	序号	易损耗元件的名称	型号	数量
照明系统	1	各种规格的白炽灯泡		
	2	各种规格的灯管		
	3	各种型号灯具的灯罩		
	4	各种型号规格的插座		
	5	各种规格的开关		
	6	日光灯启辉器		
	7	日光灯镇流器		
	8	各种规格的白炽灯头		
	9	各种灯具固定配件		
供配电系统	1	主开关的脱扣线圈		
	2	调压器中的低频放大晶体管		
	3	调压器中的低频稳压管		
	4	各种规格的熔断器芯		
	5	各种规格的指示灯泡		
	6	红、绿、黄指示灯罩		
	7	熔断器夹		
电力拖动系统	1	常用接触器线圈		
	2	常用继电器线圈		
	3	各种规格的指示灯泡		
	4	各种规格的指示灯罩		
	5	各种接触器、继电器触头		
	6	限位开关		
	7	熔断器芯		
电话系统	1	耳机和送话器芯		
	2	氖泡		
	3	晶体管元件		
	4	0.1 A、0.5 A、1 A、2 A 玻璃管保险丝		
自动控制系统	1	干簧继电器		
	2	控制继电器		
	3	各种熔断器芯		
其他	1	各种规格接线冷压接头		
	2	各种规格塑料套管		

船舶上安装的电气设备的易损耗元件和器材一般是以专业类别来进行划分的，通常分强电和弱电两大类。

① 对弱电系统中各专业，如导航仪器、无线电通信仪器、雷达等，通常要求把该类设备的航行备品箱在试航前装上船，并在试航前进行清点，以防止遗漏。在试航中发现元件损坏时，及时从备品箱中取出使用。

② 对于强电设备中的易损耗元件，一般按不同系统来储备。如按照明系统、配电系统、电力拖动系统、电话系统、自动控制和测量系统所进行的储备等。有些半成品（如部分常用线圈）可由工厂自行加工。

8.1.3　航行试验的基本内容及要求

1. 电气系统的初步检查

在船舶航行试验中，对电气设备还应作一般性检查及运行试验。

① 在船舶航行试验的每次出航前和试验后，均应测量电网的绝缘电阻。同时还要定期检查发电机、配电装置、电力拖动装置和其他电气设备的绝缘电阻。

② 在各种工况航行状态中，检查和观察各设备、系统的工作情况，是否满足设计要求且具有所需功能。

③ 观察船舶在全速航行和全负荷作业的状态下，各系统工作的可靠性，在此期间，不应产生中断和不正常现象。

2. 需要进行航行试验的项目

① 蓄电池充、放电系统。

② 全船舱室机械电力拖动（如泵、通风机、冷藏机等系统）。

③ 各种照明系统，它包括航行灯、信号灯、电风扇等。

④ 各种电话系统。

⑤ 各种警铃系统。

⑥ 各种警钟系统。

⑦ 各种信号报警系统。

⑧ 各种传令钟系统。

⑨ 各种转速表系统。

⑩ 舵角指示系统。

⑪ 广播系统。

⑫ 电站。

⑬ 电力网。

⑭ 其他。

3. 强电设备航行试验一览表

航行试验的强电项目和要求见表 8 – 1 – 7。

表 8 - 1 - 7　航行试验的强电项目和要求

设备名称	试验项目	内容	要求
电站与电网试验	供电可靠性	船舶在停泊、进出港、航行作业等工况下观察电站容量、供电电压、频率、功率因数的波动范围是否符合要求	
	发电机并联运行的可靠性	（1）有功与无功功率分配差度应符合"规范"要求； （2）并联工作后启动一台大容量的电动机，不应引起失步、停顿或跳闸	
	发电机转移负载	将正在运行的发电机负载转移到另一台发电机，不应引起停电	
	工作可靠性	通过观察，测量绝缘电阻、温升及其他参数，进一步检查在各种航行状态时的可靠性	
舵机装置试验	舵机系统电器工作可靠性	检查各种航行工况下电机及控制系统工作可靠性	海区的大小可根据船的航速而定，并可考虑一旦舵失灵时仍有回转余地
	操舵试验	船舶以高、中、低三种航速和倒车中速航行时，测量电机电流、电压等参数及操舵速度，从一舷 35° 至另一舷 30° 的时间不超过 28 s，如装备双机时应不超过 15 s	
	操舵方式的转换试验	（1）自动操舵运行试验 1 h，检查工作可靠性； （2）随动舵试验，要求正确可靠； （3）人力舵试验，要求正确可靠	
锚机系统试验	浅水抛锚试验	观察船舶上锚机电气设备的工作情况，记录电流、起锚速度及起锚时间。配合船体和轮机专业做锚机系统安装调整试验	要求水深为 30 ~ 50 m，海情 2 ~ 3 级
	深水抛锚试验	进行抛、起锚试验，自海底依次拔起单锚（一锚破土，另一锚停止不动），然后同时起双锚，记录破土时电流，设挡起升锚速度及时间	要求水深为 50 ~ 200 m，海情 2 ~ 3 级

设备名称	试验项目	内容	要求
航行灯与信号灯试验	航行灯控制器效用试验；航行灯、信号灯可见距离和视角检查	（1）开和闭各路航行灯，检查工作性能和报警装置的可靠性； （2）派交通船观测各灯的可见距离和视角。测试时带通信工具并与本船雷达配合测定	在锚泊条件下进行。一般安排在晚上七时以后进行
配合船与机专业做消摆装置试验	生摇试验	（1）在3~4级海情下进行； （2）按专业技术试验大纲指标进行	
	稳定试验	（1）在5~6级海情下进行； （2）要求横摇不超过5°	
消磁装置调整	（1）消磁站无绕组消磁； （2）抗干扰调整	按专业技术指标试验	

【任务实施】

编制船舶电气航行试验计划

8.1.4　实训准备

1. 实训的目的与要求

① 了解船舶电气航行试验计划编制的内容和要求。

② 选取某一电气系统，进行该系统航行试验计划的编制。

2. 实训资料准备

造船企业船舶航行试验大纲。

8.1.5　编制船舶电气航行试验计划

船舶电气航行试验计划编制任务内容见表8-1-8。

表 8 - 1 - 8　电气航行试验计划的编制任务

任务	考核内容及要求
电气航行试验计划的编制	1. 根据船舶电气试验大纲拟定航行试验项目。 2. 根据试验的特点分为电气单独试验项目和需其他专业配合的项目。 3. 根据试验大纲和仪器、设备的技术说明书要求，选定每个项目的试验海区、海情、配合舰船等。 4. 指出各项目试验所需的仪表、仪器、专用工具。 5. 要从试验顺利和不顺利两方面考虑，制订出各项目的相应安全保证及应变措施。 6. 指出各项目所需技术力量和岗位，拟定劳动力安排。 7. 制订某些项目的协调配合计划和联络信号及方式。 8. 估计每个项目的试验时间，供编制全船航行试验计划用。 9. 编制电气航行试验计划草案时，应以每航次为单位，并采用列表形式指明试验项目、内容、技术指标和要求、对海区与海情的要求、参加单位等。 10. 计划草案制订后，由建造师召开研讨会，请设计室、技术部、检验部、验船单位等部门人员参加讨论，对计划进行修改补充，然后送交产品总建造师审批汇总

【任务测试】

　　根据所学习的知识结构，结合造船企业航行试验计划书，编制某项目的航行试验计划，考核评分表见表 8 - 1 - 9。

表 8 - 1 - 9　船舶电气航行试验计划的编制考核评分表

项目编号：			组号：	姓名：		总分；	
考核项目	考核内容	要求	分值	评分标准		得分	备注
船舶电气航行试验计划的编制	拟定航行试验项目，按照航行试验计划编制要求，正确编制航行试验计划	以列表形式说明航行试验项目的内容、技术指标和要求，试验所需的仪表、仪器、专用工具，指出各项目所需技术力量和岗位，拟定劳动力安排等	50	对照造船企业电气航行试验计划编制格式，考核内容的正确性和全面性，内容不正确每项扣 5 分，缺项扣 5 分			

任务二　船舶电气设备、电气系统的航行试验

【知识链接】

8.2.1　助航设备航行试验

在船舶航行试验中，全部助航设备不但要完成保证航行的任务，还要根据船东和船检的要求做一些具体试验，对一些设备的特殊功能进行验证。同时还必须进行全船的电磁兼容性试验，检查航行设备与海上其他电气、电子设备之间的相互干扰情况。

1. 雷达的海上试验

试航期间，雷达应该处在正常工作状态，重点检验下面几个方面。

① 雷达应能保证 24 小时连续工作。此种考核可以根据船东的意见免做。备用电源应该在主电源失电时自动切换。

② 在较复杂的气候条件下，当船舶纵横摇达 10°时，仍然能保持正常工作。

③ 当电罗经控制失灵时，雷达在不稳定的状态应能令人满意地工作。

④ 根据校准后的电罗经方位检验雷达的方位角，测定精度要求误差不超过 ±1°。测定雷达的最小作用距离和最大作用距离，可利用拖船从舷边离开的机会，以本船雷达天线为中心画图，根据最小作用距离计算雷达盲区和盲点，观察雷达最远捕捉目标的距离，或者较长时间跟踪其他反向行驶的船舶。

⑤ 根据技术说明书的要求，对自动雷达标绘装置做实际功能考核，必须满足试验的全部技术要求。

⑥ 如果备有双套雷达天线，应对天线互换后的显示情况进行监测。

⑦ 注意观察在其他工况，外界设备对雷达正常工作的影响，例如无线电发射机工作时，主机共振转速时和主机倒车时。

2. 罗经的海上试验

磁罗经的安装是为了保证海上航行安全，一般在电罗经发生故障后使用。船舶试航时，都要安排一定的时间进行校正，由有关机构正式承认授予证书的罗经师负责校验，船上应该备有校准感应磁场的磁棒。校正磁罗经时，船舶应做 360°圆周航行，罗经师将根据 8 个点的磁偏差进行校验。校验结束后，将编制好的自差表送交船方，以便记入专门的罗经记录簿内。如果磁罗经安装在露天甲板上，校验后应盖好防水罩。

电罗经由于在系泊试验时已经做过校验，试航期间应保证连续工作状态，仅对罗经的自动跟踪、稳定航行和安装精度做进一步的考核。其精度要求如下。

① 当船舶的航速为 20 kn 时，在校正航向、航速的影响后，罗经的剩余稳定误差不超过 ±0.25°×纬度的正割值。

② 在 20 kn 航速下快速变速所引起的误差应不超过 ±2°。

③ 在 20 kn 航速下做 180°快速转向所引起的误差不超过 ±3°。

④ 在船舶处于最大横摇 20°、纵摇 10°，以 6 ~ 15 s 的周期做简谐运动时，罗经所产生的瞬时和稳态误差，应不超过 ±1°×纬度的正割值。

⑤ 在所有工作状态下，主罗经和分罗经之间的读数偏差应不超过 ±0.5°。

⑥ 可以利用早晚的锚泊时间测太阳方位和测叠标的方法计算主罗经的安装误差；经常观察罗经输出信号的工作情况，以保证其他设备正常工作。

3. 计程仪的航海试验

计程仪在试航期间应保持连续工作，其航程指示范围应是 0 ~ 9 999.9 nmile，每次递增量应该不超过 0.1 nmile。如果使用水压式计程仪，应检查满载情况下不同航速时升降装置的工作情况。

当船舶横摇达 ±10°、纵倾达 ±5°时，计程仪仍然能够正常的工作。在不受浅水效应、风、水流和潮汐影响的正常情况下，其计算精度为：

① 拖曳式计程仪指示不超过实际航程的 ±5% 或者 0.5 nmile，取大者。

② 水压式计程仪的航程指示器与主复示器之间的差不超过 ±0.1 nmile，主复示器与分复示器之间的读数差不超过 ±0.5 nmile。

③ 电磁计程仪的速度误差应不超过实际船速的 2% 或者 0.3 kn，取大者。

在船舶进行测速的同时，进行计程仪的校验。测速一般在已知距离的海域内，在主机不同工况转速下进行。此时计程仪同时进行校验，其计算公式为。

$$计程仪速度 (kn) = \frac{距离 (nmile)}{时间 (s)} \times 3\ 600$$

$$相对误差 = \frac{计程仪速度 - 真速度}{真速度} \times 100\%$$

计程仪校验结束后，将校验结果填入表格内，见表 8 - 2 - 1。

表 8 - 2 - 1　计程仪校验记录表

船名：				设备型号：				操作者：		
日期： 天气：		地点： 距离：		时间： 水深：	船吃水/m		艏部：	舯部：		艉部：
序号	主机转速	实际时间	计程仪时间	真速度	计程仪速度	均值	误差	航向	风速	风向
1										
2										
1										
2										
速度调整		调整前：		调整后：		水温/℃：		换能器电阻值/Ω：		

4. 测向仪的海上试验

测向仪在船舶试航期间主要进行测向偏差的修正。测向仪在中波频段上，有象限误差的调整装置可以进行调整，其调整后的测向精度应该优于±1°。在航海波段上的遇险频率2 182 kHz上测向时，应在船首两侧各30rad内不存在方位模糊点。

测向的方法一般有以下两种。

① 以本船为固定目标点。利用拖船围着本船做环周航行，利用罗经方位圈或雷达观察拖船的舷角。拖船上发出固定的测向信号，每隔10°取一点，检查测向仪跟踪捕捉情况。用这种方法测得数据较准确，但耗费时间较多。

② 以已知岸台固定频率为基准，本船做环形航行，主要检查4个象限的平均误差，然后进行修正。这种方法的测量也可以满足船舶工作的需要。

在误差修正时，主要修正象限自差（D），即安装引起的误差。其计算公式为

$$D = \frac{(f_{45°} - f_{135°}) + (f_{225°} - f_{315°})}{4}$$

式中　f——象限的角度。

也可以根据公式算出测向仪的固定误差A为

$$A = \frac{f_{0°} + f_{45°} + f_{90°} + \cdots + f_{315°}}{8}$$

测向仪校验结束后，将校验结果填入表内，并根据校验的结果绘制曲线表提供给船方。

5. 定位系统的海上试验

定位系统的设备在试航期间一般不做单机功能的单项考核。但在整个试航期间一直处于工作状态，可以随时根据海图作业，检查设备的动态和静态时的定位精度。具有打印、记录或航迹标绘仪等外围设备的定位仪，可随时检查实际功效。具有备用电源的定位设备要做失电试验，检查电源自动切换的功能。

6. 测深仪的海上试验

测深仪在试航期间应该始终处于工作状态，同时要进行综合功能方面的考核。测深仪应该能在横摇±10°和纵倾±5°的情况下正常工作。

应检查测深仪在不同航速、不同载重量的情况下进行的测量试验，以检验换能器安装的位置是否受水流、气泡的影响而不能正常工作。

可以根据海图标明的水深与测深仪指示的水深做一比较，在水中声速为1 500 m/s时，浅水误差为±1 m，深水误差为±5 m或者是指示深度的±5%，取大者；也可以在浅水区域利用测深锤实测进行比较。

在计算水深时，应注意将船的吃水和潮汐变化计算在内，否则会出现较大的误差。海图上标明的水深应是平潮时的水深。

其他助航设备在试航期间均不做单机考核，只需达到正常工作状态即可。对于船东或验船师提出的对某个设备做重点考核的要求除外。

8.2.2　无线电通信设备的航行试验

1. 概述

无线电通信设备在系泊试验检验合格后进入海上航行试验有两个目的，其一是申请试航证书的先决条件之一；其二进一步在海上动态情况下对设备的安装质量、布局合理性、技术性能和电磁兼容做进一步的考核。由于无线电通信设备是船上同陆地联系的重要工具，与船

舶航行安全有密切的关系，所以对无线电通信设备的使用要求相当高，在船舶摇摆 ±45°、倾斜 22.5°时，仍然能够正常工作。当然在试航中不会遇到这样的环境，所以应尽可能地试验出动态中船舶工况和气候条件对无线电通信设备的影响。

航行试验的时间是有限的，所以不可能对所有设备的功能进行全面试验，特别是一些遇险安全信号设备，一般不做单独的考核。某些设备的连续工作能力也不做长时间考核。有些设备在正常使用中进行观察即可。

2. 实验的内容和方法

无线电通信设备进行海上试验时，应备有船名呼号，并选派合格的报务人员执行，试验中，使用规定的频率和通信方法，试验时间可选择在锚泊期间或船舶航行的时候。

(1) 收发信机的海上试验

进入航行试验以后，设备应处于正常工作或者值班状态。正常电源和应急电源均处于供电和自动切换位置。遇险频率上的发射试验必须使用仿真天线，应避开无线电规定的静默时间。

试验时，可以根据系泊试验所绘制的调谐表，由船东或验船师抽检部分频率进行调谐试验，观察调谐发射情况。也可根据已知频率岸台，利用报频或者话频进行工作联系，并根据当时的气候条件、设备功率输出的情况、对方回答的信号等级，做出合格或者不合格的判断。一般情况下，应按产品的技术条件，与岸台进行下列种类的实效通信。

① 无线电报（仅适用 SOLAS83 修正案所要求的设备）。

② 无线电话。

③ 电传（NBDP，Narrow Band Direct Printer）。

④ 呼叫和接收（DSC，Digital Selective Calling）。

试验过程中检查各通信设备的工作可靠性、稳定性和频率的正确性。

在试验中应严格按照操作规程操作，以免由于误操作造成对设备的影响。对设备的连续工作能力不做单独考核。

(2) 卫星通信设备的海上试验

由于系泊试验时卫星通信设备已入网完毕，采用任何通信方法都要付费，所以试航期间的试验应征得船东同意。如果船东为节省费用，可免做此项试验。试验时只需观察电罗经信号输入后的跟踪情况和格林尼治时间的显示情况；如果船东同意，可做电话、电传、传真通信试验，试验时应留有底稿，以便日后查询。

(3) 救生电台的海上试验

如果船上配备救生电台，在试航期间试验时，应使用自配的天线和手摇发电机，将救生电台固定在某处，进行发射调谐试验。调谐时应保证天线输出功率为最大状态，并可利用无线电室接收机做监听。发射时间应尽可能缩短，因为救生电台的工作频率都是在遇险救生的波段上。对遇险救生频率的信号接收，只根据收信机的静噪做出判断，不做具体试验。

(4) 甚高频无线电话

由于船舶在试航期间，特别是进出港时均使用该设备，所以不做单独考核，只观察设备使用情况。在做全船失电试验时，注意观察此设备两套电源的转换情况。

(5) 其他设备的海上试验

这部分包括自动报警器、自动拍发器、值班接收机、应急示位标、航行警告器等，上述设备在试航期间均应处于正常航行的工作状态，一般不做单独考核，以免引起误报警。如果船东坚持要做，均应使用仿真天线，以免信号外泄。试验时，应尽量缩短试验时间，或者只做自检试验。对于数字选呼设备，若没有正式形成网络，可通过自检程序来证明设备处于正常的工作状态。

8.2.3　船舶自动化系统航行试验

船舶自动化又称为轮机自动化，目前主要指船舶动力方面的控制程度。一般分为无人值班机舱、一人值班机舱、集控机舱和驾驶室遥控机舱。随着自动化技术的发展，自动控制功能越来越高，各种类型计算机被广泛应用到各个控制系统中，使机舱逐步实现"无人管理"。不同等级的自动化船舶的控制内容一般包括以下几种。

①　主机以及辅机集中监控装置和遥控装置。

②　燃油、滑油冷却水的自动温度控制和液位监控。

③　船舶电站自动控制系统。

④　自动记录机器运转参数的各种装置。

船舶的自动化程度越高，包括的内容越多，对于周期性无人值班机舱应该包括其全部内容。

自动化系统的控制程序一般由控制部分、安全部分和报警显示部分三个方面组成。控制部分是指控制的方法和位置，用程序管理的方法来进行局部控制、集中控制和驾驶室遥控；安全部分是指根据出现的故障的危害程度，以自动或手动进行保护性动作，降转或降速，转入备用设备或者自动停止运行；报警和显示系统是指设备运转中出现故障时，以某种方式显示记录下来，并根据需要发出视觉和声响信号提醒工作人员，使工作人员可以根据提示采取有效的解决措施。

采用自动化系统的最大优点就是可以使设备经常处于最佳运行状态，出现异常时及时发现和排除而不影响正常航行，并能对控制系统作自动检测，从而提高工作效率，降低成本。

1. 机舱集控台检测报警点航行试验

集控台检测报警点是自动化系统的重要组成部分。它能对被监控的机电设备及其安全和控制系统运行的工况实行检测，对所出现的故障发出声光报警，并根据自动化技术的要求将报警信号延伸到工作人员滞留处。使值班人员随时可以了解设备运转的情况，并且根据监测情况采取相应的措施。对于被监控的设备的工况，可以由数字、图形和模拟状态的方法显示，并且可以自动记录下来。

集控台的报警信号应该同时发出声响和视觉信号，视觉信号一般以红色表示，清晰可见；声响信号应该具有足够的响度，并与火警、电话延伸铃及其他声响信号有明显的区别。

（1）试验前应具备的条件和内容

进行检测点检验的首要条件是线路安装结束。这里要考虑两个因素，一是对设备试验运行有影响的检测点应该先分批做检验，例如发电机的燃油柜液位检测点等；二是全封闭设备的检测点，应该在安装之后封闭之前进行检验，以免以后无法进行实际检验。对于系统运行的综合报警点，允许放在系统试验中去做。所以，这个检验的时间往往很长。

在做检测点检验之前，集控台监测系统的自检程序应该先运行结束，以保证对设备的监控检测的正确性。

检测点包括的内容一般有几个方面，一是压力方面的检测和控制；二是温度变化的检测和控制；三是液位方面的检测；四是工况运行方面的检测。这里较复杂的是工况运行方面的检测，有些必须实际运行后才可以检测，是无法用模拟手段进行试验的。

检测点包括的范围是：主机系统、锅炉系统、发电机系统、首侧推系统以及机舱一切与动力运行有关的设备和船用设备，例如污水处理装置、各类油水柜等。

（2）试验的实施和方法

当进行集控台检测报警点检验时，应该注意检测元件动作参数的准确数值，安装在设备上的位置和报警状态。对于可以调整的检测点，试验结束后应该立即锁住，以免因误操作而改变。对检测中有疑问的数据，应及时汇集设计人员、船东、验船师的意见进行修改。修改后应有文字依据，以备后查。对于试验中出现的较小误差，征得船东、验船师的意见后允许当场进行调整，调整后重新进行试验。

如果集控台检测报警系统是由计算机系统控制的，应做到硬件应尽可能模块化，以便于检测和更换；操作指令的输入方式应尽可能地简单方便；软件程序经试验合格后，不得随意更改。为保证数据程序不因失电而丢失，应配有不中断电源为保护的措施。

① 报警系统的试验。

a. 报警系统的供电方式应该是双套电源。当主电源失电后，能自动转换到独立的备用蓄电池组，并同时发出报警，蓄电池组的容量应该至少能维持供电 15 min。为保证应急供电，平时应对蓄电池组实行监控，当 24 V 失电时，也可以发出声光报警。

b. 报警系统的自我检测。当报警系统自身发生故障时，应及时发出报警。较先进的自检系统能及时指出故障部位，较简易的至少对线路的短路、开路或保险丝断等进行报警。

c. 报警的声响和视觉信号均应符合船级社的规范要求。当报警应答后，应做到可以消音，但光信号必须一直保留到故障消除为止。报警应答消音后，闪光可以转为平光信号。

d. 报警信号应发送到值班轮机员住室、驾驶室和轮机员常滞留的场所，例如餐厅、休息室等。报警信号应与集控台检测报警点一致。当轮机员应答后，机舱应有显示。较先进的显示方法是当呼叫后轮机员未作应答，能将报警信号自动转到驾驶室或轮机长室。

e. 集控台的绝缘应符合技术要求。若工作电压大于 100 V 时，绝缘电阻值应不小于 1 MΩ；工作电压小于 100 V 时，绝缘电阻值应不小于 0.5 MΩ。

② 对压力报警点的试验。

实现压力报警可以通过压力开关、压差开关及压力传感器等来完成。试验时，一般使用手动液压泵对检测的压力传感装置进行测试，通过试验泵对该设备进行增压或减压，对其控制点进行调整，通过压力表观察使之达到所需监控显示报警的设定值，并应正确无误。

③ 对温度测量点的试验。

温度测量通常是利用热膨胀、热电变换、电阻变化等方法进行测量的，一般分为 100℃以下和 100℃以上两种试验方法来检测。

a. 100℃以下温度传感器的检验一般采用实际加热的方法。将温度传感器与标准温度计一起插入试验温度箱中，调节温度调节器，使温度箱中的介质的温度升高或下降，通过标准温度计是否达到所需的设定值来检查和校验温度传感器的报警显示状况，应达到正确无误。

b. 100℃以上热电阻式传感器的试验方法。它是利用导体或半导体的电阻值随温度变化的特性来测温的。试验时将接线盒中的温度传感器的接线断开，在该处接上可调电阻，根据温度所对应的电阻值标准图表查出所需设定的温度值和所对应的电阻值，调节可调电阻达到所需电阻值，检查显示与报警，应正确无误。

c. 100℃以上热电耦式传感器试验方法。热电偶的结构简单、尺寸小、热惰性小，输出为热电势信号。通常使用精度较高的毫伏计精确测量热电偶产生的热电势的毫伏值。检验时，在接线盒中将热电耦式传感器的接线断开，在该处接上与热电偶所能产生的电势数量级相当的一个电压源，根据温度所对应的电压（mV）值标准图表册，查出所需设定的温度值对应的毫伏值，调节电压源使之达到所需的数值，检查显示与报警状况，应正确无误。

④ 对于液位报警的检验。

液位报警点一般都是以浮子的形式出现，检验时应用手动的方法进行实际检测。检测中应该重点注意浮漂安装的位置和延时的时间选择。采取延时措施的目的是为了防止由于船的摇摆或者液面处于临界状态时所产生的误报警。延时时间是可以调整的。

⑤ 工况检测报警点的检验。

这种报警点一般以两种形式出现，一种是重要故障或保护系统动作的单独报警点；一种是设备的综合报警点。检验时应先重点试验保护系统的报警点。对于综合报警点，首先要搞清楚几种状态的报警，然后按功能逐一进行测试，以保证每种状态的报警的传递均正确无误。

（3）检验的记录

检验过程中，对于各检测点的数值变化都应该有详细的记录。表8-2-2是某船的检测点记录表样式，以供参考。

表8-2-2 监控监测点记录表

序号	通道	检测点	单位	设计值		试验结果		结论
				下限	上限	指示	音响	
1	M101	主机1号缸排气高温	℃	390	420			
2	M102	1号发电机超速停车	r/min		2 070			
3	M103	T500公共警						
4	M104	污水处理装置故障						
5	M105	集控台24 V电源故障						

2. 自动电站航行试验

电站自动化的任务要保证供电的安全可靠和提高运行的经济性。尤其是在无人值班或一人值班的机舱，由于整个程序的自动化，减少了人为的误操作，可使整个电站处于最佳运行状态。

对自动电站的一般要求有：能够随时迅速地自动启动发电机组并自动投入电网运行；能自动准同步并车和进行功率分配；能自动地识别和调整负载的均衡和分配；必要时启动备用机组投入电网；瞬态条件反应所产生的大电流信号不应使发电机产生不必要的自动启动；具有能自动卸载、程序启动等一系列保护发电机组的措施；故障断电后又恢复供电时能自动合闸。

由于自动电站具有很多的优点，所以目前即使有些自动化程度并不是很高的船舶也选用自动电站。

（1）试验前应具备的条件

由于自动电站的运行正常与否直接影响到机舱大部分动力设备的工作情况，而对自动电站的考核就是检查对机舱大部分主要动力设备工况运行的影响。所以试验前应具备下列条件。

① 柴油发电机组和配电板试验完毕。柴油发电机组和配电板各种试验，如启动试验、柴油发电机报警装置试验（包括安全保护装置试验）、主配电板保护装置试验、柴油发电机负荷试验、柴油发电机特性试验、柴油发电机并联运行试验及配电板联锁试验等均应满足试验要求，控制及运行可靠。

② 为发电机服务的各辅机试验均满足要求，控制及运行可靠。

③ 船舶上安装的大功率负载（如消防泵、压载泵等）试验完毕，满足试验要求，控制及运行可靠。

④ 发电机燃油单元试验完毕，且其重燃油自动转换柴油试验完毕（若设有时）。试验满足要求，控制及运行可靠。

⑤ 机舱具有顺序启动的各辅机单机试验完毕。其结果满足要求，控制及运行可靠。

⑥ 检查自动电站各有关的控制线路接线正确、可靠。各有关的电气元件应完成好且清扫干净，其绝缘电阻大于 1 MΩ。

（2）检验的内容和实施方法

自动电站试验一般具有下列内容。

① 自动电站报警试验。

自动电站的报警板设有报警：发电机主开关闭合输入信号不正常；汇流排电压输入信号不正常（电压高/低，频率高/低）；发电机主开关不正常脱扣；发电机主开关不能闭合；发电机电压/频率不能建立；发电机自动同步故障；发电机自动电路不正常；发电机主开关断开电路故障；发电机自动负载转移电路故障；发电机优先脱扣。

② 检验和判断自动启动状况。

一般具有三台发电机的自动电站都采用 1 号机组→2 号机组→3 号机组→1 号机组的循环启动指令来控制机组。当出现下列任何状态之一时，发出"增机"指令后应能自动启动机组并自动并入电网。

a. 运行机组重载时。

b. 运行机组故障，例如滑油压力低，冷却水出口温度高时。

c. 外负载引起的电网断电（可利用机械脱扣进行试验）时。

d. 大功率询问，当大功率设备需要投入工作，而运行机组储备容量不够时。

e. 正要启动的备用机组故障，启动指令续递时。

③ 正在运行中的发电机组自动解列的试验。

当两台发电机并联运行时，产生解列信号时一般有两种状态。一种是轻负载状态，即负载总容量已小于单机容量的 80% 时，自动电站能发出解列信号，应解列的机组自动将负载转移到运行机组后，主开关跳闸。另外一种解列状态是当并联运行的机组中某一台发出不正常或故障报警，需即刻退出运行，此时自动电站具有两种处理功能：负载轻时，自动单机解列；负载重时，应能够自动启动第三台备用机组使其投入运行，取代不正常机组，然后故障机组自动解列。上述试验均可以利用手动负载转移或模拟的方法来进行试验，以检验自动电站的程序是否正确。

④ 大功率询问试验。

一般当运行试验的机组的负载接近85%时，如需要启动一台大负载设备时，设备的启动按钮与自动电站的大功率询问相连接。这时，自动电站应立即发出增机指令，并启动备用机组与电网并联运行后，方允许该负载接入电网。当大负载退出电网后，自动电站可以根据负载情况进行自动转负载解列。

⑤ 运行机组自动并联运行试验。

当机组根据指令自动并联运行后，各种工况负载的运行时间应该在 10 min 左右，并将运行时的工况负载变化所引起的电压、电流、频率、功率变化记录下来，填入表8-2-3中。

表 8-2-3 自动电站并联运行记录表

负载/%	电压/V	频率/Hz	_____发电机		_____发电机		_____发电机	
			功率/kW	电流/A	功率/kW	电流/A	功率/kW	电流/A
100								
75								
50								
25								
50								
75								
100								

⑥ 自动分级卸载和分级启动的试验。

当电站运行机组的负载超过了额定负载时，可自动分一级、二级负载，并将次要负载自动卸掉，以免影响机组运行。当断电后恢复供电时，自动电站应能自动合闸供电，为避免因负载同时启动造成的电流冲击，甚至使发电机主开关再次跳闸，自动电站能够对重要的负荷进行分级启动，每两级启动间隔 3~6 s。

（3）检验的记录

在自动电站的试验过程中，应加强监测，如备有打印设备应该将试验经过打印出来，对于试验中出现的问题，要做具体分析，允许对人工的误操作忽略不计。对于错误程序指令，应立即进行修改，并重新进行试验。表8-2-4是某船自动电站试验的记录表格形式，仅供参考。

表 8 - 2 - 4　自动电站试验记录表

船名_____　　　　　　　　　　　　　　　　　　　　试验时间　年　月　日

序号	试验项目	试验内容（简略）	结论
1	自动电站报警	绝缘低报警、失电报警	
2	优先程序试验		
3	失电及故障停机	油及水高、低温等	
4	故障换机	发现故障自动换、停机	
5	汇流排异常换机		
6	重载增机		
7	轻载减机		
8	汇流排短路故障	失电修复后自动合闸	
9	大功率询问	自动增机、并车、分配	

3. 泵的自动转换航行试验

对于无人值班机舱的船舶的主机和发电机一般都备有双套的辅泵以保证设备的连续正常工作状态。一台作为主用泵，一台作为备用泵，当主用泵投入运转后，如果发生故障，备用泵应该能够自动投入运行，以保证主机或发电机的正常工作。

为保证正常航行，一般至少有下列辅泵是互为备用的双套泵：主机冷却淡水泵、主机冷却海水泵、主机滑油泵、主机凸轮轴滑油泵、主机燃油供给泵、主机燃油循环泵、发电机冷却海水泵、发电机燃油供给泵和发电机燃油循环泵。尽管船上其他设备也有双泵的配套，但为了保证主动力的工作能力的连续性，这些泵不但具有自动转换的功能，而且具有程序优先自动启动的功能。

泵的自动转换一般由联锁电路进行控制。目前较先进的是由 PC 机可编程序控制器进行控制。同继电器网络控制和半导体逻辑元件控制相比较，用 PC 机控制更灵活、准确、工作稳定可靠。

（1）试验前应具备的条件

在进行泵转换检验以前，首先，各类泵的单机试验应结束，即各类泵已投入正常运行状态；其次，控制程序调整完毕，各种泵均有一个报警值和一个转换值，一般要求报警值应高于转换值，否则，在报警的同时进行转换，或转换后报警都是错误的。

（2）检验的方法

我们知道，引起泵自动转换的条件有两个：一个是泵内压力不正常，另一个是由于电气故障。例如电机过载、过热，这两个因素都是引起泵的自动转换的原因。所以我们在检验中，可以利用人为的方法，降低压力或者调整过载值，使泵能够在模拟故障的情况下，自动转换到备用泵工作的状态。

（3）试验的记录

在试验过程中应详细记录试验的结果，特别是顺序启动的时间、转换值和报警值。

4. 主机遥控航行试验

对于无人值班机舱和一人值班机舱的船舶，以及驾驶室遥控机舱的船舶，其主机均具有在驾驶室控制站进行远距离控制的功能。在驾驶室控制站进行主机操作控制和监视，简称主机遥控。

（1）主机遥控试验前应具备的条件

① 机舱集控台主机监控、检测报警延伸到驾驶室控制站的报警点，应按照机舱集控台检测报警点试验方法系泊试验完毕。其各报警点试验均符合设计要求；声、光报警信号效用情况良好、正确、可靠。驾驶室控制站所设的报警应答后，允许消去驾驶室的报警声响信号。其光信号应在故障排除后消失，而且光信号应在故障被应答前和应答后有所区别。

一般在驾驶室控制站的检测报警点是指由滑油进机压力低及过低报警、滑油进机温度高报警、滑油进涡轮增压器压力低及高报警、涡轮增压器滑油重力油柜低位报警、排气温度高报警、柴油机转速或螺旋桨轴转速超速报警等组成的一系列报警点。

上述驾驶室控制站主机检测报警点，在条件具备时，可以与机舱集控室控制站的主机检测报警点同时进行试验。

② 驾驶室控制站控制系统所用的压缩空气管系与液压管系经强度试验；上船安装后应经 1.25 倍最大工作压力的密性试验；这些管系安装应完整、正确，符合有关规范、工艺要求，并用压缩空气吹干净。驾驶室控制站控制系统的各种控制执行机构的安装应正确、完整。

③ 驾驶室控制站电气、控制系统安装与接线要完整、牢固、正确，接地要良好、可靠。驾驶室控制站电气、气压、液压等仪表均经校准。气控安全阀应经 1.1 倍工作压力的开启试验合格。

④ 主机系泊试验和航行试验完毕。如主机安全保护装置试验，主机启动、调整、换向、停车、紧急停车试验，主机最低稳定转速试验，主机盘车机联锁试验，主机机舱集控室操纵与机旁操纵转换试验，主机在机舱集控室操纵各种工况（25%、50%、75%、90%、100%、110%）负荷运行试验，主机在机舱集控操纵自动减速和自动停车试验（以及主机自动减速和自动停车报警）完毕，均符合设计、规范要求，正确无误。

为主机服务的泵、备用泵的自动转换，自动启动的切换试验及相应的自动转换、自动启动的切换报警试验完毕，均符合设计要求、正确无误。

⑤ 船内通信和信号装置如主机传令种、声力电话、自动电话等应试验完毕、效果良好。

（2）主机遥控试验

① 机舱集控室控制站和驾驶室控制站主机操纵位置的转换试验。可按以下几种方式进行转换，即机舱集控室控制站操纵→驾驶室控制站操纵；驾驶室控制站操纵→机舱集控室控制站操纵；机舱集控室控制站操纵→机旁控制站操纵；机旁控制站操纵→机舱集控室控制站操纵。

要求控制站操纵的转换试验应灵活、正确无误，并记录转换所需时间。

② 驾驶室控制站中主机备用传令钟的效用试验，检查备车、各种正车、各种倒车、完车的效用情况，信号正确无误。

③ 在驾驶室控制站操纵主机，进行主机启动、调整、停车、紧急停车等操纵试验，要求效用良好、正确无误，并记录启动操纵所需时间。主机在空气压缩机不补充空气的情况下，遥控操纵正车和倒车交替启动试验 12 次，并应满足有关要求。

④ 模拟主机遥控启动失败试验，主机连续三次自动启动失败，停止再启动时报警、工

作正确无误。

⑤ 模拟主机遥控自动减速和自动停车以及自动减速和自动停车报警试验的效用情况，工作正确无误。

⑥ 在驾驶室控制台检查限制功能试验。主要有加速程序限制试验、降速程序限制试验、越控功能效用试验。当越控装置使某一程序或某一安全保护动作解除时，主机应仍可以从驾驶室控制站进行遥控操纵。

⑦ 按主柴油机可调螺距单手柄控制系统试验程序图进行试验，各种试验均应工作正常。试验时主机的转速应为船舶在狭水道或港内操纵航行时的全速、中速、慢速和微速，一般试验时的全速约为海上航行时主机额定转速的2/3。

试验中当每一挡控制改变时，其改变的转速应达到稳定状况。

⑧ 在驾驶室进行主机遥控操纵。当船舶作中速航行时，模拟一个使发电机自动停车故障，检查备用发电机自动启动投入供电的功能；在供电恢复后，与船舶航行有关的重要辅机应立即自动启动投入运行，保证航行安全。

5. 机舱自动化航行试验

机舱自动化试验又称无人机舱试验，是船舶进行海上航行试验的最后一个内容。这是因为无人机舱是对全船自动化系统以及各类设备的综合性考验，是对自动化的运行网络和应变能力的最终检验。所以，这个试验一般都安排在全船主机系统设备试验结束后进行。

无人机舱是自动化程度的一种标志。对于机舱自动化附加标志的定义有如下几种。

① AUT-0：推进装置由驾驶室控制站遥控，包括机舱集控室控制站周期无人值班。

② AUT-1：推进装置由驾驶室控制站遥控，机舱集控室控制站有一个人值班，对机电设备进行监控。

③ BRC：推进装置由驾驶室控制站遥控，机器处所有人值班对机电设备进行监控。

④ MCC：机舱集控室控制站有人值班，对机电设备进行监控。

无人机舱考核的范围比较广，包括的设备也很多。一般情况下，在无人值班航行中，自动化系统应该保证至少下列机电设备应连续正常的运行。

① 主机（包括电力推进装置）以及为主机服务的重要辅机，例如：主机高/低温冷却淡水泵、主机冷却海水泵、辅机冷却海水泵、主滑油泵、主机凸轮轴滑油泵、主机燃油循环泵等；辅锅炉，发电机及电站。

② 其他机电设备，如可变螺距桨、空气压缩机、燃油、柴油、滑油分油机、侧推器、舱底水系统（包括舱底水泵）、舱底水油水分离器、造水机、污水处理装置、污水井、燃油系统以及机舱火警、轮机员呼叫和延伸报警装置等。

（1）检验前应具备的条件

① 机舱集控台检测报警点全部试验完毕，经检验确认正确无误，机舱集控台检测报警点自检功能正常，确认报警点没有被锁住现象。全部报警点均正常工作。消除所有有关系统的故障，确保所有有关系统正常运行，无错误报警现象。

② 机舱集控台检测报警点除延伸到驾驶室控制站报警外，还应延伸到向几个轮机员居住舱室内（至少有一个轮机员居住舱室）报警，以便进行监视。延伸报警应经试验确认正确无误。

③ 辅锅炉试验，特别是辅锅炉自控系统试验完毕。锅炉燃烧器在各种工况下保持正常供汽和稳定燃烧、自动点火。当给水泵和燃油的出口压力低时，自动启动备用泵投入工作，能使锅炉水位在所有工况下自动保持在规定范围内。

④ 为主机服务的重要辅机自动转换试验完毕。当水泵、油泵的出口压力低时，自动启动备用泵投入工作，保证主机正常运行。

⑤ 发电机和自动电站试验完毕。当发电机发生故障时备用发电机自动启动、建压、自动合闸投入工作，或者当负荷增加、备用发电机自动启动、建压、自动同步并网投入工作，保证机电设备正常供电，应急发电机组应处于正常工作状态。

⑥ 主机遥控试验完毕，主机在驾驶室进行遥控，正确无误、运行可靠。

⑦ 其他机电设备试验完毕，均能保证连续正常运转。

⑧ 机舱油水柜液位应能保证在无人机舱试验时不会出现高位或低位报警的位置上。

⑨ 机舱内底应清扫干净，污油柜、污水井应清扫干净。

（2）检验的方法

在无人机舱试验前，应由验船师、船东、船厂三方共同确认准备工作就绪。试验时，除船东、验船师和船厂检验人员在场外，其他人员一律撤出机舱。将控制部位转到驾驶室遥控后，开始4 h 或者6 h 的无人机舱试验。试验时应尽量选择较宽阔的海域，以便于在各种工况下进行试验。

由于无人机舱的试验主要是对设备工况的考核，所以，必须在有充分准备的情况下进行。在试验中，我们应该注意下列情况。

① 在试验中要密切注意自动化系统的监控设备以及打印、记录设备，应该随时观察各设备的运行情况。

② 对于报警应该做具体分析。一般情况下不应该有重要报警的出现。所谓重要报警，是指如不及时处理将直接影响航行或损坏设备的报警，即无自动停车或自动降速的报警。原则上一般非重要报警点也不应该超过三个，这三个报警，也应该属于正常报警而不是误报警。

③ 对于备用设备的自动投入工作或者转换，原则上应该属于正常工作状态。但是对转换的原因船厂应该做具体的分析，以便查出还没有暴露的隐患。

④ 考虑到试验期间可能出现的不可预见的问题，试验中，应选配轮机方面的检验人员在岗，出现问题时，应采取果断措施，以保证设备和人身的安全。

⑤ 试验中如出现较重要的问题时，应该停止试验，待问题解决后，重新进行试验。如果出现的问题不影响整个系统的正常运行，在征得船东和验船师的同意后，也可以继续进行试验，待试验结束后解决。

【任务实施】

船舶自动化系统航行试验

8.2.4 实训准备

1. 实训目的与要求

① 了解船舶自动化系统的组成，工作原理。

② 掌握船舶自动化系统的航行试验内容和流程。

③ 通过模拟实训，进行船舶自动化系统的航行试验。

2. 设备准备

计算机、实训软件、动画演示。

8.2.5 船舶自动化系统航行试验模拟仿真

船舶自动化系统航行试验模拟仿真任务内容见表 8 – 2 – 5。

表 8 – 2 – 5 船舶自动化系统航行试验模拟仿真任务

任务	考核内容及要求
机舱集控台检测报警点航行试验模拟仿真	通过计算机在实训室内模拟仿真船舶机舱集控台检测报警点航行试验过程。 试验内容： 1. 报警系统的试验； 2. 对压力报警点的试验； 3. 对温度测量点的试验； 4. 对液位报警的检验； 5. 工况检测报警点的检验。 实验要求：试验要符合施工程序要求，内容全面、准确

【任务测试】

根据所学习的知识结构，结合实训室条件，进行船舶自动化系统的模拟仿真试验。考核评分表见表 8 – 2 – 6。

表 8 – 2 – 6 船舶自动化系统航行试验模拟仿真考核评分表

项目编号：		组号：	姓名：		总分：	
考核项目	考核内容	要求	分值	评分标准	得分	备注
船舶自动化系统航行试验模拟仿真	1. 自行选择某一船舶自动化系统（报警点检测，自动电站航行试验，主机遥控航行试验等）； 2. 确定试验内容及要求； 3. 确定试验程序并实施； 4. 试验结果记录及分析	1. 试验内容准确、全面； 2. 试验程序符合施工工艺要求； 3. 试验结果正确	50 分	试验内容不全面，缺 1 项扣 2 分		
				试验实施过程不符合工艺要求扣 10 分		
				试验结果不正确扣 10 分，原因分析不合理扣 5 分		

【知识拓展】

8.3.1　某船厂航行试验数据记录标准

1. 数据记录原则

（1）船舶试验标准

CB/T 13—2007；CB/T 14—1995；CB/T 19—2001；CB * 21—1983；CB * 22—1984。

（2）船舶试验试验数据记录标准

船舶试验试验数据记录真实可靠，采用双语编写，由检查员、验船师、船东三方签字生效。

（3）航行试验大纲逐项记录

航行试验内容见表 8 - 3 - 1。

表 8 - 3 - 1　航行试验内容

系统	试验内容	备注
船体试验	① 压载舱注水及水压试验； ② 测定吃水； ③ 重压载吃水航速测试； ④ 扭转振动试验； ⑤ 操纵性能试验（B、C、D 仅首制船进行测试）； ⑥ 噪声测量（仅首制船进行测试）； ⑦ 振动测量（仅首制船进行测试）	
主机系统试验	① 主机启动试验； ② 主机遥控试验； ③ 主机停车及越控试验； ④ 主机运转试验； ⑤ 主机降速及越控试验； ⑥ 主机换向和最低稳定转速试验； ⑦ 主机操纵位置切换试验及机旁应急操纵试验； ⑧ 主机在窄航道及港口操纵试验（用柴油进行试验）； ⑨ 主机、柴油发电机组和锅炉燃油切换试验； ⑩ 电站功能试验； ⑪ 发电机功能试验； ⑫ 应急电站功能试验	
助航设备航行试验	① 检查雷达工作性能； ② 航行灯功能试验； ③ 检验电罗经； ④ 无线电、航行和内部通信设备； ⑤ 测深仪； ⑥ 磁罗经校验	

续表

系统	试验内容	备注
通信及报警系统试验	① 检查通用报警系统、广播应急喊话报警试验（仅首制船）； ② 火警探测试验； ③ 共电电话效用试验； ④ 检查 CO_2 报警试验； ⑤ 自动识别系统（AIS）试验； ⑥ 航行数据记录仪（VDR）试验； ⑦ 电子海图系统试验； ⑧ 桥楼值班报警系统试验	
其他	① 海水制淡装置试验（在耐久试验工况）； ② 救助艇（右舷）下放试验； ③ 废气锅炉试验（在耐久试验工况）； ④ 无人机舱试验； ⑤ 舵机试验； ⑥ 起抛锚试验； ⑦ 防海生物系统和阴极保护系统试验； ⑧ 电气设备振动检查； ⑨ 瘫船恢复试验； ⑩ 增压器清洗效用试验	

2. 航行试验数据记录实例

列举舵机航海试验记录、锚机航海试验记录、GMDSS 组合电台试验记录、电罗经校验记录等几项航行试验记录表进行说明。

××船舶重工有限责任公司

舵机航海试验记录

船号		试验日期	
试验日期	主机转速	首吃水	尾吃水
海况	水深	风向	风速
工况	舵角	S35°→P30°	P35°→S30°

船号			试验日期	
最大服务航速	泵1	时间/s		
		最大工作油压/MPa		
		最大工作电流/A		
	泵2	时间/s		
		最大工作油压/MPa		
		最大工作电流/A		
	泵1+泵2	时间/s		
		最大工作油压/MPa		
		最大工作电流/A		
应急电源操舵	舵角		S35°→P30°	P35°→S30°
	时间/s			
	最大工作油压/MPa			
	最大工作电流/A			
检查员		验船师		船东

××船舶重工有限责任公司

锚机航海试验记录

船号					试验日期		
地点			水深			风速	
项目		放锚链节数	起锚链节数	时间	速度	刹车	冲水装置
锚机	左						
	右						
电机		启动电流/A		工作电流/A		冷态绝缘/MΩ	热态绝缘/MΩ
空载		左	右	左	右	左	右	左	右
起锚									
破土									
破土后									
检查员		验船师				船东		

××船舶重工有限责任公司

GMDSS 组合电台试验记录

船号		试验日期
设备自检功能试验	试验结果	备注
单边带与岸台通信		
窄带印制报（NDBP）功能试验		
卫通 C 站功能试验		
DSC 模拟试验		
VHF 无线电话与岸台通话试验		
航行告警接收机效用试验		
卫通 F 站功能试验		
远距离通信识别试验		
船舶保安功能试验		
××船舶重工有限责任公司 检验员 验船师 船东		

××船舶重工有限责任公司

电罗经校验记录

船号			试验日期	
观测时间	太阳方位值	左方位圈观测值	右方位圈观测值	罗经误差
××船舶重工有限责任公司 检验员 验船师 船东				

附录　船舶英语对照

1.1　船舶的种类

船舶的种类很多，通常可根据其用途进行划分，有时也根据需要按不同的要求进行划分。

按航区（Navigation Area）划分，可将船舶分为极区船（Arctic Ship）、远洋船（Ocean Going Ship）、沿海船（Coastal Vessel）和内河船（Inland Waterways Vessel）。

按航行状态（Navigation Configuration）划分，可将船舶分为排水型船（Displacement Ship）和动力支撑型船（Dynamic Supported Craft）。

按机舱（Engine Room）位置划分，可将船舶分为中机型船（Amidships Engined Ship）、艉机型船（Stern Engined Ship）和中艉机型船（Amidships/Stern Engined Ship）。

按甲板（Deck）的层数划分，可将船舶分为单甲板船（Single Decked Ship）和多层甲板船（Multi‐Decked Ship）。

按上层建筑（Superstructure）划分，可将船舶分为三岛型船（Three Island Vessel）和平甲板型船（Flush Deck Vessel）等。

从航运生产实际和船员作业需要出发，本书主要按船舶的用途进行区分。

货船	1. 杂货船（General Cargo Vessel） 2. 固体散货船（Solid Bulk Cargo Carrier） 3. 液体散货船（Liquid Bulk Cargo Carrier） 4. 集装箱船（Container Ship） 5. 滚装船（Ro/Ro Ship） 6. 特种货物运输船（Special Cargo Vessel） 7. 多用途货船（Multi Purpose Vessel） 8. 客船、客货船（Passenger Ship，Passenger/Cargo Ship） 9. 载驳船（Lighter Aboard Ship，Barge Carrier） 10. 渡船（Ferry）
辅助船	1. 拖船（Tug） 2. 油/水供给船（Fuel/Water Supply Vessel） 3. 消防船（Fire Boat，Fire Fighting Ship） 4. 交通船（Commuter，Crew Boat） 5. 破冰船（Icebreaking Ship，Icebreaker）
工程船	1. 起重船（Floating Crane） 2. 挖泥船（Dredger） 3. 布缆船（Cable Layer） 4. 渔船（Fishing Vessel） 5. 浮船坞（Floating Dock） 6. 打桩船（Pile Driving Barge） 7. 航标船（Buoy Tender） 8. 浮油回收船（Oil Skimmer，Oil Recovery Ship） 9. 救捞船（Salvage Ship） 10. 深潜器（Deep Sea Vehicle）
高速船舶	1. 水翼船（Hydrofoil Craft） 2. 高速双体船（Twin – hull Craft，Catamaran） 3. 气垫船（Air – cushion Vehicle，Hovercraft） 4. 快艇（Speedboat）
海洋油气开发设施	1. 自升式钻井平台（Jack – up Drilling Platform） 2. 半潜式钻井平台（Semi – submersible Drilling Platform） 3. 钻探船（Drilling Vessel）

1.2　船舶尺度

船舶尺度包括以下几种。

① 船舶最大尺度（Overall Dimension）。

② 船舶登记尺度（Registered Dimension）。

③ 船型尺度（Molded Dimension，也称理论尺度）。

船舶尺度按不同用途和丈量规则区分。船舶最大尺度主要用于船舶安全操纵和避让，靠离码头和通过桥梁等。船舶登记尺度记录在船舶丈量证书上，是船舶管理的重要资料。船型尺度与船舶的主要航海性能有关。其中每一种尺度分别包括长度、宽度、深度和吃水。

船舶横向尺度 Ship Transverse Dimensions

1. 实际宽度 Practical Breadth Amidships
2. 甲板 Deck
3. 满载水线 Full Load Waterline
4. 船侧外板 Side Plate
5. 干舷 Freeboard
6. 型宽（在船长中点处）Molded Breadth
登记宽度（在登记船长中点处）Registered Breadth
7. 型吃水 Molded Draft
8. 型深（在船长中点处）Molded Depth
登记深度（在登记船长中点处）Registered Depth
9. 中底桁 Central Longitudinal Girder
10. 平板龙骨上表面（基面）Upper Surface Of Plate Keel（Baseplane）
11. 船底板 Bottom Plating
12. 船底板厚度 Thickness Of Bottom Plating

船舶纵向尺度 Ship Longitudinal Dimensions

1. 艏垂线 Fore Perpendicular, FP
2. 艉垂线 Aft Perpendicular, AP
3. 满载水线 Full Load Waterline
4. 船长（也称为垂线间长 Lpp）Ship Length
5. 船舶登记长度 Registered Length
6. 船舶总长（最大长度）Length Overall

1.3　船舶总体构造

（General Construction of Different Types of Ships）

由于船舶的种类很多，不可能将其所有的结构全部列出给以图解说明，本章选择有代表性的船舶，给出其英汉对照的各部分结构的名称。

1.3.1　杂货船主要部位和舱室名称

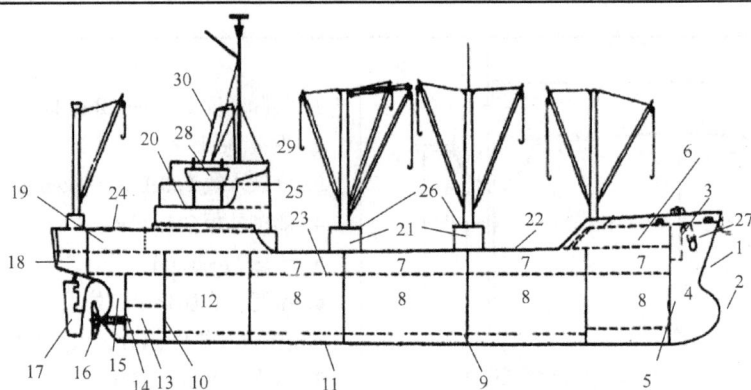

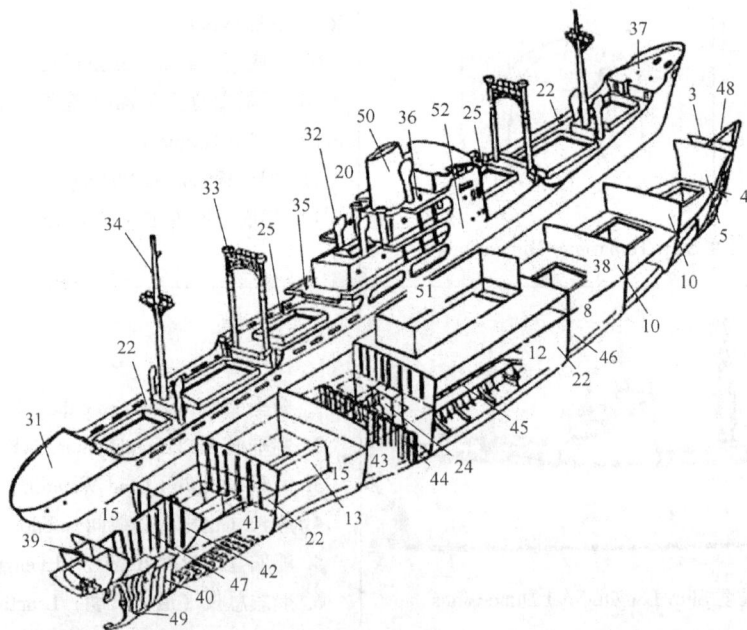

杂货船主要部位和舱室名称

船总体结构立体视图 3D Picture Of General Construction Of General Cargo Ship

1. 艏柱 Stem Post
2. 球鼻艏 Bulbous Bow
3. 锚链舱 Chain Locker
4. 艏尖舱 Fore Peak Tank
5. 防撞舱壁 Collusion Bulkhead
6. 艏楼 Forecastle
7. 甲板间舱 Tweendeck Space
8. 货舱 Cargo Hold
9. 双层底舱 Double Bottom Tank
10. 水密横舱壁 Watertight Transverse Bulkhead
11. 船底 Bottom
12. 机舱 Engine Room
13. 轴隧 Shaft Tunnel
14. 艉尖舱壁 Aft Peak Bulkhead
15. 艉尖舱 Aft Peak Tank
16. 螺旋桨 Screw, Screw Propeller
17. 舵 Rudder
18. 舵机舱 Steering Gear Room, Steering Engine Room
19. 艉楼 Poop
20. 艇甲板 Boat Deck
21. 桅屋 Mast Room
22. 上甲板 Upper Deck
23. 下甲板 Lower Deck
24. 艉楼甲板 Poop Deck
25. 驾驶甲板 Bridge Deck
26. 起货机平台 Winch Platform

27. 锚链筒 Hawsepipe
28. 救生艇 Lifeboat
29. 罗经甲板 Compass Deck
30. 烟囱 Funnel
31. 船艉楼甲板 Poop Deck
32. 头巾型通风筒 Cowl Head Ventilator
33. 门形桅 Goalpost
34. 桅杆 Mast
35. 游步甲板 Promenade Deck
36. 航海甲板 Navigation Deck
37. 艏楼甲板 Forecastle Deck
38. 二甲板 Second Deck
39. 舵轴孔、舵杆围阱 Rudder Trunk
40. 深肋板 Deep Floor
41. 舷侧液体舱 Wing Tank
42. 船尾横舱壁 Aft Peak Bulkhead
43. 深舱 Deep Tank
44. 波形舱壁 Corrugated Bulkhead
45. 主机基座 Main Engine Foundation
46. 双层底 Double Bottom
47. 中纵舱壁 Center Line Bulkhead
48. 甲板纵桁 Deck Girder
49. 船尾肋骨 Stern Frame
50. 舱壁龛 Bulkhead Recess
51. 机舱棚 Engine Room Casing
52. 桥楼 Bridge

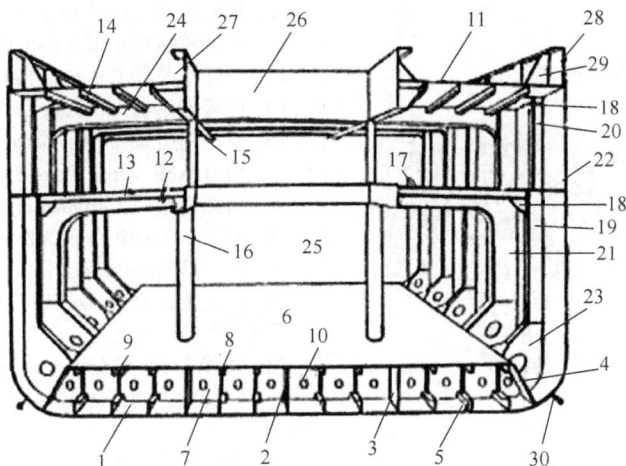

二层甲板货船的船中货舱结构

1. 船底板 Bottom Plate	16. 支柱 Pillar，Backup Post
2. 中纵桁 Center Girder	17. 二层甲板 Second Deck
3. 旁纵桁 Side Girder	18. 梁肘板 Beam Bracket
4. 内底边板 Margin Plate	19. 舱内肋骨 Hold Frame
5. 船底纵骨 Bottom Longitudinal	20. 甲板间肋骨 Tweendeck Frame
6. 内底板 Inner Bottom Plate	21. 强肋骨 Web Frame
7. 实肋板 Solid Floor	22. 舷侧外板 Side Plating
8. 内底纵骨 Inner Bottom Longitudinal	23. 舭肘板 Bilge Bracket
9. 加强筋 Stiffener	24. 舱口端梁 Hatch End Beam
10. 人孔 Manhole	25. 横舱壁 Transverse Bulkhead
11. 上甲板 Upper Deck	26. 舱口围板 Hatch Coaming
12. 舱口端梁 Hatch End Beam	27. 舱口围板肘板 Bracket
13. 横梁 Beam	28. 舷墙板 Bulwark Plating
14. 甲板纵骨 Deck Longitudinal Beam	29. 舷墙扶强材 Bulwark Stiffener
15. 甲板纵桁 Deck Girder	30. 舭龙骨 Bilge Keel

1.3.2　驾驶台内布置

驾驶台周围布置（1）

驾驶台周围布置（2）
a，b 驾驶台周围布置

1. 车钟 Engine Telegraph
2. 自动操舵操纵台 Gyro – pilot Steering Indicator
3. 雷达指示器 Radar Indicator
4. 集中操作台 Bridge Console Stand
5. 罗经 Compass
6. 瞭望台传声筒 Voice Tube To Flying Bridge
7. 旋转视窗 Clear View Screen
8. 信号钟 Signal Bell
9. 电话 Telephone
10. 配电板 Switch Board
11. 海图桌 Chart Table
12. 驾驶台出入门 Bridge Doorway
13. 小型雷达指示器 Small Type Of Radar Indicator
14. 罗经中断器 Compass Repeater
15. 计程指示器 Indicator Of Log Etc.
16. 罗兰信号接收指示器 Loran Receiver Indicator
17. 信号旗棚 Signal Flags Shelf
18. 海图室帘轨 Curtain Rail Of Chart Room
19. 通气口 Ventilation Outlet
20. 室内灯 Room Light
21. 主机遥控柜 Bridge Panel Of Engine Remote Control
22. 回转指示器 Turning Indicator
23. 燃油压力调节钮 Regulating Knob Of Fuel Pressure
24. 速度调整标度盘 Mark Disk Of Speed Adjusting
25. 前进后退切换开关 Switching Button Of Go – ahead And Go – back

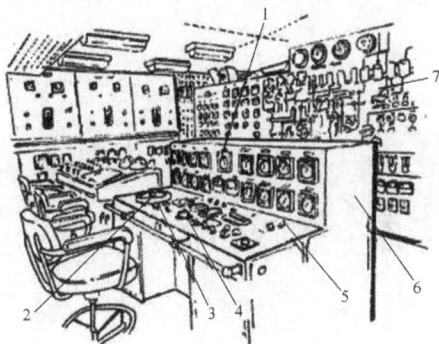

轮机控制台 Control Console Of Main Engine

1. 回转仪 Turning Indicator
2. 车钟 Engine Telegraph
3. 前进后退切换开关 Switching Button Of Go – ahead And Go – back
4. 速度调整标度盘 Mark Disk Of Speed Adjusting
5. 驾驶室与主机操纵台间切换开关 Switching Button Of Bridge And Engine Control Desk
6. 主机操作监视台 Monitoring Desk Of Main Engine Operation
7. 螺旋桨运转监视屏 Monitoring Screen Of Screw Working Condition

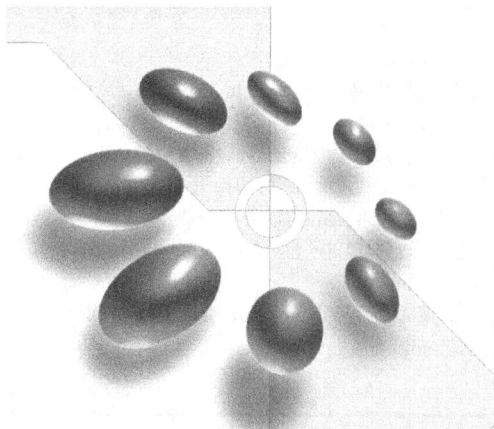

参考文献

[1] 中国船级社. 钢质海船入级与建造规范［M］. 北京：人民交通出版社，1989.

[2] CB/T 3667—1995.

[3] 黄问贵，许建平. 船舶电气安装工艺［M］. 北京：化学工业出版社，2008.

[4] 封小黎. 船舶电气［M］. 大连：大连海事大学出版社，2005.

[5] 国际海事组织. 国际海上人命安全公约：2004 综合文本［M］. 北京：人民交通出版社，2004.

[6] 中华人民共和国船舶检验局. 海船法定检验技术规则［M］. 北京：人民交通出版社，1992.

[7] 中华人民共和国船舶检验局. 船舶建造检验规程［M］. 北京：人民交通出版社，1984.

[8] 郑恳，张德孝. 船舶电工工艺［M］. 哈尔滨：哈尔滨工程大学出版社，2006.

[9] 渤海船舶重工有限责任公司. 高级船舶电工操作技能［M］. 哈尔滨：哈尔滨工程大学出版社，2002.